高等教育教学评估与发展研究

梁延秋　著

中国商务出版社
CHINA COMMERCE AND TRADE PRESS

图书在版编目(CIP)数据

高等教育教学评估与发展研究 / 梁延秋著. — 北京：
中国商务出版社，2018.9

ISBN 978－7－5103－2625－7

Ⅰ.①高… Ⅱ.①梁… Ⅲ.①高等教育－教育评估－
研究－中国 Ⅳ.①G649.2

中国版本图书馆 CIP 数据核字(2018)第 211004 号

高等教育教学评估与发展研究

GAODENG JIAOYU JIAOXUE PINGGU YU FAZHAN YANJIU

梁延秋　著

出　　　版：中国商务出版社
地　　　址：北京市东城区安定门外大街东后巷 28 号　邮编：100710
责任部门：财经事业部(010－64515163)
责任编辑：汪　沁
总 发 行：中国商务出版社发行部 (010－64266193　64515150)
网　　　址：http：//www. cctpress. com
邮　　　箱：cctp@cctpress. com
排　　　版：北京四海书林文化交流中心
印　　　刷：廊坊市海涛印刷有限公司
开　　　本：710毫米×1000毫米　1/16
印　　　张：13.75　　　　　　　　字　　数：260 千字
版　　　次：2018 年10月第 1 版　　印　　次：2023 年 8月第 2 次印刷
书　　　号：ISBN 978－7－5103－2625－7
定　　　价：48.00 元

前　　言

在高等教育大众化进程中，开展高等教育评估以保证高等教育质量是世界各国普遍的价值选择，也是推动我国高等教育事业和谐发展的必然要求。我国高等教育评估取得了显著成绩，但其间的冲突也更为突出，需要从价值取向上进行探讨。高等教育评估价值取向是指高等教育评估主体与客体在面对或处理评估中的各种矛盾、冲突、关系时所持的基本价值立场、价值信念、价值态度以及所表现出来的价值倾向性。高等教育评估价值取向体现于高等教育评估体系中，在高等教育评估中起着基础性、导向性的作用。

回归国情，我国高等教育评估在价值变迁中际遇了理念性冲突、主体性冲突、客体性冲突、指标性冲突、方法性冲突和结果性冲突，其形成原因是高等教育评估中的强制，主要体现为符号暴力、行政权威、话语剥夺、绝对主义、非理性逻辑和不公平分配等。平衡高等教育评估中的价值冲突，促进高等教育评估事业的和谐发展，首先是要建立起高等教育评估的价值平衡机制，其次是要建立起高等教育评估的价值平衡战略，再次是要建立起高等教育评估的价值保障体系。

本书根据"河南省软科学研究"计划项目进行编写，其课题名称为：《河南省高校创新创业教育与智慧城市2.0建设融合研究》，项目编号182400410302。全书共分为7章，第1章绪论；第2章高等教育教学评估体系；第3章国外发达国家高等教育教学评估体系；第4章新时代下高等教育教学评估发展；第5章高等教育资源配置——以河南省为例；第6章高等教育评估存在的问题及原因分析；第7章完善高等教育评估的对策思考。

由于笔者水平有限，书中有不当之处在所难免，请各位读者批评指正。

编者

目　　录

第1章　绪　论 ……………………………………………（1）

　1.1　研究背景与问题提出 …………………………………（1）

　1.2　研究的目的与意义 ……………………………………（5）

第2章　高等教育教学评估体系 ……………………………（8）

　2.1　办学定位 ………………………………………………（8）

　2.2　教师队伍建设 …………………………………………（25）

　2.3　教学环境 ………………………………………………（38）

　2.4　专业建设 ………………………………………………（47）

　2.5　课程建设 ………………………………………………（59）

　2.6　学风建设与学生指导 …………………………………（71）

　2.7　教学质量评估 …………………………………………（75）

第3章　国外发达国家高等教育教学评估体系 …………（93）

　3.1　美国高等教育教学评估体系 …………………………（93）

　3.2　英国高等教育教学评估体系 …………………………（102）

　3.3　澳大利亚高等教育教学体系 …………………………（111）

　3.4　其他国家高等教育教学评估体系 ……………………（114）

第4章　新时代下高等教育教学评估发展 ………………（129）

　4.1　高校自评 ………………………………………………（133）

　4.2　专家评估 ………………………………………………（135）

第5章　高等教育资源配置——以河南省为例 …………（141）

　5.1　高等教育资源配置评价 ………………………………（141）

　5.2　高等教育资源配置约束机制 …………………………（152）

　5.3　高等教育资源优化配置的制度设计 …………………（164）

　5.4　高等教育资源配置的对策研究 ………………………（184）

第6章　高等教育评估存在的问题及原因分析 …………（195）

　6.1　高等教育评估存在的问题 ……………………………（195）

　6.2　高等教育评估出现问题的原因分析 …………………（200）

第 7 章　完善高等教育评估的对策思考 ··· （205）

　　7.1　转变政府职能，加强宏观调控 ·········· （205）

　　7.2　加快高等教育评估法制化进程 ·········· （206）

　　7.3　不断改进高等教育评估方法和评估技术 ·········· （207）

　　7.4　积极培育独立的中介评估机构 ·········· （209）

　　7.5　对不同层次的高校实行分类评估 ·········· （210）

　　7.6　将评估结果与财政拨款挂钩 ·········· （212）

参考文献 ·· （214）

第1章 绪 论

1.1 研究背景与问题提出

1.1.1 研究背景

(一)经济和社会转型对我国高等教育的影响

我国社会和经济发展步入新阶段、呈现新常态,处在实现"两个一百年"奋斗目标的关键时期。一方面以低成本参与国际竞争的优势正在逐渐减弱甚至不复存在,劳动人口红利逐步耗尽;另一方面我国的产业、企业、人才的创新能力与世界发达国家相比仍有较大的差距,迫切需要通过创新驱动来谋求新出路,开辟新空间。创新是社会发展的核心推动力,而人才是创新最宝贵的资源。人才培养是高校的主要职责,而创新型人才培养是我国经济"新常态"下发展的重要支撑,高校在实现中华民族伟大复兴的"中国梦"历史进程中发挥着越来越重要的作用。

此外,党的十八届三中全会明确提出:要通过转变发展方式,深化教育领域综合改革,着力解决高等教育的规模、结构、质量、效益不够协调的问题,核心就是通过处理好政府和市场的关系,使市场在高等教育资源配置中起决定性作用,更好地促进高等教育助推我国经济转型升级的能力和水平。

(二)经济全球化对我国高等教育的影响

经济全球化是人类经济社会发展到一定阶段的必然产物。在某种意义上讲,它更多强调的是国与国之间、地区与地区之间在政治、经贸往来上相互依存、相互影响。经济全球化作为不可阻挡的历史浪潮,已经对每个国家、地区、集团和个人产生影响,并由经济领域扩展到政治、文化等各个领域。教育作为服务产业之一,也不可避免地受到影响,尤其高等教育作为教育的"龙头",更是面临经济全球化的挑战。与此同时,经济全球化对我国高等学校人才培养目标提出了更高的要求。

据官方统计,从1978年到2013年年底,我国各类出国留学人员总数达305.86万人,2013年共计有来自200个国家和地区的35.65万名各类外国留学人员分布在全国31个省(市、区)的746所高等学校、科研院所和其他教育教学机构中学习。

教育国际化时代的到来，必将在教学理念、教育管理及师资队伍等众多方面对我国高等教育提出挑战，双向开放是必然趋势。在开放经济的背景下，教育服务贸易的跨国支付、学生到国外求学或培训的意愿、大量聘请外国教师和专家，直接在我国开办外国教育机构等，都将改变我国高校的学生构成、师资构成和经费构成，也对我们的教育理念和办学思想产生深层影响。高等教育的市场资源将更大范围、更大程度与世界接轨，经济全球化进程必将使我国高等教育资源配置发生根本性的改变。

(三)区域高等教育资源配置的非均衡化

人口众多是我国的基本国情，不同区域人口数量的不均衡，使得不同区域的学生接受高等教育的机会也处于不均等状况。目前，我国仍是一个发展中国家，对高等教育财力的投入仍然有限，国家人均高等教育投资相对较少。随着我国经济的不断发展，对高等教育投入会逐年增加，但是接受高等教育的学生数量也在不断增加，人均高等教育资源仍然稀缺。我国在制定政策时采取了均衡或非均衡的发展战略以适应不同区域社会经济发展的需要，但经济和社会的非均衡发展，正是高等教育资源配置非均等化发展的根本原因。

由于我国各区域经济发展的不均衡，各地教育资源投入的差距进一步加大，从而使得高等教育资源配置的非均等化成为目前我国教育面临的主要矛盾，因此如何优化我国高等教育资源配置，是值得认真探讨的一个重要课题。

(四)我国高等院校内部资源配置机制处于不断变化过程中

改革开放 30 多年以来，我国高校内部管理体制也处于不断变化之中，目的是要高等学校内部管理体制更好地适应高等学校使命和任务的变化。总体来看，高校内部管理体制的变化经历了改革酝酿与尝试阶段(1978—1985 年)、改革启动和全面探索阶段(1985—1993 年)、改革逐步深化阶段(1993—1999 年)和改革全面推进并取得突破性进展的阶段(1999—2008 年)。30 多年来高校内部管理体制改革亦即高等院校内部资源配置机制的改革，取得了重大成果，积累了宝贵而丰富的经验，但也存在一些亟须在发展中解决的问题。

1.1.2 问题提出

改革开放以来，我国高等教育在适应经济发展的同时，也实现了"改革一大发展一大提高"的历史性飞跃。高等教育发展规模不断扩大，普通高校由 1978 年的598 所增加到 2012 年 2 442 所，增长了 4.08 倍；在校学生由 1978 年的 85.63 万人增加到 2012 年的 2 391 万人，增长了 27.92 倍；学校校舍面积由 1972 年的

4 090.21 万平方米增加到 2012 年的 81 060.42 万平方米，增长了 19.82 倍。高等教育规模的快速增长，满足了广大人民群众子女渴望享受高等教育的迫切愿望，可是又出现了新问题，即如何使高等教育由规模扩张向内涵发展转变，进一步满足人们拥有优质高等教育资源的需求。这就要求我们按照党的十八大提出的加快高等教育综合改革，建立适应经济社会发展的现代高等教育体系，加强高等教育的分类管理和引导发展，加大高等教育的投入和科学管理，积极推进教育公平，有效配置高等教育资源，惠及千家万户，培养社会主义的建设者和可靠接班人。但是，同时也暴露出高等教育资源配置存在的诸多问题。主要表现在以下几点：

(一)政府财政投入不足

高等学校的教育经费来源依然是以政府财政投入为主，市场机制还没有在财力资源配置中发挥重要作用，成本分担中学费标准增加幅度有限，高等学校的经费现状仍不容乐观。据统计，国家财政性教育投入世界平均水平为 7% 左右，其中发达国家 9% 左右，非发达国家也达到 4.1%。而我国 2012 年加大了中央和地方各级政府的财政投入，当年国家财政性教育经费支出 2.2 万亿元，实现了《教育规划纲要》中占国内生产总值 4% 的目标，达到 4.28%。但由于高等学校投入长期不足，新校区建设经费不足，贷款负担仍然严重，基础设施不到位，师资队伍建设困难重重，教育经费的短缺困扰着高等学校的快速发展。

(二)教育部部属高校与地方高校投入差距进一步拉大

教育部部属高校的教育经费是中央财政直接拨付的，而地方高校则由地方各级政府负责经费筹措。由划拨主体不同造成的贫富不均，对省属高校的教育质量和持续发展非常不利。目前，我国高等教育财政投入所实行的差别化对待，所造成的高等教育生均经费不均等问题日益突出。从目前我国高校人才培养的情况看，每年高校的毕业生中，有 90% 以上都是地方高校培养的，但是教育经费拨款制度却没有保障这一层面人才培养的需要，存在着不均衡问题。虽然教育部、财政部相继出台了一系列措施，要求地方政府保证实现生均拨款水平 12 000 元的目标，但由于各地方政府的财政状况不均衡，可能全国平均能达到标准，但对不同省份高校而言差距却非常之大。如 2011 年教育部部属高校生均拨款超过了 20 000 元，2013 年河南本科高校高的学校生均 16 000 元左右，低的学校 7 000 元至 9 000 元。

(三)区域之间的高等教育财政拨款差距较大

由于经济发展的不平衡，省与省之间、地区之间的经济水平有很大的差距，东部地区与中西部地区的综合经济指标的差距也越来越大。地方高校的财政经费都是地方政府拨付的，地方政府财政收入的水平直接决定各地高校的经费的多少。2000

年以后，随着扩招政策的落实，东部发达地区高校的负担明显较低，当地政府对新校区建设都给予政策性财政支持，要么直接投入建设经费，要么给予收费政策。以2008年为例，在全国分地区普通高校生均预算内教育经费支出排名中，西藏19 767.68元居第一位，北京19 762.51元居第二位，而河南省为4 243.14元，全国排名倒数第一，不足西藏、北京的1/4。中西部地区高校承受着沉重的财务压力，新校区建设几乎都是靠贷款完成的。近几年所谓的政府帮助还债，其实主要靠学校自筹还款，政府按比例予以奖励，还不许增加新的贷款，使高校经济状况举步维艰。虽然2012年各省按照《教育发展规划》的要求达到了教育经费占GDP4％的目标，但实际并没有落实到每一所本科学校。

（四）高校内部资源配置水平不高

高校经历了十多年的快速发展，校均规模都在万人以上，提高人才培养的质量是摆在高校面前最为重要的问题。而教育资源配置不合理，资源浪费的现象十分严重。一是科研经费的大量投入与服务经济社会能力不足的矛盾。每年高校的科研经费以几何级的速度增加，但科研成果转化为生产力的水平不高，产生了大量的学术垃圾，没有承担起引领社会创新发展的历史责任。二是生师比严重超标与师资结构不合理的矛盾。从教育部本科合格评估来看，大多数高校生师比不达标，制约着教学水平的提高。近几年突击进教师，又使得教师队伍的专业结构、学历结构、职称结构等不合理，同时教师的师德水平、实践能力不足等问题，都影响高校的发展。三是同质化的高校学科建设与多样性社会人才需求的矛盾。本科院校的发展定位，不是从经济社会的需求出发，而是从狭隘的小集体利益来考虑问题，目光都向清华、北大看齐，努力的方向是学院改大学，办成研究型大学。这一结果造成高校毕业生就业率不足80％，有相当一部分毕业生找不到工作；同时又有许多企业招不到合适的毕业生，特别是社会需求的大量动手能力强、应用水平高的毕业生，从而造成人才培养的大量浪费。

高等院校承担着建设人力资源强国、实现中国梦的历史责任，必须把中央和各级政府投入的有限资源管理好、利用好，产生最大的社会和经济效益。正基于此，本书旨在深入探讨资源配置的理论问题，通过比较国内外高等教育资源配置的优势和不足，分析、选择影响高等教育资源配置的关键性指标，优化高等教育资源配置评价指标体系，选取河南省的实际数据，采用数学模型，对评价指标体系进行分析，从而找出影响高等教育资源配置的关键因素。在实证研究的基础上，建立资源配置约束机制，分析影响高等教育资源配置的最重要的配置力量，提出资源配置的对策，同时提出河南省高等教育资源优化配置的建议，这将对中原地区人才战略实施、促进河南高等教育事业适应经济社会长远发展起到积极的作用。

1.2 研究的目的与意义

1.2.1 研究目的

高等教育资源配置问题一直是我国教育界的研究热点和社会各界的关注焦点。由于高等教育资源配置关系复杂，各影响因素之间的关联度高，单从一个角度研究或将高等教育资源配置问题的研究置于一个时期或几个时期，都不能对其很好地把握，亦不能揭示更深层次的规律，因此，有必要从多视角(如高等教育资源配置的市场性、公平性、效率性、均衡性等方面)动态地探讨高等教育资源配置问题。

从目前的研究成果来看，国外学者多以国家拥有成熟的市场经济为背景进行分析，而国内学者则主要沿袭国外的理论来研究我国高等教育资源配置，忽略了对我国处于社会经济转型时期特殊性的研究。对这一具体特定时期高等教育发展规律只能结合其自身的特点，运用科学的分析方法进行研究，才能认识其必然性，继而提出相应的对策，指导我国高等教育改革适应我国经济转型的需要。

1.2.2 研究意义

(一)探讨市场配置高等教育资源的作用

建立社会主义市场经济体制是我国经济体制改革的目标，其核心就是使市场在社会主义国家宏观调控下对资源配置起基础性作用，使经济活动遵循价值规律的要求，适应供求关系的变化，把资源配置到效益较好的环节中去。在市场机制的作用下，高等教育资源打破了原有的计划经济下的权力配置模式(即政治权力、行政权力、学术权力以及学生权力)，呈现出产业性和社会性的双重属性。从产业性来看，高等教育是指从事培养高级专业人才与传授科学知识的产业，即高等教育生产出来的产品是具有一定文化知识和技能的人才或劳动者。在教育方面的投资增加了个人的智力资本，智力资本可替代其他生产要素创造财富；而权力配置模式注重高等教育的社会属性，强调教育对人类文明进步的作用。但在当前环境下应将二者并举，只有这样才能通过灵敏的人才与劳动市场，使有限的资源利用最大化。社会资源的配置与社会的基本经济制度密切相关，经济制度的变化使得社会资源的配置不断调整，高等教育资源作为重要的社会资源，在市场经济体制的确立和完善过程中，其资源配置主体系统的形成完善也是一个渐进的动态过程。市场的调节有利于市场机制发挥作用，并能合理地配置资源。

(二)探讨社会主义市场经济条件下实现高等教育资源公平配置的途径

教育公平主要体现在社会全体的成员拥有自由、平等的权利对各个层次(如小学、中学、高等教育、研究生教育等)的公共教育资源进行选择和享用，它是社会公平的重要基础，如果没有教育公平就不可能实现社会公平。它的起点公平就是社会每个人都有享受教育的权利和机会；过程公平主要是指从事教育的工作者对待每个接受教育的人公平；结果公平体现在每个人都能利用社会提供的教育机会，获得个人发展的公平(如智力、能力、教育质量等公平)[①]。高等教育是教育的塔顶，是创新人才培养的关键阶段，其资源配置是否公平影响巨大。

随着我国经济的高速发展，教育事业规模不断扩大，各类教育在教育结构优化、教育服务能力提升等方面取得了明显的进展。高等教育虽然实现了跨越式发展，但深层次矛盾也随之而来，主要表现在：高等教育资源的分配不合理，经济发达地区对欠发达地区高校教育资源进行掠夺；不同地域之间高等教育存在着严重的不均衡现象，如财政拨款、教学条件、师资水平以及课程设置等都存在较大的差距。可以说，资源配置的不公平对我国高等教育的健康发展产生了极其不利的影响。因此，探讨社会主义市场经济条件下实现高等教育资源公平配置的途径显得尤为重要。

(三)有助于加快高等教育管理制度的改革

由于资源约束而引起的管理模式的改变，是当前中国高校管理所发生的最深刻的变化。一是高校学术力量的崛起，迫切需要建立现代大学制度。党的十八届四中全会颁布的《中共中央关于全面推进依法治国若干重大问题的决定》，是新形势下全面推进依法治国，加快建设社会主义法治国家的纲领性文件。对于高等教育来讲，就是大力推进依法治教、依法行政、依法治校。大学章程是高校的法律性文件，对办学体制进行规范。明确行政权力和学术权力各自的权力和职责，充分发挥学术委员会、教授委员会在高校管理中的作用。目前许多大学的改革都围绕这一主线展开。本研究就是要明确政府、市场和高校各自在资源配置中所发挥的作用，清晰配置力量的边界和相互作用所产生的效果。二是亟待找出影响高校内部资源配置的关键因素，寻找改革的突破口。在高校内部资源里，有多层指标，都影响资源的投入

---

① 杨道宇，姜同河：《教育机会公平的三种类型》，《新课程研究：基础教育》，2011年第10期，第5～7页。

和产出。通过资源体系的确立，构建评价指标模型，从而找出制约高校资源的最重要指标，提出改革的对策和措施。三是迫切需要加强高校与社会的广泛联系，发挥大学引领社会的作用。高校必须走出"象牙塔"，开放办学，加强与政府、企业和社会组织的紧密联系，高度关注社会媒体的发展，重视社会评价的作用。因此，深入研究适应时代需要的高等教育资源配置模式，有利于促进高等教育管理制度改革的进一步深化。

第 2 章　高等教育教学评估体系

2.1　办学定位

质量是高等教育的生命线，是高等教育改革与发展过程中需要永恒关注的问题。随着我国高等教育大众化向纵深发展，如何保证高等教育的质量问题，成为当下亟待解决的一个重要课题。据教育部最新统计报告显示，至 2015 年 5 月 21 日，全国高等学校计有 2 845 所，其中普通高等学校 2 553 所(含独立设置民办普通高校 447 所、独立学院 275 所、中外合作办学 7 所)、成人高等学校 292 所；普通本科院校 1 219 所，包括公办普通本科学校 796 所(395 所本科大学、401 所本科学院)、民办普通本科学校 141 所。统计显示，除了教育部管理的一批国家重点建设的高校和个别部委管理的行业高校外，大多数高校归省级人民政府管理。由此可见，地方高校承担着我国高等教育大众化向纵深发展的主要使命。而在近 700 所地方高校中，一大批高校是 2000 年以后由专科院校转型而来，尽管近年来，一些地方院校发展势头迅猛，但也有很多院校面临着办学定位不准的问题，出现了"千校一面"的现象，导致人才培养模式趋同，不能很好地适应区域经济社会发展的需要。因而，要想提高人才培养质量，首要的问题就是要进行科学定位。在 2011 年 12 月教育部《普通高等学校本科教学工作合格评估指标》的一级指标"办学思路与领导作用"中将"学校定位"列为 20 个二级指标之首。2013 年 12 月，教育部启动实施审核评估，制定了《普通高等学校本科教学工作评估范围》，将"定位与目标"列为第一个审核项目，办学定位作为第一个审核要素，其中包含了"学校办学方向、办学定位及确定依据""办学定位在学校发展规划中的体现"两个审核要点。因此，办学定位的科学确立不仅是提高人才培养质量的前提，而且是对我国高等教育改革与发展政策的积极响应。

2.1.1　办学定位概述

(一)办学定位内涵

要想明确办学定位的内涵，首先要弄清"定位"的涵义。根据《现代汉语词典》的释义，定位至少包含以下几层意思：一是指确定事物的名位，如《韩非子·扬权》中提出："审名以定位，明分以辨类"，意思是说要审察名的涵义，辨明事物的类别，这里含有定义和划分的意思；二是指一定的规矩或范围，即是说要在一定的时空范围内进行定位；三是指用仪器等对物体所在的位置进行测量，亦指经测量后确定的位置，即要按照一定的价值标准进行评价定位。因此，办学定位是指在高校发展与竞争中，从全面和长远发展的角度出发，基于高校的共同愿景、自身条件以及高校的分类标准而对高校运营的重要方面做出的名位（即角色）确定，以及为此进行的一系列前瞻性战略思考和规划活动。[①] 其至少应当包括办学类型定位、办学层次定位、发展目标定位、培养目标定位、服务面向定位等几个方面。

(二)办学方向在办学定位中的作用

高等学校在确立办学定位时，首要的是需要解决办什么样的大学、怎样办好大学，培养什么样的人、怎样培养人等方向性问题，这也是中国特色社会主义大学必须思考和回答的根本问题。办好中国的大学，必须有中国特色，这个特色中最大的一点，就是我们要坚持社会主义办学方向，以立德树人为根本任务。立德，就是要立社会主义核心价值观这个大德；树人，就是要培养德、智、体、美全面发展的社会主义建设者和接班人。2014 年 5 月 4 日，习近平总书记在北京大学的讲话中指出，办好中国的世界一流大学，必须有中国特色。坚持社会主义大学的办学方向，是中国大学最鲜明的特色。因此，办学定位的科学性与特色性都应当在确立正确的办学方向中寻找答案。

(三)办学定位主要内容

办学定位的内容是形成办学特色、体现办学方向的重要条件和基础。办学定位的主要内容应包括办学类型定位、办学职能定位、办学层次定位、发展目标定位、培养目标定位、服务面向定位、办学规模定位和办学特色定位等八个方面。

1. 办学类型定位

办学类型是指一所大学在高等教育系统分类中所处的地位与作用。综合国内外关于高等教育系统分类的研究，目前我国高等院校的办学类型可以总结为以下几种：按照高等院校的隶属关系可分为部属高校和地方高校两种；按照学术水平可分为研究型大学、研究教学型大学、教学研究型大学、教学型大学；按照人才培养目标不同可分为研究型大学、专业型大学、应用型大学、技术型大学等；按照授予学位的高低可分为拥有博士学位授予权的大学、拥有硕士学位授予权的大学、一般本科院校、高职高专院校等；按照学科门类的多寡可分为综合性大学、多科性大学、

---

① 刘伟等：《新时期我国高校办学定位的思考》，《教育学术月刊》2008 年第 8 期。

单科性大学等；按照办学主体可分为公立大学、私立大学和民办大学等。正是由于高等教育系统的分类标准不一，才导致了不同大学的办学类型定位的多样性，而办学类型定位的多样性的满足，又是实现人才培养质量分层次、适应经济社会多样化需求的重要前提和保障。因此，高校办学类型的合理定位应"以客观性为标准，反映高等教育系统内教育的分工和协作关系"。如安徽大学依托"211 工程"建设项目，抓住安徽省属重点院校建设单位以及省部共建的契机，积极拓展现有学科专业，目前学校设有 26 个院（系、部），91 个本科专业，涉及理学、工学、文学、史学、哲学、经济学、法学、管理学、教育学、艺术学等 10 个学科门类，成为安徽省唯一一所学科门类比较齐全的重点综合性大学。

2. 办学职能定位

办学职能定位是指学校在社会发展中所扮演的角色和承担的责任，包括培养人才的类型、科技贡献的方式、社会服务的领域等。众所周知，无论是哪一类型或哪一层次的大学，都有着人才培养、科学研究、服务社会、文化传承创新等四大职能。其中人才培养是基本职能，其他三大职能则是高等教育的自身发展规律与经济社会发展需要产生的必然结果，是高等教育基本职能的延伸。但不同类型大学职能的侧重点有所不同，如中国科学技术大学作为研究型大学，主要注重对科研成果的挖掘，强调培养学生的思辨能力和创新意识；合肥学院作为地方应用型大学，则十分重视教学功能的发挥，强调培养学生的能力和素质；而芜湖职业技术学院作为技术型大学，则比较重视实践育人环节，注重培养学生的专业实践技能。

3. 办学层次定位

高校办学层次的科学合理定位是和谐教育环境建设的内在要求。根据不同的参数标准，高校的层次定位划分标准也不一。就我国大学而言，比较常用的是以下两种：一是根据"高等教育机构分类法"，即借鉴美国卡内基教学促进基金会按照所授学位的层次与数量，将高等院校分为"副学士学位授予学院、硕士学位授予学院\大学、博士学位授予大学及专业主导机构、部落学院"等 6 个层次，从而将我国高等学校分为研究性大学、博士型大学、硕士型大学、学士型大学和专科学院"。二是武书连的"大学分类法"，将高等院校分为研究型大学、教学研究型大学、教学型大学和专业型大学等四个层次。层次定位只是对高等院校的一种分类方法，并不代表高等院校人才培养的质量，也不能体现出一所学校的办学水平，更不能决定一所学校地位的高低。比如说，北京大学、清华大学等"985"院校和部分高水平的"211"院校是典型的研究型大学；部分"211"院校和地方省属重点学校则属于教学研究型大学，如安徽师范大学等；而一般的本科院校则属于教学型大学，如 2000 年以来由高职高专院校升级而来的新建本科院校，例如铜陵学院、淮南师范学院等；而诸如安徽交通职业技术学院之类的单科性高职高专院校则属于专业型大学。

4. 办学目标定位

高校办学目标定位是指在科学分析学校外部环境和自身实力基础上，根据一个或一组定位特征合理确定学校在某一高等教育系统中的位置。也就是说，一所大学在整个国民高等教育系统中所处的位次如何，是一流大学还是二流大学抑或三流大学。高校的办学目标定位必须具有前瞻性，必须结合本校的实际，凸显特色，这样才能在竞争中脱颖而出，争创一流。同时，在制定办学目标定位时，还应密切关注国家的教育政策，密切联系地方经济社会发展的需求，瞄准时机，把握机遇，促进学校办学目标定位与国家、地方经济社会的发展共生共荣。如安徽建筑大学近年来始终坚持"立足安徽、面向全国，依托建筑业、服务城镇化"的办学目标定位，打好"建"字牌，做好"徽"文章，取得了良好的社会效益。

5. 培养目标定位

人才培养目标定位是一所大学办学定位中最关键、最核心的内容，它决定着人才培养的方向、质量与规格。只有明确人才培养目标定位，才能实现人才培养方案的精、准、狠，才能持续提升人才培养的规格与经济社会发展的符合度。这就要求不同类型、不同层次的学校要进行符合自身发展实际的人才培养目标定位。如中国科学技术大学根据自身的办学实际，将人才培养目标定位为"创寰宇学府，育天下英才"。而合肥学院则将人才培养目标科学定位为"地方性、应用型、国际化"，即借鉴德国应用科学大学的办学理念，结合我国的国情和学校的办学实际，积极走为地方经济社会发展培养高素质的应用型人才之路。在人才培养目标上，强调对学生能力的培养与提升；在人才培养方案的制订方面，强调前期的充分调研与论证，广泛征求行业、企业人士的意见和建议，确保人才培养方案的科学性。在这种科学合理的人才培养目标定位的指导下，合肥学院取得了一系列的成就与成果，并在国内产生了积极的影响。2009 年，合肥学院被教育部列为全国第二轮本科教学工作合格评估两所试点院校之一；2012 年 7 月，合肥学院成功承办了教育部"深入学习评估新方案，努力做好应用型人才培养"现场会，使得合肥学院应用型人才培养模式改革的经验得到广泛的传播与认可；2014 年，合肥学院《突破学科定势，打造模块化课程，重构能力导向的应用型人才培养教学体系》项目获得 2014 年高等教育国家级教学成果一等奖等。2015 年 10 月 30 日，国务院总理李克强和德国总理默尔克共同参观了合肥学院，并对合肥学院办学目标定位和成就给予了充分肯定。

6. 服务面向定位

社会服务面向的定位是指高校要找准为社会服务的空间，反映了高校在履行人才培养、科学研究、服务社会等职能时所涵盖的地理区域或行业范围。①因此，高校的服务面向定位是由区域经济社会的实际情况及学校的人才培养的方向、规格、质量所决定的，由此可以明确一所高校的主要服务面向。一所高校的服务面向从不同的角度看可以有不同的服务面向。按照服务面向的空间范围可分为：服务面向地方的大学或学院，如合肥学院始终坚持"为地方发展服务和依靠地方发展"的服务面向定位。积极立足地方，为地方发展服务，专业设置上体现"地方经济社会发展的需求和特点，突出应用型人才培养，办社会满意的教育，办学生满意的教育"，很好地体现了其地方性的服务面向定位。服务面向全国乃至世界的大学，如中国科学技术大学始终坚持"三个面向"，即面向世界科技前沿、面向国家重大需求和面向国民经济主战场，积极开展科学研究，努力提高学术研究水平和科研创新能力与科研竞争力，积极在世界科技前沿领域和国家重大需求和发展战略方面攻坚克难，出谋划策。

7. 办学规模定位

办学规模就是办学的规格和格局或人、财、物的总投入和总设备。因此，办学规模可以从外延数量和内涵质量两个方面来理解。从外延数量上看，办学规模是指一所大学的教学、实验等设备和基础资源所能容纳的最大学生数量；从内涵质量上看，办学规模是指一所大学的办学效益，即一所大学的所有人、财、物的总投入和总设备所产生的效益。自上世纪末高等教育扩招以来，我国高等教育的规模迅速扩张、膨胀，使更多的人享受到接受高等教育的机会，使我国高等教育的发展步入大众化阶段。但同时也产生了诸多问题，如大部分高校过分强调扩招，致使大学师资条件、教学场所、教学设备、后勤保障、教学质量等出现问题，造成大学结构、规模、质量、效益的失衡。也有少数大学却在扩招的浪潮中坚守了自己的规模，如中国科学技术大学十多年来始终将本科生招生规模控制在每年 1 800 人左右，使得办学水平稳步提升，办学质量赢得了社会的广泛认可。由此可见，办学规模与办学效益是相互联系、密不可分的，一所学校办学规模的扩大可以在一定程度上或在短期内提高一所大学的办学效益，但从长远来看，并不能保证高等教育的规模、结构、质量、效益的协调发展。

8. 办学特色定位

大学办学特色是指在一定的办学思想指导下，经过长期的办学实践逐步形成的比较持久稳定的发展方式和被社会公认的、独特的、优良的办学特征，是一所大学区别于其他大学的特征，是一所大学最具个性的特点和亮点。大学办学走特色发展之路，是大学的生存战略，更是大学的发展战略。其主要内涵就是要坚持特色建校、特色兴校、特色强校，将特色办学作为高校发展规划的重点、核心。大学办学特色的形成不是一蹴而就的，需要长时间的积累与沉淀。如安徽大学"三基并重、全面发展"的人才培养模式形成于 20 世纪 90 年代，并经过一二十年的实践而被固化为办学特色。"基本理论"教育，是指以专业基础理论为核心，以公共基础理论为支撑的知识传授；"基本技能"培养，是指对学生的基本技术和能力的培养和训练（基本技能包括获取和运用知识的能力、发现和解决问题的创新能力、理论联系实际的实践能力，以及计算机、外语、数学和写作等应用技能）；"基本素质"养成，是指对"全面素质"构成中那些最基础的要素（政治素质、人文素养、科学精神、心理素质等）的培育。学校人才培养模式的创新和改革，体现了以下特点：一是将全面素质教育思想转换成符合地方大学实际的人才培养模式，并坚持探索和实践；二是较早地重视素质教育的"内化"问题，使人才培养模式的实现更符合"以学生为本"的教育理念；三是在人才培养模式的改革中，高度重视其实践性特点，系统地开展一系列教育教学改革和实践，为全面素质教育的实施积累较为丰富的经验。再如，安徽农业大学作为安徽省属唯一的一所农业重点大学，长期以来，始终坚持服务"三农"的办学方向，坚持走"大别山道路"，即坚持富民、兴校、创新、育人的特色办学理念，不断突出人才培养的根本任务，善于抓住学科建设龙头的发展机遇，构建学科群的"集群化、国际化"；担当服务"三农"的使命，构建"产学研"相结合的创新机制。这种"大别山道路"得到了教育部、农业部和安徽省委、省政府的充分肯定，中央和省级主流媒体近 3 年来先后 2 次集中宣传报道。可以说，安徽农业大学的特色办学的"大别山道路"已取得了喜人的成就，是安徽省地方高校特色办学的成功典型。

(四)确立办学定位的现实意义

在高等教育大众化向纵深发展阶段，正确的、科学的办学定位是高校改革发展首先要解决的问题，它指导着一所大学的办学理念，决定着大学未来发展战略与规划的制定，决定着大学人才培养目标的规格、方向与质量，是一所高校走特色发展之路，创办一流大学或行业高水平大学首先要谋划的事。因此，高校在走内涵式发展之路的过程中，在以质量求生存、以特色求发展、以服务求支持的新形势下，如何找准自己的发展方向，确定自身的发展规划与战略，对办学者来说是头等重要的大事。

1. 适应高等教育大众化纵深发展的客观需要

随着我国高等教育进入大众化阶段，大学的规模和速度快速扩张，片面化地追求大学教育的眼前利益，导致高等教育人才培养质量下降、高等教育结构失衡。高等学校在高等教育大众化的纵深发展的浪潮中，只有在结合自身办学传统的基础上，准确把握国家、社会、市场的发展方向，找准自己的办学目标，谋划自己的发展空间，规划自己的发展战略，才能在高等教育大众化的发展过程中不因残酷的竞争而被淘汰出局，才能在高等教育系统内占有一席之地，才能实现高等教育规模、质量、结构、效益的统一。

2. 促使地方高校特色发展的重要前提

科学定位与特色发展是相辅相成的。科学定位是高校特色发展的前提与基础，特色发展是科学定位的外显与表现。而特色发展才是地方院校立足于竞争、实现可持续性发展的关键点，也是学校不断推陈出新的生长点。[①] 因此，地方高校在日益残酷的竞争形势下，必须立足自身，把握时局，适应区域经济社会发展对不同层次、不同专业、不同类型人才的需求，正确找准自身定位，走"人无我有、人有我强、人强我优、人优我新"的特色发展之路。

3. 深化高等教育管理体制的必然要求

随着我国高等教育大众化向纵深发展，我国高等教育由注重规模扩张的外延式发展逐步向注重质量提高的内涵式发展转变。高等教育的转型发展，必然要求高等教育管理体制的变革，即要强化对不同类型、不同层次、不同属性高校的分类管理。但分类管理与科学定位是密不可分的，科学定位是前提，分类管理是关键。安徽省自2008年以来，就在"科学定位、多元办学、分类管理、特色发展"的教育思想指导下，逐步构建起了地方应用性高等教育体系和学术性高等教育体系，这不仅丰富了高等教育分类的理论基础，同时也为地方高等教育的分类管理提供了实践指导。

2.1.2　高校办学定位的确立及实现路径

高校办学定位的确立是一所大学的顶层设计。学校要在政府统筹高等教育的精神指导下，将遵循教育教学规律、人的全面发展规律、区域经济社会发展需求与学校办学实际情况等相结合，实事求是地科学定位。

(一)确立办学定位的原则

1. 客观性原则

高校办学定位的确立首先要遵循客观性原则。客观性原则要求在确立高校办学定位的过程中，要根据学校的实际情况，对高校未来改革发展作出正确判断。要充

---

① 江红霞：《地方本科院校定位与特色问题研究》，湖南师范大学硕士学位论文，2007年。

分考虑本校的实际办学情况，包括办学历史条件、学科门类、师资队伍结构、办学规模、人才培养质量、教育教学管理水平等，在充分进行民主调研、科学论证的基础上，预测学校未来的发展趋势，确立学校未来改革的重点，发挥学校自身学科专业优势，使学校的中长期发展规划切实符合学校实际。只有这样，才能为高校的科学定位和后续的强劲发展奠定基础。

2. 适应性原则

高等教育的人才培养方向、规格、质量并不是一成不变的，它是随着社会政治、经济、文化的变化而变化的。就像大学的职能一样，也是随着社会的发展而逐步确立的，而且在不同的时期，大学职能的侧重点也不同。中世纪，教学是大学的主要职能，大学以传授知识为主，科学研究与服务社会只是零星的、自觉的，属于教学的附属的额外产品。但随着近代大学的产生，尤其是德国柏林大学的建立，科研作为大学的第二职能被确立下来。19 世纪下半叶，随着美国《莫里尔法案》的颁布与实施，大学的服务社会的职能逐步被确立。因此，在我国经济发展进入"新常态"的今天，高校必须看准市场，学科专业课程的设置与改革要自觉与社会经济发展转型相结合，做到大学教育为区域经济社会发展服务，提高大学教育对社会、市场、用人单位的适应性。同时，大学还应当为文化传承创新提供智力服务，并使大学成为时代先进文化的引领者。

3. 继承与创新相结合原则

高校的办学定位还要坚持继承与创新相结合的原则，继承是指要继承高校的办学历史传统，充分发挥自身的竞争优势，使得自己的优势更加凸显；创新是指高校要瞄准社会、市场需要，使学校的学科专业课程的设置超前于经济社会转型发展，使大学成为引领社会发展的风向标和嘹望塔。但同时这种创新又不是盲目的，要充分考虑自身学科的实际情况，包括师资队伍结构、教学设备、相关学科专业发展情况等，只有在成熟的条件下，才能有所创新、有所突破。否则，盲目的求大、求高、求全，必然会导致教育资源的浪费。

4. 发展性原则

在科学定位的过程中，还要坚持发展性原则。因为在不同的时期、不同的教育政策的指导下，高校的办学定位是发展的、变化的、动态的，而不是一成不变的、静止的，只有坚持用发展性原则作为高校科学定位的依据，才能保证高校的长远发展。

(二)确立办学定位的依据

1. 教育法律与政策

目前,我国的教育法律法规主要包括《教育法》《义务教育法》《职业教育法》《民办教育促进法》《高等教育法》《教师法》《学位条例》等,以及国务院颁布的《中外合作办学条例》《教学成果奖励条例》等。另外还有教育部制定的一系列教育管理规定和办法,如《普通高等学校学生管理规定》《普通高等学校章程制定暂行办法》等。高等学校办学定位必须按有关法律法规的规定确立。《高等教育法》第 6 条明确规定:"国家根据经济建设和社会发展的需要,制定高等教育发展规划,举办高等学校,并采取多种形式积极发展高等教育事业。"而《国家中长期教育改革和发展规划纲要(2010—2020 年)》(以下简称《规划纲要》)也明确提出,要"发挥政策指导和资源配置的作用,引导高校合理定位,克服同质化倾向,形成各自的办学理念和风格,在不同层次、不同领域办出特色,争创一流"。从《高等教育法》到《规划纲要》可以看出,高校的办学定位必须要在相关法律法规、政府政策的指引下规范进行,只有这样,才能保证高校办学方向的社会主义性质,提高高校办学定位的科学性、针对性、特色性。

2. 高等学校章程

被誉为"大学宪章"的高等学校章程,是大学实施依法治校的重要的规范性、纲领性文件,是处理大学与外部关系的妥协性的产物,也是大学实现治理能力提升和治理体系现代化的重要载体。大学办学定位不仅涉及大学与政府、社会、市场等外部相关主体间的关系,还涉及大学自身改革发展过程中的办学定位问题。因此,在我国高等教育积极推进"一校一章程"的关键时期,科学合理地制定适宜本校发展实际的章程,是现阶段高校亟待解决的重要问题,需要谨慎对待。

3. 国家和地方经济社会发展需求

大学的基本职能是培养人,自大学产生之始,大学就与政治、经济、社会发展等方面具有千丝万缕的关系。随着我国高等教育向应用性的转型发展,必然要求地方高校要更加强调大学为地方区域经济社会发展提供更多优质的专业技术人才,为区域经济社会的发展提供人才储备力量,加强高校与地方政府、企业事业单位的协同创新和智库建设。因此,地方高校必须科学合理地规划自身发展服务定位,在不同层次、不同类型、不同领域找准自己的位置,以取长补短,发挥自身的绝对优势,走特色办学之路。

4. 高等教育国际化发展趋势

全面推进高等教育国际化是当前摆在我国高等学校面前的紧迫任务,是促进高校内涵式发展,提升办学水平的重要举措。无论是创建世界一流的研究型大学还是地方新建本科院校,都应当把办学定位调整到如何适应高等教育国际化发展的高度上来认识。例如合肥学院作为地方应用型本科院校,较早地把国际化教育作为学校发展的目标定位,在借鉴德国应用科学大学的办学理念下提出"国际化"的发展目标,取得了十分可喜的办学效果。2010 年,学校与德国高校共建的"合肥德国应用科学学院"正式成立并对外招生。学校还先后与国外 12 所高校合作承担了欧盟亚洲链、德国联邦教育与研究部、德国学术交流中心等 9 个项目。

(三)办学定位确立中亟待解决的问题

20 世纪末以来,我国高等教育进入大规模扩张和大发展时期,产生了很多新建本科院校。据统计,从 2000 年以来,我国新建本科院校近 600 所,成为地方发展高等教育的生力军。安徽省也不例外,在 33 所本科院校中,近 50% 的高校属于新建本科院校。而针对这些新建本科院校,首先要解决的问题就是办学定位问题。为了引导新建本科院校的合理发展,安徽省于 2008 年提出了高等教育发展的 16 字方针,即"科学定位、分类指导、多元发展、特色办学"。在此方针的正确引导下,将安徽省新建本科院校的办学定位确定为"应用型",为地方经济社会发展培养高素质应用型人才。实践证明,将新建本科院校定位为"应用型",不仅符合我国地方高等教育发展趋势,还充实了高等教育的分类理论,为高等教育的分类指导奠定了理论基础。而安徽省也在应用性高等教育建设中付出了诸多努力,也取得了不菲的成绩。如科学设计了"地方性、应用型、合作式、一体化"的应用性高等教育发展道路,建立了"政府主导、学校主体、联盟平台、项目载体"的应用性高等教育运行管理机制,构建了以"五个度"为核心的地方应用性高等教育质量保障体系。

从全国高等学校发展的态势看,"985 工程"大学按照建设世界一流的目标确立办学定位,"211 工程"大学按照国际知名、国内一流的目标进行建设,地方型或者专业型的重点大学致力于高水平、有特色的发展,而其他层次的大学特别是新建本科院校一般在应用型、技术型上做文章。当然,并非所有的大学都能够把办学定位确立得十分清晰,因此在审核评估中存在着很多亟待解决的瓶颈问题。具体表现在以下几个方面:

1. 缺乏发展理念,办学定位不清

高等院校的办学方向和目标定位与高等教育事业的发展息息相关,它由高等教育事业的性质决定,同时又与其所处的外部环境、社会地位有着密切的联系。随着高等教育由精英化教育向大众化教育的纵深发展,如何办出大学特色,提升人才培养质量,科学合理的办学定位是其先决条件。以安徽为例,安徽省以"科学定位、分类指导、多元发展、特色办学"为理念，大力发展应用型地方高等教育，目前很多院校已经找到了符合自身办学的目标与定位，并取得了不菲的成绩，但部分高校对应用型高等教育发展的认识不到位，办学定位不准。一些学校领导认为选择应用型人才培养定位是自降身价，部分学生家长认为培养应用型人才是教育质量滑坡的表现等。此外，部分院校还存在着一些传统的惯性思维。如在政绩观上注重短期和显性效益；在人才培养质量的提高上注重硬件轻软件；在开放办学方面，还比较保守、封闭，对学校、社会、世界的开放度远远不够等。因此，明确地方院校的办学定位是安徽大力发展应用型高校的首要问题，也是构建安徽应用型地方高校教育质量保障体系亟待解决的瓶颈问题。

2. 盲目追求名头，办学思想浮躁

随着高等教育产业化、市场化的不断推进，谋取更大的经济利益和社会价值逐步成为高校改革与发展首要考虑的问题。因此，在部分高校谋划未来改革与发展的定位过程中，就不免出现过分功利化的倾向。认为办学定位的层次越高，学科专业越全，服务面向越大，就越能体现出自身的价值。如部分大学盲目追求办学定位的"高大全"。在办学类型上和办学层次上盲目求高，都想跻身于研究型大学、高水平大学的行列。但经济社会的发展，并不需要太多的研究型或者高水平的大学，而是希望能够造就一批有特色的大学，因此，一味地追求"高大全"就容易造成"假大空"。主要表现在办学目标上盲目求全，如很多行业性大学，不顾学科专业的实际情况，盲目强调学科专业的全，开设相关学科专业，这不仅弱化了原有学科专业的优势，还造成了有限的高等教育资源的浪费，致使人才培养质量的下滑，在办学服务面向定位上盲目求大。地方高等学校本就应当以服务区域经济社会发展为己任，在有余力的情况下谋求更大的发展，但现实中，部分高校却不顾自身的办学历史条件的局限，盲目求大，导致人才培养的质量、规格、方向与区域经济社会发展不相适应。

3. 忽视办学特色，同质倾向明显

在中华人民共和国成立后的三十年间，由于我国高等学校采取苏联的专门化教育模式，通过全国高等院校学科专业调整，形成了一大批具有行业特色的大学，例如中国纺织大学(现东华大学)、西安公路交通大学(现长安大学)等。然而，在2000年前后，伴随着高校强强联合席卷大地的浪潮，有特色的行业办学模式开始通过合并转向综合性大学发展，师范类院校特别是行业系统的师范类院校更是迫不及待的设法废弃诸如"煤炭""农业""师范"等称呼，渴望一夜间跃入"国家队"的行列。一些高校丢弃办学传统，忽视特色凝练，导致办学目标定位的同质化倾向。有学者认为，高校"同质化"是一些高校没有充分考虑自身办学实际和办学特色，单纯以市场经济为导向，拼命争办市场经济发展中的热门专业，如计算机、英语、法律、经济、金融、公共关系等专业。比如许多师范大学(师范学院)，应该是以师范专业为特色，以培养各级师资为己任，但很多师范大学却以办非师范专业为荣。

4. 误解评估内涵，定位内容不全

目前对高校办学定位的评估主要考察学校办学方向、办学定位及确定依据和办学定位在学校发展战略规划中的体现两个方面。而现行以量化为主的评级指标体系，使得很多不同类型、不同层次、不同领域的高校采用统一的量化标准，并不能真正凸显不同层次、类型、领域高校办学定位的科学性。为此，有些高校领导认为，办学定位固然需要，也很重要，但这些都是宏观的富有弹性的文字表达，并不是学校发展的具体目标，只要符合教育部审核评估的审核要点就行了。显然，这是误解了高等学校审核评估对办学定位的内涵的规定。高校办学定位作为教育部审核评估中首要的审核要点，是对一所大学进行宏观评价的重要标识，办学定位的内容就应当在上述八个方面有所体现。虽然现行的高校评估方法的单一化、标准化导致了评估未能产生"诊断"效应，但是，高校在确立办学定位时也不可随意表述或者作不完整的表述。

(四)科学确立办学定位的政策建议

高校办学定位的确立并不是高校自身就可以闭门造车的事情，还要与国家、政府、市场、社会等相关利益主体进行充分协商而确定。具体来说，就是要从政府、高校、社会等三个层面着手，为高校的科学定位提供全方位的制度保障、实践支撑、评价与反馈机制。

1. 政府层面：健全相关法律、政策，提供全方位的制度保障

《国家中长期教育改革与发展规划纲要(2010—2020年)》指出要推进依法治教。国家要根据经济社会发展和教育改革的需要，加强和完善相关教育法律法规的修订工作；省、市、自治区人大和政府要根据当地实际，制定促进本地区教育发展的地方性法规和规章。尽管《高等教育法》也规定了高等学校要根据经济社会发展需要，制定高校发展规划，但这种表述只是作了宏观的质性的规定，在具体如何制定和实施战略规划上，并没有给出明确的回答。因此，在我国高等教育转型发展的深水期，应当加快对《教育法》《高等教育法》等相关法律的修订工作，并加快出台《高等学校法》，以弥补高等学校在办学定位、内部治理等方面的缺陷与不足。而地方政府则应当在国家法律法规的规范下，不断探索出台适宜本地区高等教育发展实际的政策举措，为地方高等教育的发展提供更为翔实可行的政策性文件与地方性法规。

2. 高校层面：科学规划办学定位，积极打造办学特色与品牌

高校在国家法律法规和相关政策的基础上，要转变办学理念，树立正确的思想观念，尤其是新建本科院校，在科学规划办学定位过程中，不能一味地攀高、贪大、求全，而应当根据自身办学实际，坚持以人为本的教育理念，在充分调研、论证的基础上，科学合理地制定学校发展战略规划，不能盲目跟风，随意地设置新专业。高等学校的学科专业设置与调整应当立足于本校实际，以区域社会市场的人才需求为导向，以相关成熟的学科作依托，根据学校的办学定位和发展规划，对即将建立的学科专业进行充分的市场调研和论证，分析其建立的必要性、科学性与可行性，制定科学、规范的专业人才培养方案。此外，还要考虑新开办的专业所需的经费、图书资料、设备、实习基地等办学条件以及保证专业可持续发展的相关政策制度等。因此，高等学校学科专业的设置与调整，不仅要在法律、法规、政策以及相关规章制度的规范下依法设立，而且还要根据社会市场需求，因时制宜。高等学校不能为了追求学科专业的全面、综合，而不顾学校发展实际，随心所欲地设置与调整学科专业。这就要求高等学校的学术委员会在审议学科专业的设置与调整时，要严格按照既定程序执行，实事求是，应坚决地抵制那些不符合条件、不适宜现阶段增设的学科专业，确保其决策的科学性与可行性。从而进一步贯彻落实高等学校学科专业设置与调整的自主权，形成高等学校自我发展自我约束机制。

学科专业是一所学校赖以生存和发展的重要支撑，也是一所学校办学特色的重要体现。因此，学校在进行办学定位过程中，还要注重对打造学特色与品牌。以学科专业的调控为例，即要做到专业设置的宽口径、整合少数专业的重复设置、强化传统专业的特色、创新特色专业、夯实新增专业基础等。做到合理配置各院系间学科专业教育教学资源，突出不同类型的学科专业特色，使学科专业设置和调整真正与区域社会经济发展和市场的供求相适应，以达到一种动态的平衡。

3. 社会层面：积极发挥专业评价作用，形成评估与反馈机制

社会对学校设置的专业要积极发挥评价作用。主要是指高等教育中介组织对高等学校教学质量进行的评估。高等教育中介组织"主要基于社会及高校本身的需要开展评估活动"。高等教育中介组织不仅仅局限于相关的实体组织，还包括政府、市场、家庭、学生等相关利益主体。因为只有更多的利益主体参与高等学校定位的评估之中，才能进一步提高决策的民主性与科学性，才能更好地满足人民群众日益增长的精神文化需求，才能更好地为区域经济社会的发展培养更多的与社会贴近度高的优质人才。具体来说，就是要积极发挥高等教育中介组织的专业性强、服务质量高、公信力大的优势，对各个层次、类型的高校办学定位进行科学合理的评估，

最后得出相关结论，并提出相关的整改措施，逐步形成学校办学定位评估的反馈机制。这样既可以加强高等学校与高等教育中介组织的密切联系，又能促使高等学校进一步完善自身办学定位，逐步形成高校与高等教育中介组织的良性互动机制。

2.1.3　科学规划高校发展战略

高校的科学发展是建设人力资源强国的重要支撑，对于整个国家教育事业的可持续发展具有决定性意义。在中国高等教育由外延式发展向内涵式发展转型时期，党的十八大和十八届三中全会、四中全会对高等教育的转型与发展赋予了新使命，社会外部环境所发生的新变化也对高校的科学发展提出了新要求，要求高校对自身的发展战略、发展模式进行全面的审视和反思，以观念的变革、制度的创新来实现更加科学的发展。[①] 高校发展规划与战略是高校围绕高等教育核心价值，在考虑现实状况与长远利益的基础上所选择的发展路径。有学者认为，长期以来我国高校并没有制定明确的发展战略，即便有些高校在发展规划中提出了一些发展战略，也少有付诸实施的。因此，探讨高校发展与战略问题迎合了当下教育部实施新一轮本科教学审核评估的要求，是各类高等学校谋划未来发展，制定科学合理发展战略亟待解决的重要课题。

(一)办学定位在发展规划中的体现

学校办学定位和学校发展规划与战略（以下简称发展规划）之间有着密切的关系。一方面，办学定位指导发展规划。办学定位是一所高校未来改革与发展首要解决的问题，即高校发展首先要有自身准确的定位。由于历史、环境、条件等方面的差异，各高校的发展定位应当各不相同。只有在科学合理的办学定位指导下，高校才能制定出与之相适应的发展规划与战略。另一方面，发展规划体现办学定位，即高校发展要有先行的科学规划。纵观现代高等教育史，世界一流大学大多有自己科学的设计与规划，这是著名大学的迅速发展必不可少的。从我国高等教育发展的实际来看，中国必须创建若干所世界一流大学，这是我国经济与社会发展的需要，也是高等教育参与国际竞争与合作的需要。但对于我国绝大多数高校而言，我们需要根据自身的历史背景、环境特点、学科特色、资源结构等实际情况，制订符合本校实际的科学规划，不能好高骛远，盲目攀比，贪大求全。只有科学规划学校改革与发展的近期、中期和远期目标，才能逐步实现学校办学的目标定位，才能促使不同类型、不同层次高校的错位发展，才能为学校的特色发展奠定基础。

---

① 　徐敦楷：《顶层设计理念与高校的科学发展》，《中国高等教育》2008 年第 22 期。

(二)发展规划确立的依据

高校发展规划的科学制定与贯彻实施要依据一定的标准。具体来说就是要在把握学校发展现状的同时,注重分析学校的品牌、特色与优势。只有将学校的发展现状与特色相结合,才能制定科学合理的发展规划,做出合理的学校发展战略选择。

1. 要符合高等教育规律

在社会转型时期,价值观日益多元化,各种观念和思潮扑面而来。在这种复杂情况下,高校究竟应当坚持什么价值观、采取怎样的发展战略、能否顺应高等教育发展规律,就显得格外重要。高等教育规律涉及学术在高校的地位、教师和学生对学校的影响、学科专业的设置与调整原则、教学和研究等功能性活动的价值等问题。长期以来,我国高校在这些问题上的一些基本观念和原则大多不具有合规律性的特点,因此我国高校发展战略需要着力改变这种状况,将高校发展牵引到合规律的轨道上来,促进我国高等教育健康持续发展。

2. 要适应社会发展需要

高校应当服务于时代社会发展的需要。我国正处于从农业和工业化社会早期向工业化和知识化社会过渡时期,高等教育担负着促进社会发展,引领社会进步的特殊历史使命。但很多高校办学往往不重视研究社会需要,要么过于封闭,自满于现行的传统教育体系;要么迎合社会热点,盲目追逐热潮。高校发展战略应当使高校保持开放态势,在高校与社会之间架设起相互沟通的桥梁,使高校能够从社会的现实和长远发展需要出发,冷静客观地将自身核心价值与社会需要紧密结合起来,在促进经济社会发展转变到更多地依靠知识资本和人力资源,又快又好地建设环境友好型和资源节约型的和谐社会的时代使命中发挥应有的作用。

3. 要结合学校发展实际

高校发展是一个持续的过程,任何中断和曲折都可能延误其发展进程,造成高等教育资源的浪费,进而影响高等教育发展质量。因此,高校发展战略的制定首先应当从学校实际出发。比如,有关学术发展战略,必须根据高校学科专业发展状况、学术管理体制、师资队伍和资源及其配置状况来制定。任何脱离学校实际,不顾学校具体情况和条件限制所制定的发展战略,不论其多么美好,不论它在其他国家多么有效,都是不可能得到实施的,即便得到强力推行,也不可能取得理想的效果。但这并不是说,高校发展战略就不能有前瞻性,恰恰相反,战略的前瞻性应建立在深刻把握学校发展实际的基础之上。其次,要把握学校发展的历史和现状,透彻分析学校自身的优势和劣势,特别是要看到目前状况与目标之间的差距。只有在学校的发展历史长河中,总结出学校目前改革发展所遇到的各种瓶颈问题,在把现实政治、经济、社会变革、科技革新等外部相关因素，尤其是把区域经济社会发展的需求作为参照物的条件下，科学分析自身发展现状，找出自身发展的问题所在，根据问题与现实需求，科学制定高校改革的中长期发展规划与战略。

(三)发展规划应凸显学校特色

1. 以学科建设与发展规划为核心

尽管现代大学已发展为组织结构非常复杂的庞大体系，大学的社会职能呈现出多样化特征，但总体上，大学仍然是以学术组织为核心建构起来的社会组织。作为学术组织，学科是大学组织的基本构成单元，学科建设是大学发展的关键。大学的人才培养、科学研究和产业开发，都是以学科专业为基础的。离开了学科建设，则人才培养、科学研究、科技产业的开发等就无从谈起。现在，人们普遍认为学科建设是学校发展的"重中之重"，学校的发展水平在很大程度上取决于学科建设和发展的水平。世界一流大学，大多以一流的学科发展水平闻名于世。我国大学发展水平的差异，实际上是学科发展水平的差异。因此，许多大学提出了以学科建设为龙头，带动学校发展整体上台阶的发展思路。学科建设规划搞得好，学科发展水平高，就可以促进大学其他方面工作的开展。所以，在大学发展战略规划中，学科建设规划就成为重点和核心。这是大学作为学术组织，其发展战略规划不同于其他社会组织发展战略规划的鲜明特点。

2. 确立前瞻性的办学理念和明确的办学思路

战略规划是一种带全局性的总体发展规划。因此，战略规划的制定，必须站得高、看得远，确立战略思想，提出长远的战略目标和战略措施。对于高等学校来说，就是要在准确地把握学校生存和发展的背景，把握世界高等教育发展趋势的基础上，抓住发展机遇，确立具有前瞻性的办学理念和办学思路，在学校发展的关键时期确立相应的战略重点。要在激烈竞争的形势下深谋远虑，敢为人先，脱颖而出。例如，中国人民大学在发展的愿景中提出，弘扬"立学为民、治学报国"的办学宗旨，贯彻"人民、人本、人文"的办学理念，全面推进人才培养体系改革、"思想库"建设、学科国际性提升、学校形象建设和美丽校园建设"五大战略"，把学校建成"人民满意、世界一流"大学。

3. 立足校情分析，突出特色品牌

大学的发展战略规划除了要把握高等教育的发展趋势外，很重要的一个方面是要进行实事求是的校情分析，要将"把握趋势"与"校情分析"有机结合起来。校情分析实际上是一种比较分析，在一定的比较范围内分析学校的优势与劣势，知己知彼，扬长避短。任何一所大学，都有其个性与特色，都是以特色立校，以特色强校，以特色取胜。特色鲜明往往能带动学校整体上台阶，并获得良好的社会评价，取得良好的社会声誉。关键是如何确定特色，发展特色，强化特色。这就要进行校情分析。校情分析是确定学校发展特色和选择发展突破口的关键，其核心是要给学校发展以准确定位，并确定从哪方面突破才能铸就学校品牌，带动学校出特色、上水平，切忌不切实际、盲目攀比、四面出击。

(四)发展规划编制的统筹与保障

虽然编制学校发展规划不是件容易的事，但更艰巨的是如何落实规划。我们认为，必须建立一整套规划实施的保障机制。

1. 解放思想，凝聚智慧

规划的实施必须以解放思想为先导，破除一切束缚学校建设和发展的思想观念和条条框框，切实增强忧患意识、责任意识和机遇意识，进一步开阔眼界、开阔思路、开阔胸襟，以思想解放助推改革突破，以观念更新带动机制创新。战略规划的制定要充分体现其对大学办学实践的总括性指导作用，不能忽视操作性，并能进行总体性检验与评价。这就要求在大学发展战略规划的制定过程中要有广泛的群众参与，不能是学校领导与秘书班子的"闭门造车"。群众参与就是教师参与，要充分鼓励广大教师参与规划的积极性。通过规划的宣讲、讨论等，吸收广大教师的意见和建议，真正使学校的战略规划具有广泛的群众基础，一方面提高战略规划的科学性，另一方面为战略规划的有效实施创造条件，体现以教师为办学主体的办学思想。

2. 改革创新，突破重点

全面推进学校教育事业改革和发展是学校未来发展的基本任务，改革和发展的核心体现于创新体制机制与突破重点、难点。因此，学校必须重视加强人才队伍建设和科研实力的提升。要积极推进人事和分配制度改革，建立符合高校特点的各类岗位人员准入与退出新机制，探索建立专职科研队伍聘任机制，采取灵活多样的分配形式和分配办法，激励优秀拔尖人才和优秀创新团队脱颖而出。要大胆探索学科特区建设模式，突破学校传统管理体制，建立学科发展新机制，促进学科交叉融合和协同创新。

3. 依法治校，民主管理

《高等教育法》赋予了高等学校办学自主、公正评价等权利与义务，大学本位回归为倡导学术自由、繁荣大学文化带来了浓厚的气息，我们必须在和谐的法治环境下规范管理，在自由的学术天地里求异创新。要按照教育部《高等学校章程制定暂行办法》的规定，制定学校章程，依照章程规范学校行为，不断完善现代大学治理结构，努力淡化或消除学校行政化色彩，充分发挥各类组织特别是教授委员会在学校事业发展中的重要作用，真正实现教授治学。

4．统筹资源，注重效益

学校规划确立的重点建设工程需要人力、物力和财力的保障，而充足的财力资源是实现工程建设目标不可或缺的要素。学校应积极争取中央和地方政府拨款和各类专项资金支持，加大办学收入组织力度；加强政、产、学、研合作，增加科研经费总量；加强对经营服务性资产的管理，提高经营服务性资产的贡献度；发挥校友会、基金会作用，争取社会资源。坚持"效益优先、突出重点、统筹兼顾、科学民主"的原则，完善经费分配机制，优化经费支出结构，发挥财务预算在资源配置中的引导作用，提高资金使用效益。

2.2　教师队伍建设

"百年大计，教育为本，教育大计，教师为本"。中国新民主主义革命和社会主义建设的历史充分表明，中国的教育发展在促进社会经济发展中的地位和作用必须得到高度重视。在今天国家倡导教育优先发展的战略抉择中，也应当毫无疑问地把教师发展摆在首要位置。当前，高等教育改革已步入深水区，如何通过全面推进高校综合改革，提高人才培养质量是高校普遍关注的问题，其中高校师资队伍建设作为改革的关键点或者突破口，成为许多高校综合改革方案的一项具有特色的制度设计。在我国历次的本科教学工作评估方案或者指标体系中，教师队伍或者师资队伍都是作为一级指标进行重点考察的。在 2013 年 12 月教育部发布的《普通高等学校本科教学工作审核评估范围》中，"师资队伍"仍然作为第二个审核项目，其所表达的本意是对高校从事教学工作主体资格的一种限定。实际上，在大多数人看来，师资队伍中的师资不过是从事教学工作的专业教师和实验技术人员。为便于研究，这里我们统称高校教师队伍。

2.2.1　教师队伍概述

（一）教师队伍的内涵

教师是高等院校的主体，高水平的教师队伍是体现大学高水平的重要标志。美国哈佛大学前校长科南特说过："大学的荣誉不在于它的校舍和人数，而在于它的一代一代教师的质量。一个学校要站得住，教师一定要出色。"世界一流大学都拥有大批一流的教师及各领域的著名专家、教授，其中有不少是诺贝尔奖获得者或举世公认的学术权威。世界各国的发展史也证明："振兴民族的希望在教育，振兴教育的希望在教师。"①可见教师对于一所高校发展的重要性。随着中国高等教育的改革与发展，高校教师队伍建设进入了一个新的发展阶段，而教师队伍的结构，在很大程度上决定教师队伍的性能。教师队伍的结构，主要包括年龄结构、学历结构、职务结构、学缘结构、专业结构等。教师队伍构成是否合理，会对高校的教师管理产生很大的影响，进而会影响到整个办学质量。合理的教师队伍结构对培养高质量的人才，出高水平的研究成果具有重要的意义。有学者研究认为，现阶段，高校合理的教师队伍建设应是在人才引进方面呈"梯队"状态，并预算和规划未来对人才的有效利用度；男女教师的比例人文学科类达到1：2左右或持平，理工科类持平或为3：1左右；老中青教师的比例大致为1：2：2，以形成合理的学术梯队；本科院校教师的学历结构应该基本上达到研究生或研究生以上学历；教师应该具有良好的思想道德素质，饱满的工作热情，丰富的网络状知识结构，较强的教学能力和创新能力，在新世纪更应该有信息的处理能力和教育科研能力。

（二）高校教师队伍的特征

对于不同类型、不同层次的学校来说，教师队伍的整体状态以及他们所表现出来的特征是不同的，但是，教师作为一个职业群体在社会组织成员中扮演的角色内涵是相通的，我们将其归纳为五个基本特征。

1. 高尚的精神追求

学校得以持续生存与发展靠的不仅仅是硬件的实力，而是学校的精神，特别是一支富有积极向上精神的教师。抗日战争时期，西南联大的精神充分表明，教师是追求精神享受的"无产者"。教师追求精神境界的高尚，是因为他们把教师职业所倡导的职业道德内涵看作无限荣耀的信仰。无论是小学教师还是大学教师，他们无不执着地追求这种信念——"爱国守法、爱岗敬业、关爱学生、教书育人、为人师表、终身学习"。因此，一支优秀的教师队伍必须要求教师具有高尚的精神追求，甘于清贫，耐得住寂寞，在自己的岗位默默奉献知识和能量。

2. 精诚合作的团队意识

教师是主导教学活动的组织者和协作者，这就要求教师无论是在课程教学活动中还是在教学学术研究中都需要凝聚力量，与他人精诚合作，以达到教学效果的最佳状态。在基础教育阶段，教师担负的教学任务十分繁杂，这就要求教师之间有密切的配合，教研组发挥凝聚作用，强化教学团队，实现教学资源的优化配置和科学

---

① 尚亚宁：《对高校教师培训问题的思考》，《贵阳市委党校学报》2007年第4期。

利用。高等教育相对于基础教育来说，课程教学的专业性增大，科研领域和方向相对分散，但是，合作研究、互惠互利、资源共享，往往是高等学校教学队伍表现出来的专业特长。因此，一个优秀的教学团队教师之间要有合作，共同促进教学能力的提高。

3. 高超的学术水平

教师的学术水平高低体现于学术意识高低上。学术意识是要求教师不仅是学生学习的指导者，更是课程的研究者。因此，教师必须具有创新意识，钻研教材，探索新教学方法，激发学生的学习兴趣，倡导研究性学习，敢于突破常规。教师具有创新精神和创新意识，才能培养出具有创新能力的学生。

高校教师应以教学为本，但是，也不能忽视科学研究对教学质量的促进作用。教学与科研应该是相互依存、相互助长的辩证统一关系，我们要鼓励高校教师在教学和科研方面都得到发展。一个优秀的教师不仅要教书育人，还要积极投入教育科研之中，不断总结自己的教育成果，认真反思，探索新的教育理念和方法。

4. 终身的学习热情

"师者，传道授业解惑也"，知识社会对高校教师职业提出了更高要求，高校教师要想跟上知识更新的速度，站在学科和学术研究的前沿，就必须树立终身学习理念，不断补充新的知识，才能把最前沿的科学文化知识教授给学生。终身学习，不仅需要不断地更新知识，还要学会更新教学方法和手段。"MOOC"网络在线教育的课程已应用于世界许多国家的高等教育中，信息化时代所倡导的课堂教学多媒体化和以学为中心的课堂翻转教学模式等都要求教师不断接受新生事物，不断更新知识和教学方法。

2.2.2　教师队伍职业规范

(一)教师职业道德规范

职业道德的概念有广义和狭义之分。广义的职业道德是指从业人员在职业活动中应该遵循的行为准则，涵盖了从业人员与服务对象、职业与职工、职业与职业之间的关系。狭义的职业道德是指在一定职业活动中应遵循的、体现一定职业特征的、调整一定职业关系的职业行为准则和规范。职业道德既是从业人员在进行职业活动时应遵循的行为规范，又是从业人员对社会所应承担的道德责任和义务。不同职业的人员在特定的职业活动中形成了特殊的职业关系、职业利益、职业活动范围和方式，由此形成了不同职业人员的道德规范。

教师职业道德规范是公民基本道德规范的职业体现。我们根据《高等学校教师职业道德规范》和教育部《关于建立健全高校师德建设长效机制的意见》，对高校教师的职业道德从以下方面进行阐释：

1. 爱国守法

爱国守法是对高校教师政治素质的要求，也是考量中华人民共和国每一位公民素质的基本要求。爱国，要求教师"热爱祖国，热爱人民，拥护中国共产党领导，拥护中国特色社会主义制度"。守法，要求教师"遵守宪法和法律法规，贯彻党和国家教育方针，依法履行教师职责，维护社会稳定和校园和谐。不得有损害国家利益和不利于学生健康成长的言行"。守法，也就是"依法执教"。所谓"依法执教"，就是教师要依据法律法规履行教书育人的职责。一方面，教师的教育教学行为在法律法规所允许的范围内进行；另一方面，教师要善于利用法律手段来维护自身的合法权益。依法执教是依法治教的主要体现和重要保障，这里强调了学校教师在教书育人的过程中必须按照法治精神和法律规定行使职业权利、履行职业义务，让法律成为教师和受教育者的"保护神"。依法执教，不仅要求教师知晓教育法律及其相关法律对教师教学行为的授权与许可、约束与禁止，还需要廉洁从教，即严格执行教育戒规，以更加严格的规则要求自己，恪守"禁令"。

2. 敬业爱生

教师是社会美誉度较高的职业，教育是全社会普遍关注的事业。人类社会的进步与发展在于教育水平的提升，而教育发展的根本动力在于一大批教师对教师岗位的热爱、对教育事业的敬仰。敬业，要求教师"忠诚人民教育事业，树立崇高职业理想，以人才培养、科学研究、社会服务和文化传承创新为己任。恪尽职守，甘于奉献。终身学习，刻苦钻研"。敬业需要爱岗，爱岗是对教师角色的热爱，因为教师是一支蜡烛，点燃了自己，照亮了别人；因为教师是浇灌花朵的园丁，万紫千红是教师的最爱……敬业，是把教育看作比自己亲人还敬重的偶像。爱生，要求教师"真心关爱学生，严格要求学生，公正对待学生，做学生良师益友。不得损害学生和学校的合法权益"。高校教师要关心爱护全体学生，无论是优秀学生还是成绩差学生，无论是本院系的学生还是来自其他院系的学生，要尊重学生的人格，以平等、公正原则行使对学生学业成绩的公正评价权；严格要求学生，耐心辅导答疑，不讽刺、挖苦、歧视学生，特别是不体罚或变相体罚学生；保护学生合法权益和人身安全，以自己的最大努力，促进学生全面、自由、健康发展。

3. 教书育人

教书，是教师的本分，育人，是教师的天职。自古以来，教书育人是人们对教师的讴歌和赞美，从而也奠定了教师职业形象的崇高与伟大。一个优秀的教师不仅仅是把书较好，而是通过教书的过程把受教育者培育成为对社会、对人类有用的公民，这也是教师的政治素养。从育人的政治高度来看，教师必须"坚持育人为本，立德树人"，把育人作为教师的根本职责；"遵循教育规律，实施素质教育"，改变传统的教育观念和学习方式，让学生从被动的学习模式中解放出来成为学习的主导者；"注重学思结合，知行合一，因材施教，不断提高教育质量"。从教书的和谐性来看，教师作为尊长，与学生的关系需要建立在和谐相处的环境中，因此，要求教师"严慈相济，教学相长，诲人不倦"，并学会向学生学习现代信息科学和其他科学知识；要"尊重学生个性，促进学生全面发展"，一个优秀的教师从来都是尽自己最大的努力满足学生的学习需求。

4. 严谨治学

"严谨"是一种科学的品格，一丝不苟，求真务实，绝不"人云亦云"、"随波逐流"；"严谨"是一种谨慎的态度，在当今物欲横流的学术环境中能够理性面对、洁身自好，而不追风赶潮。"治学"是对科学的不断探索，特别是在学术自由理念下对科学真理和人文真谛的不懈探索与追求。"治学"是教师的精神寄托，更是一种大学文化，而这种文化主要体现于高校教师身上所拥有的严谨的学风、渊博的学识、优雅的学品。严谨治学，要求教师能够"弘扬科学精神，勇于探索，追求真理，修正错误，精益求精"，努力使自己成为学科专业的尖端人才；要求教师能够"实事求是，发扬民主，团结合作，协同创新"，不断取得新的成就；要求教师能够"秉持学术良知，恪守学术规范"，"尊重他人劳动和学术成果，维护学术自南和学术尊严"，"诚实守信，力戒浮躁"，"坚决抵制学术失范和学术不端行为"。

5. 服务社会

"伟大的人民教育家"陶行知在 20 世纪 20 年代提出"社会即学校"的教育思想，主张用社会各方面的力量，打通学校和社会的联系，创办人民所需要的学校，培养社会所需要的人才。在陶行知这一教育思想影响下，教育服务社会的理念深入人心。在抗日战争时期，他提出教育必须为民族革命和民主革命服务的主张。而今，中国已经成为世界高等教育大国，这就更加需要我们的大学教师能够以更加宽阔的胸怀拥抱社会，为科技进步与文化繁荣贡献自己的力量。因此，高校教师要"勇担社会责任，为国家富强、民族振兴和人类进步服务"，成为时代的先驱者；要"传播优秀文化，普及科学知识"，成为文化的传播者；要"热心公益，服务大众"，成为生活的引导者；要"主动参与社会实践，自觉承担社会义务，积极提供专业服务"，成为社会管理创新的参与者。同时，教师在服务社会的过程中，应当秉持严谨的治学态度和规范的学术道德，"坚决反对滥用学术资源和学术影响"，绝不做损人利己、中饱私囊、败坏社会风尚的"学术败类"。

6. 为人师表

教师是人类灵魂的工程师。为人师表是要求教师理当成为学生的表率，成为公众仿效的楷模。"学为人师，行为世范"，是为人师表的核心内容；教师要"淡泊名利，志存高远"，绝不为蝇头小利而丧失人格，也不为权势利诱而随波逐流；要"树立优良学风教风，以高尚师德、人格魅力和学识风范教育感染学生"，努力让自己成为学生心目中最喜爱的老师；要"模范遵守社会公德，维护社会正义，引领社会风尚"；要"言行雅正，举止文明"，体现出教师高雅的文化素养；要"自尊自律，清廉从教，以身作则"，绝不利用一切可能利用的关系和便利条件谋取私利；要"自觉抵制有损教师职业声誉的行为"。

(二)高校教师职业发展要求

1. 学科专业理论基础

首先，高等学校教师应具备某一学科门类的专业知识，尤其是具有博士学位的高学历者，其学科专业的理论基础应当更加坚实。然而，事实并非如此。一些号称教学名师、博士生导师的教授虽然算得上精通自己的学科专业理论，但是最基本的知识特别是一些应用性的知识却不及一个高中生。高校教师的主要工作是教学，这就要求教师对本门学科专业知识的掌握应当更完整、更系统、更扎实。其次，高等学校教师应当具有丰富的相关学科知识。教师的教学活动不能局限在一门学科专业知识范围内。高校学分制改革，使得来自不同学科专业的学生选读教师教授的课程，甚至要求教师与学生协同创新，参与社会实践活动。教师面对的是知识来源广泛、求知欲旺盛的青年，他们总是带着种种问题在知识领域孜孜寻觅。这些问题常常超出某些专业范围，甚至超出目前人们能够理解的范围。教师没有理由拒绝学生提出的合理要求，如与学科专业相关的知识问题。

2. 教育科学理论基础

首先，教师需要掌握教育学知识。如教育哲学知识、教育社会学知识、普通教育学知识和教育科学研究知识。其次，教师需要掌握心理学知识。如普通心理学知识、发展心理学知识、教育心理学知识和社会心理学知识。这几个方面是相互关联的，又是相互独立的，它们一旦为教师掌握，就会提高教师的教学水平。

3. 专业技能与实践性知识

专业技术和应用能力是评价高等学校教师职责的重要指标。在应用技术型大学或高等职业院校中，"双师"所要求的应用技术资格和能力已经成为教师队伍评价指标体系的基本要素。有学者认为，现代的专业教师，不仅要具备科学文化知识、学科专业知识，还要具备教育专业知识、实践性知识。所谓实践性知识"是指教师在面临实现有目的的行为中所具有的课堂情景知识以及与之相关的知识，具体地说，这种知识是教师教学经验的积累"。因此，高校教师需要增强专业技能，并在教学过程中积累实践性知识，从而丰富教学内容。

4. 教学能力

有学者在论及教学能力时认为，"教学是以知识、技能、道德伦理规范等为媒介的、师与生相互作用的双边活动。在这种活动中，决定教师在其中的地位、作用的核心因素就是教师的教学能力"。这一表述看起来并不是对教学能力的定义，但是，我们可以看出，教学能力是教师在与学生相互作用的双边活动中，以知识、技能、道德伦理规范等为媒介，以多元化的组织行为为手段，促使教师在实现教育目标中产生积极引导作用的核心要素和本领。

教师的教学能力包含哪些方面？主要有教学评价能力、教学学术能力、教学资源开放与利用能力、教学组织与管理能力等。

也有学者认为，高校教师的教学能力包括教学认知能力、教学设计能力、教学调控能力、教学评价能力和运用教学媒介能力。教师教学认知能力是指认识、理解与把握教学活动基本元素(诸如任务、内容、对象等)的能力，包括理解专业目标及课程的能力、了解教学对象的能力、分析与处理教材的能力。教学设计能力包括设计教学目标的能力、突出教学重点和难点能力、选择教学策略和教学方法能力、编写教案能力。教师的教学调控能力包括反馈教学信息能力、调控教学进程能力和课堂管理能力。教师的教学评价能力包括教与学两方面：即教师教学自我评价能力和学生学业成绩评价能力。运用教学媒介能力包括教师运用语言表达能力、运用教学技术手段能力。

2.2.3 教师队伍结构

(一)教师队伍结构基本要素

1. 教师队伍结构内涵

一般认为，构成高校教师队伍结构的基本要素大致可以分为两类：一类是显结构要素或称之为外在表象，如教师的年龄、学历、职务、专业等；另一类是潜结构要素，体现于教师的内涵和素养，或称之为内在涵养，如教师的思想品质、业务水平、心理素质、性格与气质等。高校教师队伍结构是否合理，应取决于显结构要素与潜结构要素的科学组合。所以，在本科教学工作评估指标体系中，高校教师队伍结构合理与否，始终成为衡量高校教师队伍建设质量的重要标尺，也是形成高质量教师队伍的重要标志。

2. 教师队伍结构形式

• 年龄结构。合理的年龄结构应是每一年龄段都有恰当比例，没有明显的峰谷出现。通常情况，教师队伍在年龄结构上呈现自然的正态分布，即老中青三结合，并呈相对平行的柱状形，比如 50 岁以上的老年教师占 30%，40 岁至 49 岁的中年教师占 35%，39 岁以下的青年教师占 35%。有学者研究认为，随着近些年来高校规模的快速扩张，各高校纷纷引进青年教师，教师队伍的年龄结构迅速发生变化，结构失衡问题凸显，如年轻教师所占比例过大，老龄教师比例过小，一些高校 35 岁以下教师的所占比例超过五成，个别学校甚至超过六成，45 岁以上教师所占比例不到 10%，结构失衡非常严重。

我国现行制度将高校教师专业技术职务岗位设置为教授、副教授、讲师、助教十三级。高校教师队伍的职称结构是指教师队伍内部具有各个级别的专业技术职称的教师的数量匹配和联结方式状况，它在一定程度上反映了教师队伍的学术水平和能力层次。按照分类指导原则，不同层次和不同类型的高校，在教师队伍的职称结构上应当有所不同。但是从整体上看，我国高校教师队伍中的高级职称教师比例偏小。有学者研究，2010 年，全国普通高校专任教师队伍中正高、副高、中级、初级、无职称教师比例分别是 11.1%、28.1%、38.5%、7.2%、5.2%。

• 学历结构。高校教师队伍的学历结构是指教师队伍中具有各种不同学历层次、不同学习类型的教师的数量匹配和联结方式状况。从学历的层次上来看，高学历在高等学校教师整体数量结构中的占比呈上升趋势，具有本科毕业和高中毕业以下的学历的教师也将逐步退出。"尽管学历不等于能力，文凭不等于水平，但相比之下，高学历教师受到更为正规和更高层次的学术训练，专业成长更快，发展的可能性更大"。从结构的要素匹配上看，高校教师队伍中高学历教师比例当然越高越好。但是，不同类型的高校应根据自身不同的定位和需要，综合考虑经济成本等因素确定本校教师队伍合适的学历结构建设目标，比如应用技术大学需要更多的不是高学历者而是高技术的工程师。

• 性别结构。据教育部 2009 年教育统计数据，我国所有普通高校专任教师有129.5 万人，其中女性专任教师为 59.5 万人，占总数的 45.9%。因此，可以说在我国目前的高校教师队伍中，女教师这个群体已由高校中的少数群体逐渐发展成为高校教师队伍中的一股重要力量，成为高校教师队伍中一支不可忽视的生力军。

• 学缘结构。高校教师队伍学缘结构是指高校教师队伍的学术教育背景来源单位或组织的组成及构成状态。我国高校教师队伍学缘结构则表现出单一性、本土化和低层次特征，存在着"三多三少"现象，即本省(市)学缘较多，外省(市)的学缘较少；同类高校的学缘较多，更高层次高校的学缘较少；国内学缘多，海外学缘极少。除此之外，我国高校存在比较严重的近亲繁殖现象。据华中师范大学硕士学位论文作者胡学实的调研，他从教师学缘状态的三个维度进行了测量，认为目前我国高校教师队伍学缘结构的亲缘度为 0.27，勉强符合国家要求；而从结构的数量匹配关系上看，优缘度平均水平达到 0.59，接近 0.6(211 类高校水平)；广缘度为0.36，接近 0.4(即省内高校水平)，说明高校教师来源平均水平仍然不够广阔。文章在分析了不同类型的高等学校学缘结构状态和原因后，提出增强广缘度、降低亲缘度、提升优缘度的对策建议。理想的学缘结构应有多样性程度高、远域学缘和高层次学缘的比重大三个特点，前者指学缘来源丰富多样，中者指来源于外地尤其是国外的学缘比重较高，后者指毕业于名校的教师比例多。从世界一流大学的教师学缘结构来看，都比较注重"五湖四海""百花争艳"。比如 2009 年，牛津大学教师队伍中来自欧盟其他国家的占 13.2%，来自美、中、澳、印、加等世界各国的占 15.2%。

·知识结构。知识结构相对于一个人而言，是指通过学习与实践所获得的全面知识、技能和素质等智力成果，并按照一定的逻辑关系进行建构组合形成的一种智力体系。一个人具有丰富的知识，体现于文理交融，学科宽博，具有合理的知识结构。高校教师队伍知识结构是指整个教师队伍所获得的知识、技能和素质等智力成果的分布状态。目前高校教师中局限于个人钻研领域的"专家"很多，舍得花工夫自主学习和探讨其他学科知识的教师少之又少。多数教师是本校留校生，近亲繁殖严重，学科知识结构不尽合理，各学科之间缺乏横向渗透及相互交流，一些教师缺乏跨学科、跨专业授课的能力，难以胜任综合学科的教学。许多教师只注重对理论性较强的知识进行研究，对宏观研究、政策研究把握得较好，而对实践性课题研究甚少，对微观性及操作性问题的把握不到位。

·任职结构。任职结构是指高等学校教师队伍中担任专任教师和兼任教师的数量比重，有的称之为"专兼结构"或"数量结构"。高等学校教师的任职实行"专职为主，兼职为辅，专兼结合"的形式。专职教师是以教学为专门职务的教师，而兼职教师是指被校聘兼教学职务的校内外非专职教学人员。可见，专职教师是考察高等学校教师队伍数量与结构的主要对象。

(二)教师队伍结构现状考察与分析

1. 教师队伍结构现状考察

考察学校的教师队伍结构现状，首先要看学校在自评报告中是如何表述教师队伍结构状态的。比如有学校是这样表述的:"师资队伍稳定,结构合理,发展趋势良好;教师队伍整体素质高、实力强,学术带头人在本科教学中发挥了主导作用。"这里需要注意的是,结构是否合理是需要通过数据来表现的。因此,学校的教师队伍结构必须按照要求绘制"年龄结构""学历结构""职称结构""学缘结构"等结构图表。

应当说,高等学校在近十年间无不把教师队伍建设摆在头等重要的位置,特别是加大对学科带头人的引进和培养的力度,加大对青年教师的扶持和引导,努力改善整体结构状态不尽合理的局面。比如,省属重点高校开始由注重高学历转向有留学经历,要求中青年教师晋升教授职称需要具备一年以上的留学教育经历;开始由注重学术评价转向注重教学评价,要求年轻教师晋升副教授需要具备一年以上的社会实践经历。

2. 目前高校教师队伍结构的突出问题

• 总量结构失控。高级职称的教师年龄老化,35 岁以下的青年教授寥寥无几。"十二五"至"十三五"的十年,是高校教师的一个退休高峰时期,如"文革"后期毕业的一批优秀"工农兵学员"要陆陆续续脱离教学岗位,即使"新三届"[①]的一批留校任教的教师也接二连三地冲向 60 岁的大门。这一批教师年龄偏大,但是大多获得教授职称,他们的退休对学科专业领域的负影响较大,会造成一些学科产生生存危机,有的学科专业由于学科带头人的离退而出现学术上的严重断层。年轻的学科带头人和骨干教师十分紧缺,这是高校教师队伍建设中一个无法回避、迫在眉睫的问题。

• 水平参差不齐。整体上看,一般本科院校研究生以上学历的教师比例仍然偏低,特别是具有国外留学背景的博士、教授数量很少,总体学历水平差异较大。当然,高学历并不代表高水平。从对教师的科研能力和教学水平考察来看,中老年教师的教学水平相对较高,而科研能力呈现下滑趋势。

• 学缘关系失衡。我国高校的专职教师,包括多数"985 工程"和"211 工程"高校,差不多接近一半是毕业于本校的。在一些高校的教学和科研单位里,同一高校同一专业毕业的教师比例过高。在一些高校的教学和研究单位中,大量聚集着由老教授一脉相传下来的弟子门生,师徒同堂、同学同堂,甚至出现了"四代同堂"的现象。

---

① 这里的"新三届"是指 77、78、79 级入学的大学生,即"文革"后恢复高考后毕业的三届大学生。

2.2.4　教师队伍建设规划与发展

(一)教师队伍建设的策略

1. 优化教师队伍结构

要坚持以提高教师队伍规模效益和有利于教师队伍可持续发展为原则,把握高校教师队伍结构的基本要素,促进显结构要素达标,提升潜结构要素品质。在年龄结构方面,要形成老中青教师相结合的后继有人的年龄梯队;在学历结构方面,要增大高学历教师的比重,消除或逐步消除本科教本科、专科教专科的现象;在职务结构方面,要根据不同学科专业和教学任务的需要,确定各级教师的职务比例,适当增大高级职务比重;在专业结构和教师来源方面,要根据各校实际情况统筹规划、合理布局、适应需要、优势互补,外校毕业的教师应达到 60%以上。

2. 完善培训进修机制

把教师的资格培训与岗位培训、业务培训与思想素质培训结合起来,为岗位和资格培训服务。也就是说,按照教师的职务岗位及其职责规范要求,具体制定有关教师的政治和业务方面的培训内容和计划,采取不同形式,以不同方法、不同要求,对各级职务岗位的教师进行培训,使他们具有胜任各自岗位工作的资格;将教师培训与教师的岗位需要和教师的岗位资格要求相结合。这种针对岗位需要和岗位资格要求的培训方式,既有利于提高教师的个体素质,又有利于提高教师队伍的整体素质。

3. 加强师德师风建设

· 树立正确的人生观、价值观,提高教师的思想认识水平。教师要"为人师表",关键是树立正确的世界观、人生观、价值观。要特别强调教师的自强、自信、自爱、自立意识。要求学生做到的,自己首先要做到,在行动上为学生作出表率。

· 加强学习和培训。高校教师是知识含量很高的群体,他们的培养对象是未来国家建设的中坚力量。这就要求教师不但要有大量的知识储备,还要有很高的道德标准。因此,高校教师必须坚持学习和培训,学习从师技能、教育理论、专业知识、政治理论,提高道德素养和政治敏感度。实现教师培训的制度化、规范化。提高自身的学习能力,由阶段性学习向终身学习转变。只有教师的水平和能力提高了,才能培养出优秀的大学生。

· 为教师的教学、科研、生活创造条件。作为高校的管理者应做好服务工作。在工资、岗位津贴、住房、子女入学、家属工作等方面做好保障,提高教师的生活待遇,使他们的付出与所得相平衡,解决教师的后顾之忧。

·引入激励竞争机制。在教学、科研上采取激励竞争方法，将物质奖励和精神鼓舞相结合，发现和肯定在师德师风建设中表现突出的教师，不拘一格给予奖励和职务职称上的晋升，充分调动青年教师的积极性。

·加强管理，完善考核和监督机制。要建立一个科学、完备的教师考核、监督管理体系，从职称聘任、津贴评定、科研立项、教学评奖等多方面，评价教师和约束教师的师德师风。采用学生评议、教师评议、领导评议相结合，实行奖勤罚懒，奖优罚劣，多劳多得、不劳不得的奖惩制度，以充分调动高校教师教书育人的积极性，发挥优势，取长补短。

4. 提高师资队伍管理水平

·更新观念，改革教师队伍管理模式。我们要改革计划经济体制下传统的人才管理模式，借鉴欧美大学教师管理的经验，切实改变现行的以政府行政手段为主的管理方式。以聘任制为核心，建立合理有序的人才流动机制。引入市场机制，公开操作，机会平等，自由竞争，实行真正意义上的教师聘任制。要实现教师管理工作职能的转变，即要由单纯的管理控制转变为对教师资源的开发、保障和利用。要采取重大措施和特殊政策，培养和造就一批拔尖人才和大师级人才。根据中组部、人事部、教育部联合下发的《关于深化高等学校人事制度改革的实施意见》，高等学校实行聘任制的总原则是："按需设岗、公开招聘、平等竞争、择优聘用、严格考核、合同管理。"要在严格定编、定岗、定职责的基础上，强化岗位聘任和聘后考核，引进市场竞争机制，公开选拔，择优聘任。要建立一个相对稳定的骨干层与出入有序的流动层相结合的教师队伍模式和教师资源开发的有效机制。

·继续深化人事分配制度改革，创新人才激励机制。人事分配制度改革要从注重提高个人待遇向更加重视支持人才成长和发展转变，鼓励优秀人才脱颖而出。收入分配要"注重效率、兼顾公平"，重实绩、重贡献，向关键岗位和优秀人才倾斜，同时对从事基础研究、高新技术研究、重要公益性研究等方面的教师给予重点支持和扶持，建立以业绩定岗位、以岗位定报酬、以岗位津贴和优劳优酬相结合的分配机制，激励创新；建立创新成果奖励制度，对教师取得的创新成果及时进行评价，并给予相应的精神和物质奖励；建立创新奖励基金，支持在教育思想、内容、方法、途径、制度等方面的创新研究和实践。

·采取措施，优化教师队伍建设环境。高校教师队伍建设和发展，需要良好的外部环境和内部环境。在健全管理制度、改进运行机制的基础上，要进一步改善高校教师的工资待遇，解决高校教师的住房问题。同时，必须改革分配制度，实行工资与职级的差别管理。

5.改善教师工作生活环境

将师资队伍建设工作同解决教师实际问题结合起来，从教师的工作和生活实际出发，时刻把教师的需要和冷暖放在心中。要改善教师的工作环境和生活环境，为教师教学与科研工作提供便利，如解决教师住房问题、提高教师待遇、减轻教师的生存压力等。

(二)教师队伍发展展望

1.高学历带来高校人力资源配置与利用多样化

在通常情况下，一定的学历反映了一个人所受教育的程度，因而也在一定程度上反映了一定的知识和能力水平。教师的学历越高，所具有的理论知识的起点越高，则适应能力和发展潜力就越大。一些发达国家都十分重视高校教师的高学历化，并通过提高高校教师的聘用标准来实现高校教师的高学历化。例如，美国虽然没有全美统一的高校教师任职资格标准，但各大学和院系都有严格的教师聘用标准。早在1973年，美国大学教师中具有博士学位的就已占教师总数的40.9%，具有硕士学位的占44.9%，两项加在一起达到教师总数的85.8%。目前要进入美国和欧盟国家大学任教，首要的条件是具有博士学位(艺术类院校、警校除外)。除此以外，一些大学还附加其他条件，包括有博士后研究经历、不是本校应届毕业生等。又如日本，在20世纪80年代初，大学教师中具有研究生毕业学历的比例就已高达95%，并且其中多数具有博士学位。

2.不断优化学缘结构促进教师的合理流动

高校应采用多样化的方式促进人才合理流动，形成来源渠道多元的学缘结构，全面实现高校教师队伍的优化，使之发挥整体系统功能。高校管理者必须确立现代人力资源开发和发展新理念，进行学校人力资源供求预测，从本校实际出发，制定学校人力资源规划。最大限度地开发和利用学校内现有的人员潜力，使学校、学生、教师都得到发展。依据高校人力资源战略目标，进行人力资源合理有效的配置，促进多种形式的人才合理流动。采取切实有效措施，组建一支现代化的高校教师队伍，按照21世纪高等教育发展的要求和学校整体规划，公开招聘，择优引进一批高水平、高层次的优秀人才；制定优惠政策，吸引学有专长的优秀出国留学人员、非师范专业的优秀人才和社会上的理论素养较高、实践经验丰富的人才至高校任教，使高校教师队伍不断有"活水"注入；聘请社会知名人士、学术权威、科研人员和国外大学著名学者、专家担任高校兼职教师，进行科研合作。同时，重视开发高校名师资源，充分发挥其辐射作用。此外，通过校际合作，互聘教师，实现高校教师资源共享。

2.3　教学环境

在高校教学资源体系中，人们会毫不犹豫地说出人、财、物是三大教学资源，当然这里表述得外延并不全面。就物而言，其范围相当宽广，而对于教学资源来说，物体形状的教学资源可以理解为一切可供本科教学使用的设施、设备、场馆等，我们可以称之为教学设施。教育部《普通高等学校本科教学工作审核评估范围》将教学设施列为教学资源的第二个审核要素，其审核要点有三：教学设施满足教学需要情况、教学和科研设施开放程度及利用情况、教学信息化条件及资源建设情况。

2.3.1　教学设施建设概述

(一)教学设施建设的内涵

教学设施建设主要包括高校实验教学条件、高校实习实训场所(基地)、高校体育场所、高校学生活动场馆与美育场馆设施的建设与利用。教学设施建设，是进行课程改革的物质基础，也是顺利完成课程目标的必要保证。同时，教学设施建设也是检查、督导、评估、规范学校教学工作的重要内容之一。

(二)教学设施建设主要内容

1. 实验教学条件建设

实验室是高校办学的基础，是培养学生创新能力、独立工作能力和实践能力的主要基地，同时也是高校承担国家科学技术研究和支持地方经济建设的重要基地。高校实验教学设施是保证教学质量的重要前提，构建科学、完善、系统的本科实验教学条件保障体系，是提高人才培养质量的根本措施之一。

首先，坚持以学科建设为导向，重点保障优势特色专业实验教学条件。学科建设是专业建设的基础，⑧是保障本科教学质量的关键。教学条件是为专业服务的，因此条件建设与学科建设及精品课程建设是相互依存的关系。学校应十分重视学科建设，把它作为教育改革和提高本科人才培养质量的重要内容来抓，鼓励和支持二级学院申报省部级重点学科和精品课程，以此推进本科实验教学条件向更高层次发展。学科建设重点是突出优势与特色。

其次，依托科研平台建设，提高实验教学条件建设层次与师资水平。教学与科研是现代大学两项重要职能，两者的结合是培养高级专门人才的需要，它们相互依存又相互促进，科研是提高办学水平和教学质量的关键。钱伟长曾说过："大学必须拆除教学与科研之间的高墙，教学没有科研作底蕴，就是一种没有观点的教育、没有灵魂的教育。"又说："教师你不教课，就不是教师；你不搞科研，就不是好教师。"钱伟长明确厘清了教学与科研的关系。其实本科实验教学设施建设也是这样，它与科研设施建设也是相辅相成的。要根据学校的学科优势，结合地方经济发展的需求，建设一批重点实验室，形成较完整并覆盖学校主要学科的科研平台。

再次，走合作共建实验室之路，拓宽实验教学条件建设渠道。人才培养必须符合社会需求，企业对人才的要求是具体的，通过与企业合作共建实验室，可以进一步拓宽本科实验教学条件建设的渠道。学校应根据自身的学科优势和专、№特点，结合当地产业结构状况，通过与当地企业共建实验室、研究中心、培训基地等形式，不断优化人才培养条件和人才培养模式。这种校企合作、联合共建的模式，不仅为企业产业升级服务，为当地经济建设服务，同时也为学生课程设计、课程实习提供场所，改善学校的本科实验教学条件；教学管理部门还可以通过校企合作，优化教学内容，使之更加符合人才培养需要，提高学生在人才市场上的综合竞争力。通过校企合作共建实验室，推进实验教学内容与社会经济需求并轨，提高学生实践能力、创新创业能力。同时，也能练就一支具有坚实专业知识又有工程实践经验，能胜任培养学生工程能力的高素质师资队伍。

2. 实习实训场所(基地)建设

实习场所是指在校内外可供学生课程见习、生产实践、毕业实习等单位和处所。实习基地是指具有稳定性的实习场所(有协议)或虽然没有协议但已经连续三年在同一个地方实习的单位。其具体要求是有明确的实践教学的目的和任务，有稳定的教师和辅助人员队伍，有实习的项目，场地、设施能够满足人才培养的需要。校内实践基地建设应以培养学生技术应用能力和职业素质为主旨，以行业科技和社会发展的先进水平为标准，以学校发展规划目标所设专业的实际需要为依据，充分体现规范性、先进性和实效性，与生产、建设、管理、服务第一线相一致，形成真实或仿真的职业环境。

3. 体育运动场所建设

为满足学生锻炼的需要和丰富社区体育文化生活，必须进一步完善和发展高校体育场馆设施。

首先，应正确把握新时期高校体育功能的多元化特征，并以特定的地域、(院)校具体情况为依据，坚持把学校体育教学所需的物质环境与竞技运动环境融合，与现代健身、休闲、娱乐环境以及校园文化景观有机结合。应符合各学校所在地城市的市情、各院校特点和本土文化，作适当超前的规划。必须正确处理好三个关系，即处理好体育课程教学、竞技运动训练和比赛，以及健身、休闲、娱乐三者设施协调共同发展的关系；处理好运动场馆建设与校园文化有机结合的关系；处理好体育场馆建设的环境与绿色环保、运动安全的关系。

其次，设计理念突出"以人为本"。运动场馆的建设，强调"竞技运动功能与满足高校多层次人才的需要"相结合，突出"以人为本"的理念。比如，游泳池的设计，可借鉴水上游乐中心的一些设计理念，游泳池的外形设计与深度应多样化、柔性化，既能满足竞技比赛与训练的需要、教学的需要，同时又适合不同层次的人们健身、娱乐使用。

4. 学生活动场馆建设

学生活动中心与图书馆、体育馆同样重要。例如，安徽大学学生活动中心位于学校新校区西门，冠名为"适之楼"。它由 3 个部分组成，分别为活动中心、服务中心及校门诊楼，总建筑面积 16 700 平方米。这组建筑能基本满足师生校园生活的一切日常需求，是校园的学生社区中心。

5. 美育场馆设施建设

2015 年 9 月，国务院办公厅印发《关于全面加强和改进学校美育工作的意见》，明确了今后学校加强与改进美育工作的指导思想、基本原则、总体目标与政策措施，此后，学校、政府与社会各界都加大了美育工作的实施力度。近年来，学校的美育工作已经取得了重大的突破与进展，对提高学生的审美能力与促进学生的全面发展发挥了重要作用。但是学校的美育场馆设施建设却没有获得明显的发展。学校应该高度重视美育场馆设施的建设，以当地经济发展水平与学校自身的实际情况为基础，重点建设一批设施设备较为完善的音乐厅、舞蹈教室、演艺广场、学生剧院等艺术活动场所。只有坚持不懈地、深入扎实地推进美育设施的建设工作，才能让每位学生感受到艺术的氛围，全面提高学生的综合素质。

2.3.2 高校教学、科研设施开放与利用

(一)教学、科研设施开放的现实意义

1. 提高教学资源利用率的必然要求

高校教学、科研设施是提高教学、科研水平，创造更多教学、科研成果的重要保障。因此，要提高教学科研设备的利用率，定期考核设备使用情况。对利用率高的要加强养护；对利用率低的，要研究具体情况加以解决。对于大型、精密、贵重的仪器设备，可加大实验室的开放力度，在保证重点实验需要的前提下，向全校的科研项目开放。

2. 高等教育大众化发展的客观要求

高校教学科研设施开放是高等教育大众化发展的客观要求。自 2010 年以来，国家对高等教育的投入大幅增加，高等教育生均教育经费、生均预算内教育经费和生均公用经费明显提高。特别是 2012 年召开了全面提高高等教育质量的工作会议，政府、高校和社会开始把质量放在了高等教育事业发展的首位。这表明中国高等教育大众化进程开始由外延式扩张向质量提升的内涵式道路发展。在这样的历史环境下，高校必须加大教学、科研设施的开放力度。

3. 校际联合促进协同创新的内在要求

当前，协同创新的发展要求高校之间建立全方位的教学资源共享体系，教学、科研设施建设必须走协同创新的发展模式。各高校可在整合和优化，实现校内实验资源共享的基础上，面向其他高校全面开放实验室，采取有偿开放服务的办法，确保实验室的满负荷运转，提高使用效率。有条件的高校可全天候开放实验室。各高校图书资料也可实行开放式管理，允许外校学生通过办理相关手续，自由借阅。积极鼓励面向社会开展有偿服务，通过制定合理的收费标准及管理制度，让教学科研设备的使用向校内外全面开放，实现资源的社会共享。

(二)当前教学、科研设施开放与利用存在的问题

1. 利用率低下

在经济学中讲究资源的配置要达到规模经济，即投入一定量的人力和物力资源能够获得最大量的产出。而从我国高校的资源利用效果来看，还远没有达到规模经济的水平，规模较大的院校也同样存在设施利用率低的问题。高校教学、科研设施设置不科学、不合理。拿实验室来说，实验室依理论课体系和项目课题类型设置，隶属于院系和科研课题组，是一种封闭、自我服务型的实验室模式。各实验室根据自己的眼前需求购置仪器设备，各自为政，不考虑长期规划和使用效益。各实验室功能单一，验证性实验多，造成仪器设备功能开发不全和使用机时少的现象，严重制约了仪器设备利用率和效益的提高。

2. 管理不健全

科学先进的管理方法和现代化的管理手段是提高仪器设备利用率的重要途径。传统仓库式的仪器设备管理方式，是手工登记账、卡，即使采用计算机管理，也仅限于账、卡的打印。没有现代化的管理方法和手段，不能对仪器设备进行统一高效的管理，限制了高校教学、科研设施利用率的提高。

3. 缺乏前瞻性

长期以来，多数高校在教学、科研设施建设上缺乏有效且科学的管理，并且缺乏前瞻性、盲目建设、重复购置的现象严重；对教学、科研设施的认识不够明确，重视度不高，造成大量设施闲置、浪费。高校应核实已淘汰的设备仪器，严格履行仪器报废手续，进行科学规划，考虑长远的社会需求，购置一批高、精、尖仪器，以保证学校各项教育事业的顺利开展。

(三)提高教学、科研设施利用效益的举措

1.改变教学、科研设施的配置方式

在高校教学、科研设施配置的问题上，必须从计划经济体制的思维方式转向市场经济体制的思维方式。一方面，要改变高校教学资源配置不足的状况需要大量的资金投入，等待、依靠政府财政拨款显然是不够的，必须从多渠道筹措资金。另一方面，要使有限的资金充分发挥作用，最大限度地满足教学的需要，就要改变教学资源的传统配置方式。决策者应当充分了解广大师生教和学的实际需要，在制定教学资源规划时让教职工和学生参与进来，为学校教学资源的建设建言献策，这样才能避免教学设备、设施闲置，使教学、科研设施真正被利用起来。

2.加强对教学、科研设施的管理

当前，必须转变观念，树立和落实科学发展观，办现代化的节俭型教育。无论是对新增教学资源，还是对原有教学资源，都必须加强管理，要通过制定、实施较为完善的规章制度来减少教学资源的浪费和损坏。在购置教学设备、兴建设施前，要加强调研和可行性论证，确保投资的必要性和合理性。对现有教学资源，应当加强常规管理，配备好管理人员，做好相关的业务培训工作，并建立起明确的目标管理责任制度，使各管理部门和人员责任清楚、各司其职。与此同时，以适当的激励、约束和评估机制作保障，加强对教学资源使用、维护等状况的考核，督促资源使用者和管理者提高效率。

3.重视对现有教学、科研设施的开发利用

在争取扩大外部资源的同时，高校应当注重对内部资源的优化和利用。应当重视对现有教学、科研设施的开发利用，深入挖掘内部潜力，最大程度地发挥设备、设施的资源潜力。必须坚持以人为本的原则，强化为师生服务的理念，使现有教学资源充分应用于教师教学和学生学习。一方面，管理部门应当放宽对教学、科研设施使用的限制，例如，图书馆可以延长开放时间，实行开架阅览；多媒体等教学辅助设备的使用要简化手续，可由管理员在教师上课前做好相应的设备准备；允许学生在课余时间使用语音室、体育设施等。另一方面，要想方设法为师生使用现有教学资源创造条件，具体方法包括加强对现有资源(如图书馆的文献资料、网络信息资源等)的宣传和说明，使师生了解教学资源的配置现状与使用程序，为师生使用教学资源提供咨询、培训等服务，使他们更好地掌握使用有关资源的技能（如检索电子文献的技能、制作和使用多媒体教学课件的技能等）。

4. 实现教学、科研设施共享

教学、科研设施共享是促进资源合理配置和充分利用的一条有效途径，这包括几个层面的涵义：一是高校内部的教学、科研设施共享，即高校内部不同院系、不同学科、不同专业在语音室、实验室、图书资料、网络信息等教学资源上的资源共享。二是高校之间的教学、科研设施共享。教学资源的配置在高校之间不均衡，有些高校的某些方面资源短缺，而在另外一些方面有剩余，因此实现校际教学资源的共享极为必要。例如：可以实行教学网站资源共享；共用图书资料，建立高校图书馆通用的借阅合作制度；共用教学、科研实验设施，一些专业性实验室或实习基地相互开放；毗邻的高校之间可以共用体育教学设施等。三是高校与相关科研机构、企事业单位的资源共享，也就是要充分利用地方资源，使校内资源与校外资源形成良性互补效应。

2.3.3　教学信息化建设

(一)教学信息化内涵

1. 教学信息化概念

教学信息化建设是高等教育信息化发展的重点，其建设水平已成为衡量高校整体办学水平、形象和地位的重要标志。当前，国家和各级地方政府纷纷出台文件，加速推进教育信息化建设。例如《江苏省教育厅关于推进高等学校教学信息化建设的若干意见》指出：高校教学信息化是指充分利用信息技术及现代教育教学的思想、方法和手段进行教学，使教学的所有环节信息化，从而提高教学质量和效率，最终实现教学现代化的过程。我们认为，教学信息化是指在现代教育教学思想指导下，以高校教学环境建设、教学资源建设、教学手段和学习环境建设、教学组织和管理信息化建设等为基础，充分利用信息网络技术和现代教育手段，使教学硬件环境、教学相关资源、教与学过程、教学组织和管理等教学活动实现信息化管理的过程。

2. 教学信息化主要内容

教学硬件设施信息化。教学硬件设施信息化建设主要包括高速校园网、无线网络、多媒体教室、电子网络教室、智能教室、数字实验室、电子阅览室、数字化教学控制中心的建设等，这些都是教学信息化建设的前提和基础，也是教学信息化建设和应用的重要保证，若没有高速的校园网络环境、一定数量的多媒体教室和智能教室等硬件基础设施，教学信息化将成"无米之炊"。同时，在教学设施建设过程中，应十分重视相关应用软件的建设和选用，要"软硬兼施"，建设基于互联网的一体化教学环境，教学硬件设施才能更好发挥作用，才能达到事半功倍的效果。

教学信息资源数字化。教学信息资源数字化主要包括学科专业网站、教学资源库、课程网站、多媒体课件和电子教材、电子文献（包括图书、期刊、报纸、网络资源链接等）、网络课件以及多媒体素材（包括文字、图片、图形、动画、音频、视频）等建设内容。教学信息资源的数字化是教学信息化建设的"基石"，也是教学信息化建设的软实力。在加强教学设施硬件建设的同时，必须加快各类教学资源数字化和信息化建设，特别强调以课程为核心的数字化教学资源建设。教学信息资源的数字化建设应在规范统一的原则下，根据不同学科专业和教学对象，力求形式多样、丰富多彩，注重建用结合，强化辅助教学和导学、助学功能，提高教学资源的建设和使用效果。在"大数据"时代，高校教学资源信息化应当走向更高的"云端"。有学者撰文，大数据是教育信息化平台未来建设的根基。没有数据的留存和深度挖掘，教育信息化可能只会流于形式。大数据利于云计算从海量数据中寻找出有意义的规律，并为教育信息化平台的管理与发展提供帮助，使学校变成真正的数字校园。

教学过程信息化。教学信息化不仅要重视教学信息资源的数字化建设，特别是各门课程的相关资源信息化建设，更要注重在教学过程中的实际应用。教师是实施教学信息化的主体，因此，要转变教师的教育教学理念，改变重建设、轻应用现象，培养和提高教师网络信息技术和现代教育技术应用水平，采用边建设边应用策略，并以信息技术带动教学模式和教学方法手段改革，不仅在课堂上采用多种媒体进行教学，提高课堂教学效果，而且，要充分利用互联网和数字化教学资源开展辅助性教学，提高学生信息素养，提升课程教学质量。[1]

教学管理信息化。教学管理信息化主要有教学改革、教学组织机构、教务教学运行、教学工作评价和教学状况分析等建设内容。要充分利用先进的计算机和网络信息技术，完善教务教学管理信息化系统和教学组织机构网络化建设，促进教学信息化的实际应用，优化教学管理流程，提高管理工作效率，努力实现教学教务管理的科学化、精细化、可视化和人性化。

（二）教学信息化建设存在的问题

课程教学模式陈旧。多数教师授课仍然延续"讲授式"的课堂教学方式，以知识讲授为主，较少开展讨论式互动教学。这就制约了教学信息化手段不受时空限制的

---

① 楼程富：《高校教学信息化建设与教学模式改革的若干思考》，《高等农业教育》2010年第11期。

优势。[1]

媒体技术手段使用不当。部分教师教学存在过度使用媒体的现象，突出表现在课堂上滥用投影仪，似乎离开投影仪就不会讲课，而学生上课则忙于记录教师投影的内容而无法参与教学互动。

教学资源重复建设。教学资源存在重复建设现象，缺乏有效的共建共享机制，部分教师过于担心课件知识产权，不利于共建共享优质资源。教学资源重复建设不仅反映在学校之间，甚至在一个学校的不同院系之间也存在。

硬件建设与教学需求脱节。在教学信息化硬件设施建设中过于追求高标准，没有认真考虑教学实际需求和用途，导致硬件建设投入性价比不高。有些先进的教学设备甚至很少使用，造成较大浪费。

教学管理制度制约。教师深入开展信息化教学，需要在课堂教学之外花费一定的时间和学生进行网络互动，这无疑要占用教师的时间。但课酬计算、职称评定等管理制度并未考虑信息化教学方面的工作，这在一定程度上影响了教师的积极性。

（三）教学信息化建设与发展对策建议

1. 推进信息技术与课程整合，实现教学信息化

教学信息化的主要内容是教师教学技能的信息化。信息化教学技能不仅是指教师要掌握各种信息化教学设备、工具的操作方法，也包括熟悉现代教学理念和教学设计策略，也就是要掌握信息技术与课程整合的途径和方法。

所谓信息技术与课程整合就是将信息技术有效地融合于各学科的教学过程中来营造一种新的教学环境，实现一种既能发挥教师主导作用又能充分体现学生主体地位的以"自主、探究、合作"为特征的教与学方式，使之与传统的以教师为中心的课堂教学模式根本不同。实现信息技术与课程整合首先是要熟悉现代教育教学理论，特别是建构主义理论。区别于传统的以学科知识结构为中心的认知主义教学理论，建构主义教学理论是以学习者为中心，以情境、协作、意义建构为核心要素，认为学习是学习者主动建构知识的过程，学习情境对学习者的有意义的知识建构非常重要，学习是在交流和协作中发生的。显然，建构主义理论是符合创新人才培养要求和有利于发挥信息技术手段的教学理论的。其次，要结合课程特点运用不同的信息化教学模式教学。有学者对"信息技术与课程整合教学模式"进行了专题研究，将课程信息化教学模式分为"课内整合教学模式"与"课外教学整合模式"。无论是课内还是课外，信息化教学模式都强调教学内容要注重问题和情境设计，即围绕自然界或

---

① 王忠华、李晓峰：《高校教学信息化及其发展研究》，《中国教育信息化》2012 年第 23 期。

社会生活中的真实问题展开，培养学生的探索意识，综合运用多个学科的知识进行研究性学习。显然，这样的教学模式需要更多的教学时间，只有借助于信息技术手段，利用其不受时空限制的优势，才能很好完成。信息化教学模式能够促进教师和学生进行即时和深度的互动教学，从而取得较好的教学效果。最后，要熟练掌握并合理使用一些现代教育技术手段，也就是工具软件和设备的操作使用。随着计算机技术的发展，各种软件工具和设备的使用操作越来越人性化和简单化，因此应用信息技术手段是较容易解决问题的。

2. 构建信息化教学环境，实现教学媒介信息化

有学者研究认为，信息化教学环境可以划分为硬件设施、软件平台、教学资源三个子系统，即通俗上讲的"路""车""货"。良好的信息化教学环境是教师实现信息技术与课程整合的前提条件。信息化教学环境建设要遵循以下三个原则：

第一，效益优先原则。即依据教学改革的实际需要，注重信息技术的应用效果和投入性价比，考量信息技术的发展趋势，不能一味求新求全。当今，信息技术手段更新发展很快且具有一定的生命周期，因此，要购买使用成熟的技术产品，避免盲目追求先进性而造成资源浪费。

第二，整体性和连续性原则。信息技术在教学中应用发展至今，已经到了要营造形成一个信息化生态环境的阶段，也就是"路""车""货"要协调整体建设和发展，避免产生有路无车、有车无货的现象，从而影响信息技术手段的使用效益。在软件平台上，特别要注重课程管理信息系统（网络教学平台）的建设和推广使用，以课程为核心形成信息化教学的中心平台。

第三，共建共享原则。由于信息资源具有易于复制和便于共享的优点，因此要注重建立有效的教学资源共建共享机制，最大程度发挥资源使用效益。可行的做法就是行政部门通过教学资源项目建设机制，如精品课程、视频公开课建设，形成国家级或者地区级的共享资源库。另外，还可以通过建立高校课程建设联盟的方式，在成员高校间形成一个共建共享的资源库。

3. 制定教学信息化政策，促进组织管理信息化

实践表明，校园信息化建设不仅需要一个强有力的技术支持部门，而且需要管理部门、业务部门和学术机构的密切配合和参与。因此，要深入推进教学信息化工作，首先要有组织保障。在学校领导层，美国高校自上世纪 90 年代初出现的 CIO（首席信息官）体制值得借鉴。据调查，目前美国高校 70% 以上都设置了 CIO 副校级高级职位，负责学校包括教学信息化在内的数字化校园建设工作，这就从学校宏观发展和战略规划上保证了教学信息化工作的地位。在组织机构上，要切实发挥好

现代教育技术部门的作用，切实做好学校拟定的信息化教学设施建设、网络教学平台运行维护、优质教学资源开发管理和教师教育技术培训等工作。其次，要有政策激励。在这方面，可以采取立项资助的办法，率先培养一批信息化教学名师，进而发挥示范效应。比如，北京大学就通过"教学新思路"项目，分层次进行项目资助，要求项目教师开展课堂面授与网上互动相结合的混合式教学，已经取得了较好的示范效果。也有的高校直接利用评估督促结合奖励的办法，要求教师完成课程资料上网，积极开展信息化教学，并在教学业绩奖励上予以体现，通过这种方法快速提升学校的教学信息化水平。

2.4　专业建设

中华人民共和国成立以来的 60 多年间，中国高等教育走过了从沿袭苏联模式实施专业化、精细化的精英教育，到努力探索具有中国特色、全面实施素质教育的大众化教育的历程。无论是人才培养目标，还是课程设置与教学方法，都离不开专业的导向，专业似乎成为高级专门人才知识、能力、素质的象征。专业的确与学科体系、知识结构、专业能力与素质相关联。所以，我国高等教育改革多次触及专业设置和专业调整问题，但是，专业建设始终成为高校本科教学不可忽视的重大事项。例如，2004 年《普通高等学校本科教学工作水平评估指标体系》将"专业建设与教学改革"作为一级指标；2011 年《普通高等学校本科教学工作合格评估指标体系》将"专业与课程建设"仍然作为一级指标。但是在教育部《普通高等学校本科教学工作审核评估范围》中降低了对专业评估的审核要求，只是在教学资源的审核项目中将"专业设置与培养方案"作为审核要素，相当于上一轮"本科教学工作水平评估"指标体系的二级指标。尽管如此，高校应加强专业建设，特别是将"专业建设规划与执行"、"专业设置与结构调整，优势专业与新专业建设"、"培养方案的制定、执行与调整"等作为评建工作的核心任务。这里，我们着重从专业建设原理和专业内涵改造两个方面探讨上述审核要点的理论与实践问题。

2.4.1　专业建设原理

(一)学科与专业概念

1. 学科

"学科"的涵义在一些汉语辞书中都作了解释，《辞海》的表述较为完整："学术的分类，指一定科学领域或一门科学的专业分支，如自然科学中的物理学、生物学，社会科学中的史学、教育学等。'教学科目'的简称，亦即'科目'。"①在高校教育研究与实践中讨论学科主要取前一种涵义，即学术的分类，或者叫学科门类。学科门类是对具有一定关联学科的归类，是授予学位的学科类别。2011 年 3 月，国务院学位委员会和教育部颁布修订的《学位授予和人才培养学科目录（2011 年）》，规定我国分为哲学、经济学、法学、教育学、文学、历史学、理学、工学、农学、医学、军事学、管理学、艺术学 13 个学科门类。《中华人民共和国学科分类与代码国家标准》（简称《学科分类与代码》），是中华人民共和国关于学科分类的国家标准，最新版本为 GB/T 13745—2009。共设 5 个门类、59 个一级学科、573 个二级学科、近 6000 个三级学科。门类排列顺序是：A 自然科学；B 农业科学；C 医药科学；D 工程与技术科学；E 人文与社会科学。例如人文与礼会科学类之下的一级学科分别为马克思主义、哲学、宗教学、语言学、文学、艺术学、历史学、考古学、经济学、政治学、法学、军事学、社会学、民族学、新闻学与传播学、图书馆、情报与文献学、教育学、体育科学、统计学。

2. 专业

专业，《辞海》的表述为："高等学校或中等专业学校根据社会分工需要而划分的学业门类。"有学者从广义、狭义和特指三个层面来理解专业。广义的专业是指某种职业不同于其他职业的一些特定的劳动特点。狭义的专业，主要是指某些特定的社会职业。这些职业的从业人员从事的是比较高级、复杂、专门化程度较高的脑力劳动。一般人所理解的专业，大多就是指这类特定的职业。所谓特指的专业，即高等学校中的专业。有学者认为，"专业是课程的一种组织形式"。课程的不同组合形成不同的专业。这里讨论的专业主要是指"高等学校根据社会分工需要而划分的专业门类"。在本科教学中所称的专业，是按照教育部《普通高等学校本科专业目录（2012 年）》确立的。本目录哲学门类下设专业类 1 个，4 种专业；经济学门类下设专业类 4 个，17 种专业；法学门类下设专业类 6 个，32 种专业；教育学门类下设专业类 2 个，16 种专业；文学门类下设专业类 3 个，76 种专业；历史学门类下设专业类 1 个，6 种专业；理学门类下设专业类 12 个，36 种专业；工学门类下设专业类 31 个，169 种专业；农学门类下设专业类 7 个，27 种专业；医学门类下设专业类 11 个，44 种专业；管理学门类下设专业类 9 个，46 种专业；艺术学门类下设专业类 5 个，33 种专业。新目录分为基本专业（352 种）和特设专业（154 种），并确定了 62 种专业为国家控制布点专业。

---

① 《辞海》，上海辞书出版社，1999 年，第 3194 页。

3. 学科与专业的关系

首先，从学科与专业的区别来看，两者决定了高校在学科建设与专业建设方面应有各自的工作任务。学科建设的主要内容包括学术队伍建设（即学术带头人和学术骨干的数量、水平、学术梯队的结构等）、科学研究、人才培养质量，以及图书资料、实验设备等物质条件的改善和管理工作的提高等等。学科建设，既要注重知识体系的完整性、前沿性和发展趋势，更要注意学校内部不同学科之间在内容、方法上的相互支撑、渗透，形成学校内部整体学科建设的优势，发挥学科群的系统功能。要注意保持学科建设的相对稳定具有连续性。因为高校的学科建设是一个学科优势积累的过程，学科方向、师资队伍、基地建设、学科组织建制等必须保持相对的稳定具有连续性。要注意学科建设的层次性，区分重点建设的学科和一般建设的学科。确定学校的重点学科，不能只根据学校学科建设的现状进行，既要将目前有一定基础的学科确定为重点，更要根据学校的办学思想，明确学校发展目标，并根据发展目标来扶持、加强重点学科的建设。另外，高校除有培养人才这个任务外，还有科学研究的任务，因此高校的学科建设也可以脱离学校的专业特色，从而形成科学研究方面的特色。

专业建设涉及多方面的内容，主要包括制定专业培养目标和规格、确定专业设置的口径、制定专业人才培养计划等，具体表现在专业的教学内容、课程体系、教学方法上。（1）专业的教学内容，既要注重内容的科学性、系统性，又要注重内容的适应性、发展性。要密切关注市场经济发展过程中的热点问题，使教学内容与经济建设的需要有机地结合起来，既有该专业的基础理论，又有解决问题的具体方法。（2）课程体系是专业建设中的一个重要内容，必须从多方面着手构建适应学生个性发展需要的课程体系：提炼基础课程，突出知识点，使之结构化、简约化，以适应压缩课时、拓展知识面的需要；提高专业课起点，内容精炼但能反映科技与学科发展的前沿；开设通识课程，促进文理渗透与学科交融，拓宽学生的知识视野；加大选修课，鼓励学生"自我设计"，尽可能为学生形成自己满意的知识能力结构，提供自由选择的机会；增开科研活动课，引导学生积极参与科研活动、社会调研活动，培养学生的创新意识、创新能力和社会责任感；加强实践课，培养学生的知识应用能力与实践操作能力。（3）在教学方法上，要把培养学生接受新知识的能力、分析问题、解决问题的能力和创新能力作为改进教学方法的出发点和归宿。专业的设置和专业的招生规模，必须根据社会需求的变化而变化，因此专业建设应是动态的、柔性的。

其次，从学科与专业的联系来看，两者决定了高校要将学科建设与专业建设紧密联系起来。学科建设是专业建设的基础。学科建设为专业建设提供的基础包括高水平的师资队伍、教学与研究的基地、学科发展最新成果的课程教学内容等。从人类的认识活动来看，只有进行科学研究，把社会实践经验总结成理论体系，才有可能进行各专业的教学。从这个意义上说，学科是"源"，专业是"流"。从人才培养质量来看，毕业生的发展潜力，在较大程度上取决于学科建设的效果；而毕业生在工作岗位上的知识转化程度（即知识转化率）在很大程度上由专业建设的效果决定；如何防止毕业生的知识陈旧，既与专业建设中的教学内容、课程体系和教学方法的改革有关，又与学科发展中的学术成果转化为专业建设的有效资源密切关联。专业建设是学科建设的基地，即专业为学科承担人才培养职能提供基地。在现代社会里，高校的主要职能是人才培养、科学研究和社会服务，学科的建设就是对各种职能的具体承担。高校中的学科最初就是为人才培养而设立的，而人才培养是专业建设的出发点和归宿，因此学科发展中的高水平的师资队伍、教学与研究基地，包括学科发展最新成果的课程教学内容等建设也就与专业建设有着密切的联系。

(二)专业建设的原则

1. 校本化原则

首先，专业特色必须与学校的办学特色相一致。学校的办学特色应渗透到专业人才培养的各个方面，并引导专业特色的形成。其次，专业特色的发展必须依托专业的发展历史与基础。专业特色的定位要以长期形成的办学理念及其在人才培养方面的积累为基础，在对专业的发展历史进行分析和梳理的基础上凝炼特色。同样，专业特色的定位也不能脱离学校实际，要对其他高校特别是相同层次高校相同专业的建设情况进行差异性分析，识别学校和专业建设所具有的独特优势或长处，了解自己的资源和能力状况，掌握本专业在区域或全国高校中的地位、作用和特点。

2. 地方化原则

专业特色的定位应结合高校所服务区域的特点，与地方经济、科技、社会、文化等外部环境要素紧密结合起来，以避免高校之间专业的"同质化"和人才的"趋同化"。我国是一个幅员辽阔的大国，社会经济发展很不平衡，各个地区在生产力发展水平、产业结构、地理环境、发展战略及优势、发展方式和途径上都存在差距，而这种差距必然会导致各地对高校人才培养的规格和质量要求存在差异。专业特色的定位应根据学校所在区域和学校的服务面向来确定，要对学校所处的地理、社会环境有一个清晰、明确的认识。

3. 行业化原则

专业特色的定位还应该与相关行业结合起来，办出特色。随着经济社会的发展，社会对人才的需求呈现出多样化、多层次化的趋势，高校唯有把握住这种需求特点和变化趋势，有针对性地培养人才，才能实现学校和社会的双赢。我国大学专业目录是由高等教育主管部门设置的，专业名称多年保持不变，专业的培养目标也较为宽泛，难以反映出社会对人才在专业方向的知识、素质、能力等方面的需求变化。这就要求学校在专业建设过程中，应根据其需求变化调整自己的专业方向、特色和定位。

(三)专业规划与建设

1. 专业规划依据

• 满足专业办学条件。专业办学条件是保障专业教育质量的基础，没有良好的物质条件的支撑，就无法提高特色专业的办学水平。图书资料、网络信息平台是学生拓展视野、获取信息、进行自主学习的平台；实验室、实习基地是对学生进行综合训练、培养学生实践能力的平台，在提高学生实践能力、创新能力和综合素养方面具有重要作用。学校要进一步加大对学科专业建设的经费投入，特别是要加大对重点学科、专业建设经费的投入，为深化教学改革、改善教学条件提供物质保证。其中重点投资的对象是：国家与地方经济社会发展迫切需要的学科；已有深厚的基础、较强的实力，并具有明显的特色与优势的学科；能代表和反映学科主流方向，符合现代科技、经济、社会发展趋势的学科；国家及省级重点实验室等。

• 构建专业培养目标体系。学校要根据总体发展战略规划、学科专业发展目标和办学特色定位制定科学的特色专业建设总体规划。同时，要建立院级、校级、省级和国家级特色专业培育、建设和管理机制，定期组织特色专业建设点的遴选和验收工作。各学院一方面要根据学校特色专业建设总体规划制定本学院的特色专业建设规划，另一方面要科学制定具体专业的培育和建设方案，统筹处理好教学团队、教学名师、精品课程和规划教材等不同类别建设项目之间以及它们与专业特色培育和建设的关系。

2. 专业建设依据

• 以社会需求为导向。专业建设的首要依据就是以社会需求为导向，即以人才市场需求为导向。专业是与职业相联系的，培养的人才要适合社会的需要，专业设置主要取决于学者和管理者对专业的社会需求的价值判断。高等教育的竞争，在很大程度上表现为人才培养质量的竞争。大学，特别是应用型本科院校能否生存与发展，取决于其人才培养的质量，取决于毕业生能否满足社会需求，能否顺利就业。"就业是硬道理"，如果高校的学生就业率低，学校就办不下去。因此，高校的专业结构、专业设置要以人才市场需求为导向。高校学科专业建设，在完善专业结构和设置专业时要充分分析社会人才市场需求，特别是地方、区域经济文化建设发展的实际需要，要考虑学校的学科专业优势，要考虑生源状况及学生家长的意愿。

• 以学科发展为基础。如果专业所依托的学科具有较好的基础，形成了一定的优势，则优势学科的科研成果可以转化为教学内容，有效促进专业教学内容的更新，成为课程建设、教材建设、教学方法改进的基础。优势学科培养的高水平学科团队可以促进教学名师和教学团队的成长，有利于优化专业师资队伍结构，提高专业师资队伍水平。学科的重点实验室与研究基地等，可以改善实验实践教学条件，为学生提供课程设计、生产实习、毕业论文设计等实习实践平台。

• 以能力培养为重点。专业建设以能力培养为重点就必须培养应用型人才。我国社会职业技术岗位的分工不同，行业和地区之间存在的不平衡性，决定了人才需求的多层次、多类型、多规格。人才的层次，大体可以分为学术型人才和应用型人才。地方高校根据自身的办学基础和办学条件，应该培养应用型人才。在学科专业建设中，提高专业水平，首先要确定人才培养的目标。应用型人才培养的目标主要体现为：具有良好的人格、扎实的理论基础、较强的实践能力、组织管理能力和人际协调能力。应用型人才培养模式应以知识为基础，以能力为重点，以服务为宗旨，注重知识、能力、素质协调发展，学习、实践和职业技术能力相结合。培养应用型人才，要着力培养学生的实践能力、组织管理能力和人际协调能力。高校在学科专业建设时，在课程体系中要增加实习、实训课程的比例，加速校内实验、实训基地的建设，扩大与社会各方面的联系。

3. 专业建设的主要内容

• 制定与优化人才培养方案。制定与优化人才培养方案是专业设置的首要环节，也是重点和难点。其主要途径就是创新人才培养模式。要建立适度开放的人才培养方案修订机制，依据社会经济需求及时调整人才培养方案、优化课程设置。要能够根据市场需要灵活设置专业方向或开设相关模块课程，根据特色人才培养需要及时开发、设置特色课程。培养目标是解决培养什么样的人的问题，明确人才培养目标是确保人才培养质量的基本前提，它规定了专业所要培养的人才应达到的基本素质和业务规格。对于特色专业来说，人才培养目标必须根据学校办学定位、人才服务面向、专业办学理念和特色进行明确定位，要在知识、能力、素质等方面增加特色内容，在实践能力、创新能力和社会适应能力培养方面体现专业特色。

• 积极推进课程建设与改革。课程建设是学科专业建设的核心。学生学完专业的全部课程，就可以形成一定的知识与能力结构，获得该专业的毕业证书。在学科专业建设中，课程建设是核心，必须积极推进课程建设与改革。课程建设是学科专业建设的重要内容和手段，要根据学校学科专业总体布局，基于学科专业建设基本规格要求，充分发挥学校学科专业优势，本着培养"宽口径、厚基础"的富有创新精神的高级专门人才的人才培养目标，按照学分制教学管理模式改革要求，合理规划设计各个专业课程教学内容体系。

· 寻求专业建设的特色点。高校应努力在专业建设上寻找创新点，发掘特色专业建设资源，依据本校实际条件和地方历史文化资源打造独一无二的特色专业，做到你无我有，从而在激烈的高校竞争中寻找立足点。高校首先要创新办学思路，不断提升办学理念、开拓思路、锐意创新。通过品牌专业和特色专业的建设，进一步优化高校专业结构，提升高校专业建设的整体水平，提高高校人才培养的质量、效益和高校的整体竞争力。另一方面，特色的确定对于专业建设领域出现的"同质化"、"趋同化"现象能起到很好的遏制作用。

· 加强师资队伍建设。师资队伍是专业建设的重要保障。要优化师资队伍结构，建设一支以学术带头人和教学名师为骨干，教学和科研综合水平高、效果好，结构合理的优秀教学队伍。学校要把加强中青年教师队伍的建设放在重要位置，不断完善学科带头人制度，加强骨干教师队伍的建设，有计划、有目的地培养中青年教师，逐步形成一支年龄、学历、职称结构科学合理，具有发展潜力的教师梯队。积极采取措施，鼓励教师不断提高教学科研能力，扩大教学科研成果。学校要完善相关激励机制，鼓励和倡导专任教师到相关产业和领域一线学习交流，获取与专业相关的行业从业资质，吸引社会行业优秀人才参与学校教学活动，形成一支既有理论知识，又有实践经验，了解社会需求，懂得专业教学的专兼职结合的"双师型"教师队伍；重视实验教学师资队伍的建设，在充实实验教学师资队伍数量和提高质量的基础上，使教授、副教授等专业骨干教师活跃在实验教学课堂、亲临实践场所。学校要梳理教师队伍的研究领域和专长，以专业特色建设为目标，确定各自的研究方向，调整与重组研究团队，积极开展特色鲜明的科学研究，以科研促进教学；要培养专业带头人和主干课程教学团队，组建课程开发和建设团队。

· 改革与创新教学管理制度。要建立专业建设工作责任制，制定鼓励教师积极参与教学的政策措施，建立推动本科生参与科研创新实践活动的长效机制，构建科学合理的管理体系和评估机制，确保专业建设取得实际成果，为国内同类型专业和校内其他专业建设起到示范作用。

2.4.2　专业内涵改造

专业内涵改造，又可称之为"专业改造"或者"专业内涵建设"，是高等学校专业建设的一项重要任务，是对学校原有本科专业建设内涵赋予新的培养目标、培养规格、培养机制所进行的实质性和结构性的调整与优化。

(一)专业内涵改造的现实意义

1. 利于专业结构的调整与优化

加强专业内涵改造,利于专业结构的调整与优化。进一步优化专业结构和布局,为使专业设置、课程体系建设能够满足行业企业需求和学生就业需要,高校应按照"分类指导、注重特色"的原则,优化专业结构,提高专业整体建设水平。以重点专业为依托,调整专业结构,拓宽专业口径,改造传统专业,合理设置新专业,培育品牌专业和特色专业。建设与区域经济发展密切相关、行业特色鲜明、模式先进的重点专业,形成全新的专业人才培养方案。通过明确专业培养目标、加强专业教学标准建设、强化专业内涵建设、更新教学内容、优化课程体系等方式,建立以重点专业为龙头、相关专业为支撑的专业群,辐射带动全校专业建设与发展。

2. 利于专业的特色发展

加强专业内涵改造,利于专业的特色发展。专业建设与专业改革取得的良好效果,会形成一些比较有利于本专业人才培养规格实现的机制和模式,如产、学、研、用合作机制、灵活多元的学分制、有利于调动学生自主学习和勇于探索创新的教学方法等,这些都能够促进人才培养质量的提高,对学生形成某种优势产生积极作用,因而成为专业特色形成的有力支撑。

3. 利于新兴专业的产生

加强专业内涵改造,利于新兴专业的产生。新兴产业是引领未来经济发展的"引擎"和决定性因素,已成为世界各国的共识。我国也高度重视相关新兴产业发展,制定出台了一系列相关新兴产业政策。新兴产业发展的关键在于人才,作为高级人才培养基地的高校在国家大力发展新兴产业中责无旁贷。作为服务地方经济发展的地方高校更应担负起为地方经济的产业结构调整与更新培养人才的重任,因此一些高校的专业设置管理,明确提出优先发展与新兴产业相关的新兴专业的办学理念。

(二)专业设置的现状与存在的问题

1. 专业设置的同质化

一方面,本科以上不同层次高校专业设置同质化现象较为严重。在当今中国高等教育体系中,既有研究型大学和教学研究型大学,又有教学型本科院校和高职高专等院校。在这些不同层次和类型的高等院校中,本科高校在专业设置上重复现象极为严重。有些高校为了获取经济效益而扩大招生规模,不顾社会需求重复设置专业。据安徽省教育厅公布的《安徽普通高校本科专业布局情况分析报告(2015)》显示，布点数量较多的本科专业为：①财务管理 35 个、计算机科学与技术 35 个；②环境设计 34 个；视觉传达设计 34 个；英语 34 个；③市场营销 33 个；④电子信息工程 29 个；⑤国际经济与贸易 28 个；⑥机械设计制造及其自动化 27 个；⑦汉语言文学 25 个；⑧电气工程及其自动化 24 个；通信工程 24 个；⑨产品设计 23 个；⑩数学与应用数学 22 个；网络工程、信息管理与信息系统 22 个；应用化学 21 个；动画、法学、化学工程与工艺、人力资源管理、自动化各 20 个。

另一方面，新建教学型本科院校专业设置同质化现象尤为突出。教学型本科院校大多是在高等教育大众化的浪潮下，为了更大满足不同阶层人接受高等教育的需求，由原来地方性专科学校、特别是师范专科学校升格而来的高等院校。这些院校承担了高等教育大众化进程中的大部分任务，为我国高等教育大众化做出了巨大贡献。但是，毋庸置疑的是，在这些院校中普遍存在着和研究型大学、教学研究型大学攀比的状况。不顾自身原有的学科专业基础和办学实际力量，不考虑专业设置良性发展的内在逻辑和自身与社会良性互动的外在要求，在专业设置上盲目地追求"大"而"全"，不经过合理论证就盲目上马一些在研究型大学已经开始被理性地逐步淘汰而对于学生而言也几乎无业可就、对高校自身发展而言也没有竞争力的专业。

2. 专业设置的滞后性

高等教育在转入内涵发展阶段后，一些学校的专业建设仍处在无序状态。多数院校在专业设置上全局性规划不强、特色不鲜明，仍然滞后于内涵发展的要求。其中，很多院校只是简单地根据市场的短期需求设置专业，社会需要什么职业岗位，学校就创造条件办一些与其匹配的专业，短期行为十分明显。等到人才培养出来后，学校却发现原来对应于职业岗位而培养的专业人才在市场上已经饱和，学生所学的知识和技能无法适应用人单位的需求。比如，前几年许多学校争相设置的财政、金融、电子商务、外贸等商科类热门专业，在本次金融危机冲击下，这些专业的毕业生就业就变得十分困难，而且这种情况可能会延续较长一段时间。由此可见，如果不能前瞻性地设置专业，不解决专业设置滞后的问题，很容易造成毕业生的就业困难。

3. 专业定位不准

准确定位人才培养目标，是毕业生能否适应市场需求的前提。就高职教育来看，高职教育主要培养应用性、高技能人才，与普通本科教育相比，更强调应用性知识和技能的传授和训练，注重学生动手能力的培养；与中等职业教育相比，更强调层次较高、较复杂的职业技能训练，注重学生综合职业能力的培养；与职业培训相比，更强调知识、技能、素质的系统化培养，关注学生的职业成长和可持续发展。但现状表明，一些高职院校培养目标的定位已经偏离方向：一是定位过高，把培养目标定位在理论型和研发设计型人才方面；二是定位过低，把培养目标定位在低层次、低技能的操作人员方面。这样高职教育便失去自身的特色，趋同于普通本科教育、中职教育或社会职业培训，使高职毕业生难以在劳动力市场中找到适合自己的岗位，也不能在与其他就业层次的求职者竞争岗位时突出自己的优势。

4. 专业内涵不深

内涵建设是提升人才培养质量的重要保障，更是专业建设的必然要求。但是，前些年很多高校的专业建设往往追求增加数量和扩大规模，没有很好地按照高等教育的发展规律和要求开展专业内涵建设，产生了诸多问题：一些专业与社会职业岗位(群)虽然接轨但不紧密，而品牌专业所占比例很小；课程体系针对性不强、系统性不够，无论公共课程、专业基础课程，既不及时更新课程教材内容，也没有针对专业的人才培养规格进行有效的教学设计；实践教学体系不完善、管理制度不规范，硬件与软件的配置都不能很好地满足培养应用性高技能人才的需要，实训基地的利用率也不高，实训基地的资源优势和功能没有充分发挥。这些问题直接影响了高职人才培养的质量，突出表现为毕业生职业能力与用人单位要求之间存在严重脱节，进入市场的毕业生只能称为"半成品"。这些问题如果得不到解决，就无法从根本上缓解毕业生就业难问题。

(三)专业内涵改造的建议与措施

1. 合理定位人才培养目标，实行差别化竞争

经济礼会对人才的需求是分层次的，然而许多高校并未根据自身性质、层次和任务进行合理的专业设置，实行错位培养。高校应该充分认识到，只有找准自己的定位，才能最大限度地发挥自身潜力，不同类型、不同层次的高校应尽量根据自身实际条件设置专业，为经济社会的发展培养不同层次的专业人才。与地方经济社会发展相适应，在学科专业结构调整与优化过程中，可考虑把省级名牌专业建设与评价作为一项重要内容，在原有专业基础上努力培养跨学科专业的人才，在融合学校学科和地域优势的基础上谋求本科特色专业建设，把握竞争主动权。

2. 建立学科专业准入、预警、退出机制

首先，建立专业预警机制。教育主管部门和高校应充分利用计算机网络，建立一个包括专业预警机构和人员数据库模块、专业预警信息采集和传递模块、专业设置和调控评估模块、专业预警对策模块、校企合作网络服务模块和专业预警实施模块在内的专业设置与调控预警系统，用以获取和分析来自教育系统内部和外部的信息、资料，加强政府、社会、学校及市场间及时、高效的沟通和协作，根据专业设

置与调控预警指标对其进行跟踪与评估，对处于危机状态的专业及时进行报警并采取相应的措施。各省教育行政部门及高校应在招生前对学生进行专业宣讲和行业具体需求状况信息的宣传，引导学生理性选择专业，鼓励他们选择符合区域经济转型升级的专业；另一方面，各省主管部门应针对区域内具体行业的发展情况，对各高校的专业招生名额进行限制，特别是要限制那些落后于经济发展的专业的招生人数。建立学科专业准入、退出机制。为了推进高校专业的长期良性循环发展和适应人口入学高峰期的状况，避免出现如我国台湾地区大学倒闭的困境，高校有必要建立专业的进退场制度。对于那些不适合本校发展的个别专业，应该坚决让其退场，力求将有限的资源投入到那些优势专业的发展中；应建立专业建设评价的指标体系，对于那些不适合区域地方经济发展现状的专业，可以尝试让其部分退场，逐步建立起合理、科学的退场制度。反之，对于区域地方经济优先发展的领域，高校应该通过建立专业预警机制，提前布局。如浙江最近几年来重点发展的动漫产业，该产业对人才的大量需求使得高校远远无法满足。因此，为了促进这种产业的发展，高校必须提前几年组建有关专业"进场"，提前进场布局的时间至少要超过大学 3 至 4 年的培养期。

3. 多元分层专业评估，完善监督

高校专业设置与调整的盲目性使得高等教育质量问题成为全社会关注的焦点。建立多元分层的专业评估机制将在确保高校人才培养质量方面起到至关重要的作用。这里，专业评估包括对高校专业设置的硬件设施、师资、教学、专业建设等方面所进行的评估。换言之，为提高高校专业设置质量，政府需要建立涵盖从专业设置到人才培养全过程的专业评估制度，为政府对高校专业设置与调整的"审批和监督"提供依据。对有条件扩招的才允许其扩招，对不具备条件开设某些专业或者扩招的高校，则不允许其设立或盲目扩招，以充分保证高等教育人才培养的质量。为避免无序竞争局面，国家级和省级的学位委员会有必要采取强力调控手段，引进匿名评审制度和淘汰制度，对不同专业进行动态管理和评估，对长线专业进行严格控制，鼓励发展新兴的和符合社会经济发展要求的专业。根据市场供求情况，制定不同类型和层次的高校专业之间的评估标准，严格依照评审结果实行末位淘汰制或后进淘汰制。

4. 加强专业内涵改造

加强学科专业内涵建设既是结构调整的任务，又是结构调整优化的基础。各高校应高度重视并加大工作力度，全面抓好学科专业的内涵建设。应按《国家中长期教育改革和发展规划纲要(2010—2020 年)》精神，进一步转换人才培养模式，改革

优化专业课程体系和教学内容、方法与手段，应切实加强师资队伍建设、实践教学平台与教材等基础建设，加强教学管理，提高规范化程度，使学科专业结构调整有坚实的软件与硬件基础。特别是新建本科，在调整、优化专业结构的基础上，应花大气力，加强专业内涵建设，规范各项管理，尤其要理清教育教学改革方向、思路，在办学体制、人才培养模式、教学模式与教学方法等方面，符合经济社会发展的需要和教育规律的要求，培育办学特色，提升教育质量。

· 突出传统专业的优势。加强传统学科专业的改造与升级，突出传统专业的优势。为使传统专业进一步适应市场需求，并赋予其新的活力，本科的学科专业应努力构建"宽口径、大专业、多方向"的学科专业群，增强各学科专业之间内在联系和相互支撑，提高办学的适应能力。高职高专的专业应针对职业岗位群，按市场需求灵活设置，有上有下。各高校应加强对现有专业人才培养模式的改革，加大专业课程体系和教学内容的改革和适应性调整。注重通过现代化技术改造提升传统学科专业，赋予其新的课程体系、教学内容、专业方向及新的技术装备和现代实验手段，增加专业的高新技术附加值。

· 夯实新增专业发展基础。大力发展适应地方经济产业结构调整和优化升级需要的学科专业，尽快夯实新增专业发展的基础。围绕地方提出的建设目标和转变经济发展方式的战略调整，针对支柱产业、主导产业、优势产业和特色产业，大力发展与之相适应的学科专业，特别是应用型学科专业。加快培养同经济全球化、国际化相适应的急需人才。

· 合并相近专业，淘汰落后专业。加大专业存量布局的调整力度，合并相近专业，淘汰落后专业。对现有专业进行全面清理、调整和重组。应合并相近专业，注重专业群建设。解决二级专业门类过多、专业之间跨度过大、缺乏支撑的问题，加强特色专业、优势专业、品牌专业建设。压缩过时专业，对那些需求小大、前景不佳、就业艰难、办学条件薄弱、专业口径窄、效益长期低下的学科专业，应通过"撤、并、停、转"实行存量淘汰。

· 鼓励新兴专业、交叉专业发展。积极创建新兴、边缘、交叉学科专业。根据现代科学技术综合化发展趋势，提倡和支持高校根据学科专业发展规律和人才培养规律及自身的优势设置专业，勇于打破学科专业堡垒，加大学科专业创新力度。通过专业教育资源的整合，强化学校内部学科专业的融合，重视文科与理科专业的相互交叉、渗透融合，培育交叉、边缘学科，寻找新的学科专业增长点，培养更多市场急需的复合型高素质人才。

· 改造长线专业，发展应用型专业。重点发展高新技术类学科专业，改造长线专业，发展应用型专业。瞄准科学技术的进步和高新技术产业发展的需求，积极强化或增设信息技术、生物技术、新材料技术领域高新技术类的学科专业,为高新技术产业的发展和突破提供人才支持。将这些与地方经济发展关系密切的专业作为建设的重点,通过开设这些应用型专业,提供源源不断的应用型人才,逐步扩大为地方服务的力度。

•大力发展文理交融的专业。杨叔子教授近年来经常强调科学与人文"融则利而育全人"。他曾说,一个国家,一个民族,如果没有现代科学,没有先进技术,一打就垮;如果没有优秀文化传统,没有民族人文精神,就不打自垮。人文与科学如鸟之双翼,车之两轮,是缺一不可的,任一方向的偏移对社会都是不利的。在一个和谐的社会中,高等教育的健康发展离不开文理专业的相互交融发展。国家教育的进步不是只靠自然学科或者人文学科的繁荣,文理科应该同步发展,相互促进,最终才会有高等教育专业的兴盛。

2.5　课程建设

课程相对于学校教育而言,是指学校学生所应学习的学科总和及其进程与安排。当然,这种解释只是反映课程的一种表象,并未深刻揭示课程的本质和内涵。课程是知识的源泉,是一种文化的传承与创新,是学校造就人才的基础性教育元素。在高等学校,课程是专业的主干,是构筑学科专业发展的核心要素,因此,无论是在精英教育阶段,还是在大众化教育阶段,课程建设无不成为高校促进教学水平提升的重要举措。课程资源是教学资源中的灵魂,从某种意义上说,没有课程就没有教育,没有专业内涵与知识体系的课程教学也不能称之为大学教育。教育部《普通高等学校本科教学审核评估范围》将"课程资源"列为教学资源的审核要素之一,其审核要点体现在三个方面:一是课程建设规划与执行;二是课程数量、结构及优质课程资源建设;三是教材建设与选用。本章结合上述三个审核要点阐述大学课程建设。

2.5.1　课程建设概述

(一)课程的内涵

1. 课程定义

高校课程作为一个有层次的结构体系,宏观上是指高校为培养一定的人才而制定的培养方案(课程计划或课程模式),微观上是指每门具体学科课程的课程目标、课程内容、课程实施和评价方式。①

2. 课程特征

高校课程的特征主要体现于课程内容上。课程内容是围绕知识与经验的选择、组织、实施而展开的，知识与经验构成课程的核心要素。现代课程内容演进是课程与知识、经验对立统一的过程。高校课程内容在高校课程体系中体现开放性、动态性、多元性、涨落性等特征。所谓开放性，即人类活动是一个完全开放的过程，这就决定了人类知识结构具有开放和发展的特性，因此由人类知识组成的高校课程内容也就必然保存着对外的开放性；所谓动态性，是指高校课程内容不是一成不变的，知识系统的变动必然带来课程内容选取上的变动；所谓多元性，是指高校在组织课程内容时要考虑学生在生活技能方面的多样性，以及他们个人生活经验的差异性，建构满足学生多元需求的课程内容。此外，高校教师在教育活动中，由于专业素养、知识结构、个人价值、信仰等方面的差异，他们对课程内容进行重新筛选，依据个人经验来传递，这就使得教育活动因教师的不同而出现丰富多彩的形式。所谓涨落性，是指高校课程内容来源于人类的知识系统，知识系统的发展受社会生产力水平、经济结构等因素的影响而出现涨落。高校保持学生对课程的选择权利，学生便可以自由地选修符合自己发展需要的课程内容，来构成自己的课程体系，建构自己发展所需要的知识体系。

(二)课程的类型解析

随着人们对高校课程认识的深化和研究的不断深入，高校课程的外延在宏观和微观课程中间又出现了许多中观层面上的课程类型，如理论课程和实践课程、专业课程和通识课程、必修课程和选修课程、显性课程和隐性课程等。这里我们选取许昌学院田永泉对高校课程的不同类型、功能及其关系进行的分析研究，探讨如何建立符合我国国情和高校校情的不同类型课程体系。

1. 理论性课程和实践性课程

理论课程是指有关专业的那些具有迁移性、适应性、概括性和能让学生了解与掌握该专业所必需的原理、规律及方法等知识的课程，它包括基础理论课程和专业理论课程。基础理论课程的实施在于使大学生掌握该专业所必需的基础理论、基础知识和基本方法，为大学生学习学科知识和进行科学研究奠定扎实而宽厚的理论和技术基础；专业理论课程的实施在于通过专业理论及知识的讲授，使大学生掌握本

---

① 田永泉：《我国高校课程建设存在的问题与建议——从高校中观课程类型、功能及其关系的视角》，《中国成人教育》2010第12期。

学科的专业知识和方法，了解本专业范围内最新研究成果和发展趋势。

实践课程是为培养大学生具有实践性或应用性知识和能力的课程，它不仅仅以训练大学生的动作技能为任务，更重要的是能发展大学生的实践智慧，形成大学生的实践能力。实践课程包括实验、见习、实训、课程设计、毕业论文（设计）、社会调查及社会实践等。实践课程内容指向于实际问题的解决，关注大学生的生活世界和个体体验，注重精神道德境界的提升和促进大学生的终身发展，其任务在于培养具有实践智慧的问题解决者、具有专业精神和持续的专业发展能力的敬业者。

从理论与实践的关系来看，理论课程与实践课程并非二元对立，就大学生知识的获得方式及过程而言，并非理论知识总是先于实践知识，从这个层面上说，理论课程中渗透着实践的因素，而实践课程也蕴含着理论的成分。因而，高校课程建设应注重理论课程与实践课程的有机融合，以避免两类课程在时空上的分离与脱节。

2. 必修课程和选修课程

按照课程的管理方式或修读要求，一些是大学生必须学习的，另外一些则可以由大学生自由选择，这样，高校课程又形成了两大类别：必修课程和选修课程。必修课程是指某个专业、某些专业乃至所有专业的大学生都必须学习的课程，必修课程属于那种基础性、统一性、稳定性强的课程。在高校，凡是那些对于构成具体的人才培养规格具有基础性、统一性的课程，一般均以必修形式向大学生提供。必修课程的实施在于保证某学科专业所培养的人才必须掌握的知识和技能。选修课程是指在必修课程范围之外，允许大学生自由挑选一些与专业培养目标直接或间接相关、与个人个性化发展直接或间接相关的课程。理论上讲，大学生选修的空间可以发生在课程体系的任何一个角落。具体而言，选修课程可以是本专业的高深理论，也可以是相近专业的相关课程，还可以是跨专业、跨学科门类、跨院和跨校的公共课程。在高校里，凡是那些对构成特定的人才培养规格具有独特性、灵活性、自由性、交叉性的教学内容，一般均以选修课程的形式向大学生提供。选修课程既能照顾大学生个人兴趣、爱好和特长，又能满足个性发展需要，其开设的目的在于扩大学生的知识面，发展大学生在某一方面的专长，使高校人才培养满足社会经济发展对多元化人才的需求。

必修课程和选修课程对于高校的人才培养来讲是相互促进、互为补充的。必修课程从根本上规定和保证了人才培养的方向和需要，而选修课程则能增加高校课程设置的灵活性，可更好地对大学生进行因材施教，以适应现代社会经济发展和科学技术进步的需要。高校要满足大学生个性化发展需要，扩大学生的自主学习空间，促进大学生在知识结构上的交叉与渗透，就必须有目的、有计划地增大选修课程的比例，增强课程的弹性。

3. 通识课程和专业课程

从课程的育人价值上来看，高校课程可分为专业课程和通识课程。专业课程是指根据国家教育行政部门规定的专业划分，为大学生提供专业基础理论、基本知识和基本技能的课程，有的称之为专业核心课程。专业课程设置的目的是让大学生掌握本专业的基本知识和技能，成为该专业领域的高级专门人才。专业课程在促进大学生的专业素养发展方面有着重要的作用。

通识课程是为大学生提供的一种共同的、综合的、非专业性的、非职业性的、非功利性的、不直接为职业做准备的知识和态度的基础性课程。旨在培养大学生既具有广博知识又具有高尚人格，既具有深厚文化底蕴又具有反思批判等科学精神，既具有工作和生活的能力与意趣又具有关爱他人、社会及自然的人文情怀和通达共识的境界。通识课程和专业课程表面看来是两个部分，实际上两者是紧密联系、不可分割的统一整体。割裂通识课程和专业课程之间的关系，会导致大学生的片面发展，从而背离时代的要求及大学生的全面发展。高校课程的建设与实施应注重对两类课程的统整，以使大学生在掌握"以何为生"的知识和本领的同时，更要领悟"为何而生"的人生意义和生存价值。

4. 显性课程和隐性课程

从课程内容的呈现方式来看，高校课程可分显性课程和隐性课程。显性课程亦称"正式课程"，是指为实现一定的教育目标而在学校课程计划中明确规定的学科及有目的、有计划、有组织的教学活动，按照预先编订的课程表实施。显性课程是一种理性教育课程，具体表现为按学科逻辑结构建构起来的各种学科专门知识，通过这类课程的实施能形成大学生的认知、技能体系，培养大学生的理性思维能力。

隐性课程是指学校政策及课程设计中未明确规定的、非正式和无意识的学校学习经验。隐性课程是一种非理性教育课程，在高校中由隐性的校园环境、校园氛围、学校风格组成，甚至还包括学校多年积淀形成的教师治学态度和精神。隐性课程以间接的、内隐的方式呈现，其在培养大学生的非理性能力，如情操、意志等方面具有重要的作用。就大学生的受教育过程而言，理性教育与非理性教育往往是水乳交融的，不可能泾渭分明地将两者截然分开，因为，促进大学生的认知、技能和情操、意志的协调发展是高等教育的终极目的。因此，显性课程和隐性课程也是高校课程系统中的两个不可或缺的有机组成部分，显性课程能促进学生的认知和技能的发展，隐性课程有利于大学生情操和意志的陶冶，它们共同完成教育的终极目的，以培养全面协调发展的人。从这个视角来看，高校的课程建设要有机地促进两类课程的和谐统一。

2.5.2　课程建设及其发展趋势

(一)课程建设的必要性和可行性

1. 课程建设的必要性

·建设高等教育强国的需要。要建设高等教育强国就必须拥有现代化的高等教育，而现代化的高等教育应当具有现代化的教学内容，这是对高校的课程及其体系的必然要求。面对人类社会现代化的进程和建设高等教育强国的需要，反观高校现行的教学和课程体系，部分内容陈旧、整体功能狭隘、结构变革滞后，存在明显的与现代化、与社会生产和职业需求变化不相适应的问题。因此，高校的课程建设应当成为两个"结合点"，并且发挥其教学功能。一是成为"知识创新、科技进步、文化繁荣"新成果与教学的结合点。在这些新成果中，蕴含着可观的极富教学价值的内容，对这些内容进行挖掘、筛选和系统化，整合成新课程，促进现代化的教学内容源源不断地进入高校的教学过程，提升教学内容现代化的功能，从而更加有效地促进教学现代化和提高教学质量。二是成为社会生产新发展与教学的结合点。现代化所带动的产业结构、技术结构的升级和生产方式、职业需求的变更，也要求高校的课程不断"推陈出新"，切实提升教学内容的社会适应性功能。

·提高教学质量的客观要求。开发新课程是高校提高教学质量的重要途径。建设高等教育强国必须拥有令人信服的、高水平的教学质量。通过开发新课程，在高校所有学科专业和人才培养层次的教学中，引入人类认识与实践的新成果，建设内容更加新颖和丰富、功能更加优越和完善、体系更加先进和完备的现代化课程体系，为更有效地提高教学质量创造条件。教育部已经推出的"精品课程计划"，有效促进了高校的课程建设，成效明显，是高校课程体系的重要创新。"精品课程计划"强调对现有课程的建设，以"精益求精"为主导优化现有课程的品质，突出的是课程的"精"，但是未能涵盖对具有新颖性内容的课程的开发与建设。高校承担培养高层次现代化人才和促进社会现代化的重任，提高教学质量是其中的要务，它的课程不仅要为人才的发展打好必要的基础，而且应该成为传授现代化的新知识、新理论、新方法的教学内容载体。通过开发新课程，实现教学内容创新，使学生的知识体系更加现代化。如果不开发新课程，那么现代化的教学内容完全有可能难以及时、系统和高质量地进入高校的教学过程，就有可能降低高校教学质量的预定标准。

·深化教学内容改革的需要。我国高校对开发新的教学内容有一定的实践基础，主要有三种做法：一是在某些课程的教学中适时补充一定的"前沿性、适应性"内容；二是开设专题讲座，扼要讲授新内容；三是开设少量的新课程，例如 20 世纪 80 年代陆续开设的各类"CAD"课程，以及一些具有学科交叉特点的专业课等等。但是，这些实践是有显著局限的。前两种作法在"新知识、新理论、新方法"等内容的教学上缺乏系统性，有时只是"冰山一角"，离稳定的、系统的现代化教学内容这一要求有较大差距，因此教学成效不稳定、不显著。对第三种作法人们的认识尚不充分，实践不多且有一定的困难与风险，也缺乏政策激励与制度保障。开发新课程就是要突破这些局限，将具有新颖性的内容系统化，成为稳定的课程。新课程最突出的特点是"新"，它与精品课程的"精"共同构成高校课程及其体系最核心的品质。

2. 课程建设的可行性

在高校所有学科专业和人才培养层次的教学中，通过引入人类"知识创新、科技进步、文化繁荣"的新成果和适应社会生产、职业变化的新内容来开发新课程，不仅是必要的，而且是可行的。高校具有"人才密集、知识与智力成果密集、信息密集"等优势，为开发新课程提供了必要和充分的条件。

• 高校具备课程建设的人才资源。高校拥有优秀的人才群体，具备开发新课程的人才资源。据统计，高校拥有全国五分之二的两院院士，三分之二的国家杰出青年基金获得者。一大批留学归国人员充实到高校教学和科研一线，大大增强了我国高校了解和参与国际学术前沿领域的能力。通过各种"人才强校计划"，高校引进和稳定了一大批优秀人才，有效地改善了人才群体的知识结构、学历结构和学术结构。在此基础上，组建了各种科研团队、教学团队。这些人才资源凝聚着开发新课程的知识之源和智力之源。

• 高校具有课程建设所需要的科研资源和学术资源。高校集聚着强劲的"知识创新、科技进步、文化繁荣"的能力和丰硕的成果，具备开发新课程所需要的充沛的科研资源和学术资源。高校的科研与学术活动具有显著的创新价值，其成果为前沿性新课程开发提供了充分的可加工材料，是保证这类课程内容新颖性的充分条件。

• 高校与社会联系紧密，具有课程建设所需的广泛的社会资源。高校建立了与社会广泛的组织联系，具备获得现代产业结构、技术结构、生产方式、职业需要变化信息的广泛的社会资源。产学研联盟、董事会和校友会等是高校与社会联系的成功的组织形式。通过这些组织形式，社会的成果需求、人才需求、职业需求方面的信息能够较快地进入高校，成为高校创新适应性新课程的重要源泉。

• 高校课程建设的成本低、收益高。开发新课程的物质资源投入不高。开发新课程主要依靠高校现有人才、知识、信息、学术和科研成果密集的优势，将"知识创新、科技进步、文化繁荣"的成果中富有教学价值的新颖性内容，按照教学要求进行筛选、移植和整合，就形成新课程。开发新课程对物资、经费等投入的依赖性很低，开发的成本不会很高，因而是效益十分明显的教育和教学创新。

(二)课程建设的核心要素

1. 师资队伍建设

师资队伍建设是课程建设的先导，其建设内容主要是优化师资队伍的学历结构、年龄结构、职称结构和学缘结构，以及学术水平、教学水平、教育理论和思想素质等。要建设具有一流水平的课程，首先要有一支一流的学术水平、丰富的教学经验、深厚的教育理论功底、扎实的教学技能、严谨的治学精神的师资队伍。

2. 教学内容和教学质量建设

教学内容和教学质量建设是课程建设的核心和主体，也是衡量课程建设质量的主要标准，其内容主要包括教学思想的改革与建设、知识内容建设、教学水平建设、教材建设、教学资源建设，以及结合专业特点积极开展教学改革与教学研究等内容的建设。

3. 教学方法和教学手段建设

教学方法和教学手段建设是实现课程建设目标的主要途径和基本保证，在课程建设中，要紧紧围绕提高教学质量、加强素质教育和培养学生能力等，结合专业特点、教学内容积极开展现代化教学方法、教学手段的研究与建设，确保课程建设快速发展。

4. 教学条件建设

教学条件建设是课程建设的重要保证，主要包括课堂教学的基本设施、实验和实习等实践教学条件、教学环境和教学氛围等建设。

5. 教学管理建设

教学管理是课程建设的组织保证，主要包括科学、规范、系统和配套的教学管理规章制度、教学质量评价体系、教学档案资料和教学激励机制等内容的建设。随着课程建设的发展和提高，不断提高教学管理水平，才能及时、科学地评价教学质量，确保课程建设的各项内容健康发展。

(三)高校课程建设的发展趋势

1. 课程设置向综合化发展

由于现代科学技术在社会生活中的全方位渗透，导致了越来越多的综合性问题，如贫穷、环境、能源开发等，这些问题已经成为威胁人类生存和可持续发展的主要问题。解决这些重大社会问题，靠某一个学科是无法单独完成的，需要多种学科协作进行。现代科技和生产的发展显示出对学科综合化越来越多的依赖，这促使高等学校的课程有必要向综合化方向发展。另外，随着各独立学科内部研究内容的不断深入和研究范围的不断拓展，不断有新兴学科衍生出来，特别是进入 20 世纪后半叶以后，新兴交叉学科和边缘学科出现的速度进一步加快。学科之间的联合或综合，反映到高等教育中是课程建设的综合化发展。课程综合化已经成为影响高等教育适应社会发展需要的一个关键问题。因此，高校课程建设要顺应科学知识综合化的趋势，增强课程的综合化程度。

2. 课程模式向多样化发展

市场经济是一种多元化、多层次、处于不断运动变化中的开放体系，"单一技术型"的人才已经难以适应市场经济体制的客观需要，统一的课程模式无法适应市场经济的需要。根据不同类型人才的不同使用规格和要求，制定出不同的教学计划，使课程模式多样化，让学生有更多自主选择权和更多弹性发展空间，培养知识、能力与素质全面综合发展的"完整的人"是社会对高校人才培养的主要期待。因此，使课程模式从单一走向多样，从封闭走向开放，培养有较高的综合素养、有较强的适应能力的人才以满足社会对人才的需求，成为我国高等学校课程改革与建设的十分重要任务。

3. 课程内容向现代化发展

课程内容现代化是科学技术现代化在高校课程建设中的反映。信息社会与知识经济时代的到来，现代科技知识的更新周期日益缩短，要求高校培养的人才能适应社会飞速发展的要求，并具有解决复杂问题的综合能力和创新能力。而有了宽厚扎实的基础理论知识，就能较好地适应科技知识的更新和专业的转换。高等教育的每一个专业在课程设置上均应形成宽基础、多方向的专业课程结构，使专业的课程设置体现出专业理论比较扎实、专业知识宽而新的特点；同时在课程设置中，加入哲学、历史等人文课程和英语等工具课程，以培养具有良好素质和完善人格的人。这既是拓宽学生基础知识的需要，又是课程国际化发展的需要。另外，剔除课程中陈旧过时的具体事例和旧的范式，及时将科学发展的最新成果纳入课程，使学生及时了解学科发展的新成就、新观点、新问题和新动向，掌握世界有关新专业、新学科和相关学科的"脉搏"跳动状况。在课程内容中整合当今最新的信息和技术，以增强学生的应变能力和创新能力，这已成为高校课程建设的基本任务。应该说高校课程建设的这种发展趋势是我们改革现行课程体系，实施人文素质教育的最基本的依据。而目前我们众多高校的课程设置现状显然还无法适应这种新的发展趋势的要求，离我们所设定的目标还有很长一段距离。

2.5.3　课程资源开发与利用

(一)教材的开发与利用

1. 教材建设的内涵

教材建设是高校教学基础建设的重要组成部分，是深化高等教育教学改革，全面推进素质教育，提高教学质量、师资水平，反映教学改革成果，培养创新人才的重要保证；是高等学校学科建设的重要组成部分，是教学管理的重要内容，是巩固教学内容、优化教学成果的集中表现。高校教材建设工作主要包括教材规划、组织编写、出版流通、教材研究、教材评价、选取使用等几个方面。要依托课程改革和建设，努力建设好能体现学科专业特色和学科水平、反映最新科学技术发展、得到国内高校同行认可的优秀教材。教材建设是教学管理的一项重要任务，是一项长期的、经常性的艰苦而复杂的基础工作。

2. 教材建设的意义

·教材建设提升师资队伍建设水平。教材质量水平在一定程度上反映编著者所在学科专业的学术水平，教材建设对提升教师业务水平有十分重要的作用。教材作为科研成果的结晶，应当吸收最新科技成果和学科知识。但教材的内容不是知识的简单堆积，而需要编著者对知识进行系统阐发和论证，教材的编写过程是一个再创造过程，也是提升与培养教师能力的过程。同时，教材又是教学经验的结晶。教材的编写过程，是促使编著教师系统总结成功教学经验和方法的过程。在教材建设中充分发挥教学经验丰富、学术水平高的教师的作用，促进师资队伍的建设，特别是通过组织编写队伍，可促进与培养高水平的教学团队。在教学团队与专业、名师工程、规划教材等"本科教学工程"项目建设中，许多高校积极鼓励高水平教师编著教材，提高了学校与相应专业的学术地位和知名度，带动了年轻教师队伍的成长，提升了师资队伍的教学水平。

·教材建设奠定提高教学质量的基础。学校的教学质量，是教和学两方面的综合反映。要提高教学质量，必须抓好教材建设。教材是体现教学内容和教学方法的知识载体，是教师进行教学的基本依据，也是学生系统地获取知识的主要载体。优秀的教材，为教师备课、讲授、指导学生阅读参考书和作业提供了重要的客观依据；教材中描述的新知识和新方法，既有利于教师的讲授，也有利于学生的学习与拓展，成为提高教与学质量的可靠保证。在课堂教学中，教与学主要围绕教材进行，抓好教材建设成为提高教学质量的最基础性的环节。为达到人才培养目标和教学目的，教师必须按教学大纲编写的教材开展教学。要使学生系统地、高效地、循序渐进地获取相关专业知识，必须有专为一定专业与年级学生编写的、经过去伪存真和去粗存精的教材，尽管大学生可从参考书、杂志、参考文献中获取知识，但教材仍是他们获取系统知识的最重要载体。优秀教材建设是有效提高教学质量的助推器。

·教材建设促进精品课程建设与改革。高校精品课程的建设与实践，大大提升了课程建设整体水平。根据精品课程建设的需要与课程改革要求，编写高质量的教材建设。一方面，对不能满足课程改革需要的旧教材要推陈出新，对教材体例、内容和教学方法进行改革创新；另一方面，在课程改革中，由于课程体系的改革与调整，一些不适应当代经济社会发展需要的旧课程被取消，一些新课程会随之应运而生，根据课程改革建设后的需要必须进行新教材的建设。近年来，随着教育教学改革的深入，许多高校加强了人才培养的实践教学环节，增强实验课程的层次性及其与理论课程的匹配性，加强专业实验系列课程的整合建设，优化课程实验项目，特别是提高了综合性、设计性实验的比例，探索研究性实验教学的新方法。所有这些实验课程与实践教学的改革探索，都需要构建与之相配套的教材体系。实验教材的建设可在根本上巩固实验教学改革的成果，促进精品课程的建设与改革。

(二)精品课程的开发与利用

1. 精品课程的内涵

精品课程是指具有一流教师队伍、一流教学内容、一流教学方法、一流教材、一流教学管理等特点的示范性课程。精品课程建设是教育部"高等学校教学质量与教学改革工程"的重要组成部分。精品课程资源可划分为数字化显性课程资源、非数字化显性课程资源、数字化隐性课程资源、非数字化隐性课程资源四种类型。其中，数字化显性课程资源包括电子教案、教学录像、网上习题、网络链接等资源；非数字化显性课程资源包括教材、教学大纲、教学管理制度等资源；数字化隐性课程资源包括学生基于网络学习的经验、基于网络协同学习的经验等资源；非数字化隐性课程资源包括教师或教学团队的教学思想和教学理念、教学方法、教学经验。

2. 精品课程建设面临的问题

华南理工大学李正在《中国大学教育》杂志上结合高校精品课程建设情况，对我国高等学校精品课程建设存在的问题进行了概括和总结，主要体现于以下 6 个方面：

·精品课程培育与申报规划缺失。高校精品课程建设面临的首要问题是合理规划。在精品课程建设规范的指导下，根据自身的优势和特色有计划地培育和申报建设不同学科专业的课程，保障课程在全国范围内的优质性和竞争力。这也应该成为精品课程建设的基本要求。反观目前一些高校的实际情况，在精品课程建设的培育和申报规划方面基本处于一种无序状态——学校教学研究和管理部门没有对这项工作作出必要的指引和合理规划，精品课程的申报仍处于原始的"自由申报"状态。这种状态不仅削弱了高校课程在评审中的竞争力，更为严重的是导致课程建设出现很多的"无用功"，制约了课程建设总体水平的提高。

·精品课程建设保障机制不到位。精品课程建设是一项涉及面广，建设周期长，影响深远的系统工程。合理、优质、高效的建设机制是精品课程建设的保障。机制不到位常导致省级和国家级精品课程申报，仓促上马，甚至形成整齐划一或配额式建设的局面，最终导致建设和应用不到位。精品课程建设缺乏政策支持，没有完善的长效机制不利于营造教学改革和教学创新的良好氛围。

·精品课程建设过程管理不规范。贯彻实施项目管理的理念、策略和方法是有效提高精品课程建设质量的重要途径。目前一些高校在精品课程建设过程中，尤其是在动态监测管理和评估方面还不同程度地存在项目管理意识缺乏或项目管理力度不够的问题。

·课程网络教学资源标准化程度不高。一些高校在精品课程资源建设方面缺乏标准，不同平台之间数据交换困难，资源更新率较低，部分课程网站连通性差，不能为高质量的教学服务。

·精品课程隐性知识的挖掘与应用不够。精品课程隐性知识主要是指师生和教学群体环境的隐性知识两方面，前者主要是指教师的教学技巧、教学风格、人格魅力及学生的学习能力、协作技能、创造能力等；后者是指师生的交往体验和学生的交互经验等。人们往往注重用规范化、系统化语言来表达和传递显性知识，而对于包括信仰、隐喻、直觉思维和问题解决技巧或诀窍等在内的隐性知识却比较忽视，结果导致学生学习的是一种"死"的知识，难以从课程教学中获得并应用知识解决实际问题，而这些恰恰是课程隐性知识之所在。

·精品课程共享和服务不到位。许多高校在精品课程建设过程中十分重视评审环节，不惜一切代价拿到省级或国家级"精品课程"称号。评上以后，由于缺乏课程共享的意识和应用的机制，再加上相关的教学服务不到位，导致"精品课程"成为互联网上的信息孤岛，使用的几率极低。这种现象明显违背了国家建设 3000 门精品课程的初衷，成为当前高校精品课程建设有待解决的主要问题之一。

3. 精品课程的建议与措施

·建立立体化精品课程资源库。建设集教学、管理、评价为一体的网络立体化资源体系，提高网站教学精品课程资源建设不是资源的简单组合，而是要进行有效的教学设计和整合，规划设计是融教与学、自主学习与合作学习、资源提供与问题解决、理论学习与实践活动、全过程督促管理、全过程学习评价于一体的立体化资源体系。在此基础上针对不同的教学内容，积极规划与之相适应的课堂授课、小组合作交流、自主学习、基于项目的学习、基于问题的学习等多种形式的教学方法和学习活动，并结合网络的优势，设计问题、指定任务、创设情境，充分营造立体化网络学习的氛围，体现先进的教学理念和教学改革方式，以提高精品课程网站的教学功能。

• 整合高校精品课程优质资源。资源共享交换中心的建立，对精品课程的建设起着极大的推动作用，各高校可以利用该中心来构建自己的课程平台，使自己的优质教学资源得到更好的体现，对教学质量的提高有很大的帮助。各高校应该充分地利用平台优势，从封闭建设转变为开放建设，将已评的精品课程教学资源整合好，为每一个知识点提供不同教学环节的优质资源，如教学设计、电子教案、典型例题、应用案例、释疑解难、名师讲课录像、动画等。同时在整合现有优质资源、集中力量完成基础性建设工作的基础上，逐步建立起征集、筛选、审查、应用的滚动发展机制，从而保证精品课程资源建设的可持续发展。

• 强化课程网站的技术开发。加强技术保障，降低制作更新难度，完善精品课程网站的整体建设，合理运用现代教育技术，充分发挥管理人员、学科教师、技术人员的合力作用，为网站提供良好的技术支持和服务。应用统一的网站建设平台，降低技术难度；对教师进行必要的网络技术培训，使其掌握网站维护与更新的基本技能，保证网络畅通，共享顺畅。当前，伴随着互联网＋教育的进一步拓展，MOOC 已经在我国高等学校悄然兴起，高校必须高度重视对精品课程网络教育技术的开发与利用，努力实现在线教育的普及化、现代化。

• 构建精品课程开发团队。根据当前教师的信息技术水平，精品课程的开发单单依靠教师任课团队是不行的，应该实现开发和建设团队重构。一般的精品课程开发和建设团队是南课程主持教师、网络技术人员和美工人员组成。这样的技术支持进行精品课程开发比较弱，存在若干缺陷，具体体现在教学设计不足和忽视使用者的需求上，所以建议精品课程的开发团队应该增加教育技术专业人员和学生代表。课程主持教师负责课程的策划，保证学科的科学性和实践性；学生代表从学习者的角度提出使用需求；教育技术专业人员要根据教师和学生意图做好课程网络资源的教学设计，选用最合适的方式组织和呈现课程资源；美工人员则负责精品课程页面的美化。这四者虽然分工较为明确却不是各自为政的，在精品课程的开发过程中他们要经常在一起沟通、讨论。教育技术专业人员必须在对开发的课程资源充分熟悉和了解的基础上才能很好地进行设计和技术实现。

• 加强精品课程管理，实行质量评价。精品课程建设是一项工程，这就意味着必须经历申报、审批、检查和验收等环节。每一项精品课建设工程的评估，都应有一套完整的科学评价体系和内容指标。高校管理部门和教育部主管部门应高度重视，严格把关，严禁弄虚作假，建立严谨科学的评价体系、完善的管理体制，建立健全检查、验收制度。通过对精品课程进行全方位建设和目标管理，形成有效的质量评价机制，对精品课程建设实施全程监控，规范课程建设的过程管理。有效的课程建设与改革使教学管理机制更趋于科学规范，形成一套完整的管理制度，把握住影响教学质量的各个环节，稳步推进教学质量，实现对课程建设质量的跟踪监控。

2.6 学风建设与学生指导

2.6.1 学风建设

学风关乎人才培养质量，维系学生健康成长，影响学生顺利就业，必须进一步加强学风建设。学风是一所学校治学精神、治学态度和治学原则的综合体现，是校风的主要内容，也是形成良好校风的基础和前提，是培养高素质人才和提高学术水平的关键，也是大学体现文化品味及格调的重要标志。学风是读书之风，是治学之风，更是做人之风。学风有广义狭义之分。从广义上讲，学生的学习风气、教师的治学风气、学校的学习氛围都属学风的范畴；从狭义上讲，学风是学生在校学习、生活、纪律等各种综合风貌的集中表现，包括学生思想品质、学习目的、学习动力、学习态度、学习精神、学习纪律、学习方法、学习习惯，主要体现在学生日常的行为之中。这里面既有学习氛围、学习环境等集体因素；也有学习态度、治学精神等个体因素。二者相互影响，相互渗透，最终形成一种相对稳定的状态。学风是教书育人的本质要求，关系到学生的成长成才以及学生未来的发展。应该说，学风与每个同学的根本利益和自身成才息息相关，学风建设是每位同学自身成长成才的内在要求。因此，进一步加强学风建设，显得尤为重要。

(一) 进一步明确加强学风建设的指导思想和工作目标

以培养社会需求的合格人才为目标，以解决学风建设中存在的突出问题为突破口，以学生良好学习习惯的养成和学风建设长效机制的构建为重点，加强专业认知教育，激发学生作为学习主体的内在动力。牢固树立以学生为主体、教师为主导的思想，通过教风带学风、教育导学风、管理促学风、活动倡学风、奖惩推学风、考风正学风，齐抓共管，标本兼治，在全院形成"学生以成才为志，教师以教学为业，学院以育人为本"的良好氛围，培育厚德、博学、励志、笃行的学子风范，推动学风建设再上新台阶，全面提高教学质量和人才培养质量。

(二)学高为师、身正为范，以良好的教风带动学风的根本性好转

教与学是相互影响、相互制约、相互促进的，教的如何，直接影响学的兴趣、态度、质量、效果。所以，要想学风好、学风优，首先就要在教风上下功夫。推动教师树立热爱学习、学会学习、善于学习、坚持学习、全面学习、终身学习的观念，形成坚持真理、大胆创新的治学精神，严谨求实、刻苦钻研的治学态度，理论联系实际、指导实践的治学方法，发扬学术民主、恪守学术规范的高尚情操；引导广大教师忠诚党的教育事业，精心施教，教学有方，言传身教、以身作则，以模范言行影响学生；促进广大教师坚持教书育人，维护课堂纪律，强化教学秩序，融育人于教书之中，注重从思想上引导学生。学院要着力构建体现学院文明传承、追求卓越的学风体系，加强师德师风建设，强化教师责任感和示范性，开展教学研究，改革教学方法，革新教学手段，完善教学设计，落实教学质量监控体系，促进教师治学水平不断提高；促进党政管理干部服务意识不断提升，工作作风更加扎实，管理水平显著提高。建立学风监督评估体系和长效机制，形成师生互动，教学相长、学习主体自觉自律、自主意识充分发挥的良好局面。

(三)加强教育，严格管理，进一步提升加强学风建设的执行力

加强教育、严格管理，是形成良好学风的基础和保障，学风建设要以学生养成良好的学习习惯和行为习惯为抓手。加强思想引领，坚持经常性、持续性、针对性的思想教育，引导学生养成科学严谨的学习态度，不断强化学生的学习动力。加强专业认知教育，提高学生对学习专业的信心。积极采取措施，消除学生中存在的消极学习现象。加强心理测试与咨询工作，避免学生因心理问题导致学业荒废的现象发生。严格学生日常管理和一日生活制度，培养学生养成良好的学习和生活习惯，促使学生把主要精力投入到学习活动中去。从严格规范学生的学习行为入手，健全和完善学风建设管理制度。突出学生宿舍学风建设，努力建设学习型、创新型、和谐型、清洁型宿舍。强化学生干部的责任，学生干部要守土有责、守土尽责、守土负责，在学风建设中提高工作能力。今后，凡有学生重大违纪的，都要追究其所在班级的班长和团支书的责任。

(四)丰富活动，奖罚分明，努力形成学风建设的新气象。

1. 广泛开展第二课堂学习活动。充分利用课余时间和双休日，积极开展各种社团组织活动，鼓励学生参加各种兴趣小组和社团组织。积极利用现代教育手段，构建学生相互学习的平台。鼓励学生建立学习、学术网页和学习 QQ 群，建立各类读书会和学术研究会，自主开展读书学习活动。深化班级文化建设活动，以班级文化建设带动学风建设。

2. 积极开展创先争做活动。召开以学风建设为主题的班会，制定学习计划，建立自我管理机制，形成"比、学、赶、帮、超"的学习风气，每个人都要在学习上有所进步、在素质上有所提升，从而促进整个学风的好转。学生入党、国家助学金的评选和学校困难补助的发放，都以学风优良为重要评价尺度，从而创造学风优良、成绩优秀光荣的良好氛围，推动学风建设。

3. 严肃查处学风不良现象。加强课堂纪律、宿舍纪律、考试纪律的查处力度。对旷课、剽窃论文、考试违纪舞弊等学风不良现象构成处分条件的学生，学院将坚决按章处理，直至开除学籍。对极少数挂科较多而又不认真学习的学生，经教育无效后，学院将按照学籍管理制度予以劝退。

4. 充分发挥学生党员和学生干部的模范作用。学生党员和学生干部要结合自身联系同学、贴近同学、服务同学的优势，明确自己在学风建设中的角色定位，在思想认识、知识结构、专业学习、组织纪律、活动参与、班级管理、宿舍建设和综合素质提升等方面带头树表率、带领作示范，用自己的模范行动促进学风建设。

5. 坚持家长联系制度。加强与学生家长的联系，及时地、全面地向家长反映学生在校情况。对学生学习态度差、学习成绩差、纪律观念差、沉迷网络、学杂费欠缴较多等方面的情况，学院将通过各种途径向家长反映，争取家长的紧密配合，并虚心听取家长的意见和建议，以形成合力，发挥学校和家庭的整体教育功能。

2.6.2　学生指导

(一)有效辅导应有的放矢

在进行辅导前，要事先要确定辅导的对象和内容。辅导的内容主要有：①解答疑难；②堵漏补差；③拓展提高；④端正态度、指导方法等。辅导的对象应该既有学习困难者、存在学习障碍者，又包括学有余力者和因故缺课者。由于学生之间在知识技能基础、理解能力、思维能力、学习方法、学习兴趣等方面存在着个别差异，他们对课内教学的适应性不同，有着不同的辅导要求。教师要根据不同情况，分别制订辅导方案。因此，对学生学习的辅导大多采用个别辅导或者集体辅导形式。

(二)有效辅导应把握重点

一般说来，"补差"和"提高"是对学生学习辅导的工作重点。首先要认真分析学生情况，准确找出差的原因：是知识、技能基础薄弱，还是方法、能力缺陷？是智力因素引起，还是非智力因素造成？是学生方面的问题，还是教师方面的问题，或者是在家庭、社会环境方面出现了问题？……然后针对问题原因寻找有效措施。补

"差"先要补"心"，教师要注意培养学习兴趣、消除自卑感，增强学习信心、调动学习积极性，多给予实事求是的鼓励和激励。除了知识技能存在缺陷外，学习落后者常常存在不善于积累、不善于综合运用知识技能、死记硬背、学习方法不良或者不求甚解、不重视阅读课本、不重视练习作业、不够严谨踏实、学习态度学习习惯不良等问题。教师要积极进行探索，重视学习方法指导，针对具体问题灵活机动地设法解决。对优秀学生的辅导，可以适当增加学习内容和知识难度，满足他们的学习欲望，进一步培养他们的学习兴趣。此外，还可以指导他们进行课外阅读，吸引他们参加语文课外活动。除了重点抓好"补差"和"提高"外，对于那些问题不多或者学习一般、尚未形成强烈的语文学习兴趣，但是具有学习潜力的学生，教师也应适当兼顾，注意引导和指导，不能不闻不问。

(三)有效辅导应科学合理

科学合理的辅导方法是有效辅导的关键所在，通过教学实践，结合一批教师的经验，归纳几点几种辅导方法如下：

1. 明确辅导内容，定时定量。

2. 有布置、有检查、有点评。

3. 作业布置适量，难易适度。

4. 温故与知新比例适中。

5. 点与面相结合。

6. 难与易相结合。

7. 谈心工作贯穿其中。

8. 关注不同层次学生的发展。

9. 集体备课时，提前确定好辅导内容。

10. 填写辅导记载表，便于对重点生进行跟踪。

此外对学生的辅导跟同为教学环节的作业批改和讲评互相关联，除了在课内获得有关信息或者学生提出要求外，在通过作业批改发现教学中的问题后也常常要进行学习辅导。但是，学习辅导的内容更广泛，不一定围绕作业问题；作业讲评要经常进行并且面向全体学生，教学辅导则主要面向一部分学生。对学生的辅导必须把握好度和量，否则有可能加重学生学习负担。

总之，要使辅导工作深入有效，教师一定要怀着满腔热情和对学生负责的精神积极地投入，要注意跟学生坦诚交流，沟通心灵，用积极情感点燃智慧火花，促进学生的发展。有效辅导是我们教学过程中重要一环，只要我们思想上重视，行动中落实，方法上得当，我们学校的有效辅导工作一定会有力推动教育教学质量的稳步提高，并结出丰硕的教学成果。

2.7　教学质量评估

教学是高校的基本职能，教学工作是学校的中心工作，要不断提高学校的教学质量，才能培养出合格的适应新时期发展要求的人才。课堂教学是高等学校教学中最基础、最核心的教学环节，是学校教育最直接、最主要的教育形式，教学质量的高低和效果好坏，直接影响学校人才培养的质量。随着高等教育大众化的普及，课堂教学的重要性显得愈加重要，提高课堂教学质量已经成为高等教育教学改革的紧迫任务。

教学质量评价是高校管理的重要内容，是影响学校发展的一个重要因素，也是培养教师教学能力的有效手段。搞好教师教学质量评价是每一所学校在管理中要重点解决的问题。合理而公正的评价方法，不仅能全面公正地反映教师工作的基本情况，而且还能充分尊重教师的权利，对于有针对性的提高其教学质量、促进其教学水平提高有明显的激励与导向作用，在评价教师课堂教学质量上具有较高的区分度与信度。学生评教是教育教学评价的一种方式，也是教师教学质量评估的一个重要方面，目的是发扬优势、克服不足、扬长避短，使教学质量整体不断提高。

我们通过学生评教方式对某高校教师课堂教学质量进行调查，并采用对应分析方法对调查数据进行分析研究，探讨不同类别的教师与课堂教学质量影响因素两者之间的对应关系，为今后高校教师课堂教学质量的提高提供理论和方法上的科学依据。

通过对高校教师按照职称、学历和年龄的类别分类分别进行研究，并与课堂教学质量评估表中的指标进行对应分析，得出如下结果：

1. 根据职称将教师分为高级职称、中级职称和初级职称三类，高级职称教师课堂教学质量主要与方法多样、生动有效、因材施教、注重启发、板书工整、条理、内容丰富新颖等指标相关，中级职称教师主要与教学责任心强、观点正确、概念清楚、重点突出、理论联系实际、重视学生能力培养等指标相关，而初级职称教师主要与语言生动、简洁、严格要求、循循善诱、难度深度适宜等因素相关。由此可见，具有高级职称和中级职称的教师对影响课堂教学质量的因素都有较好的把握，能较好的保证课堂教学质量，但需要在与学生的亲和力等方面进一步加强，而初级职称的教师虽然在语言表达等方面较其他两类教师有所优势，但需在教学责任心、教学方法、教学难点重点把握等方面加强努力。

2. 根据学历将教师分为博士研究生、硕士研究生和本科学历三类，有博士研究生学历的教师其课堂教学质量主要与观点正确、概念清楚、重点突出、内容丰富新颖、方法多样、生动有效、治学严谨、为人师表等指标相关，硕士研究生学历的教师主要与理论联系实际、难度深度适宜、语言生动、简洁、严格要求、循循善诱等指标相关，而本科学历的教师主要与教学责任心强、因材施教、注重启发、重视学生能力培养、板书工整、条理等因素相关。由此可见，具有博士研究生学历的教师在为人师表方面表现的较为突出，对本学科的新理论新知识掌握全面，采用的教学方法也行之有效，但需在教学责任心、板书等方面下功夫，具有硕士研究生学历对理论联系实际、教学重难点等都有较好把握，需更加注意启发式教学及学科新知识的学习等，具有本科学历的教师有很强的教学责任心，注重启发式教学及学生能力培养，但需注意增加课堂教学中新方法的应用及新知识的讲授。

3. 根据年龄将教师分为老年教师、中年教师和青年教师三类，老年教师其课堂教学质量主要与教学责任心强、治学严谨、为人师表、重点突出、板书工整、条理等指标关系较密切，中年教师主要与理论联系实际、难度深度适宜、观点正确、概念清楚、严格要求、因材施教、注重启发、循循善诱等指标相关，而青年教师主要与重视学生能力培养、语言生动、简洁、方法多样、生动有效、内容丰富新颖等因素相关。由此可见，中老年教师在为人师表、教学责任心及对本学科的新理论新知识掌握全面等各方面具有较好表现，而青年教师则需在这几个方面更加努力，以提高课堂教学质量。结语：通过学生评教的方式对教师课堂教学质量的调查，发现了影响高校教师课堂教学质量的一些因素，并且应用对应分析方法处理调查数据，得到了这些影响因素与不同类别授课教师的对应关系，这对怎样更好地提高高校课堂教学质量、培养更多合格的现代化建设人才的研究很有帮助。调查结果显示：教学责任心强、注重启发、重视学生能力培养、观点正确、概念清楚、重点突出、治学严谨、为人师表等是影响高校科技人才培养的主要因素，并且不同类别教师与各项指标有着不同的相关关系，这也为今后不同类别教师进一步提高课堂教学质量指出了明确方向。

2.7.1 构建中国的高等教育质量评估体系

建立和完善高等教育质量评估体系，我们应该从宏观和微观层面上都做好工作。宏观上，国家在外部质量评估方面从制度建设、机构建设、评估方案等方面做好工作，微观上，高等学校自身要做好校本评估，建立健全的教育教学质量评估体系。构建"内外结合，以外促内，内为基础"的评估体系。

（一）建设原则

1."三个面向"的原则

"教育要面向现代化、面向世界、面向未来"，构建高等教育质量评估体系要以三个面向为原则,高等教育评估要面向现代化、面向世界、面向未来。

高等教育评估要解决的核心问题是保证和提高高等教育质量。中国的高等教育评估体系理所当然地要根据中国高等教育的实际情况和今后发展来规划和设计。它必然具有中国特点,适用于中国高等教育。这是毋庸置疑的。但是这并不等于说可以满足于"闭门造车"、"闭关自守"。我们要的是放眼世界,着手于中国,从而建立起中国的高等教育评估体系。它既适用于中国国情、解决中国问题,又符合国际潮流、容易为国际同行所接受。高等教育评估面向现代化,同时,高等教育评估不仅要着眼于当前,而且更要着眼于未来高等教育的发展。

2.坚持以科学质量观为指导的原则

科学的高等教育评估体系构建的前提是以科学的质量观为指导。科学质量观认为高等教育质量是一个多层面的概念,具有多样性,避免用一个尺度来衡量高等教育质量我们应该坚持共性与个性相统一的高等教育质量观质量是有层次的,不同层次的高等学校应该有不同的质量标准,不同类型的学校也应该有不同的质量要求。

评估标准的建立应与国家高等教育发展方向的共性相符合,与各高校类型层次的个性相符合,引导不同类型、不同层次的高校在不同的教育质量标准下准确定位,找准自身的发展空间和发展方向。坚持科学的多元化的高等教育质量观,用科学的多元化质量标准去综合评估高等教育质量成为一种必然。在高等教育评估体系建设中,应根据不同学校的层次水平,制定相应的评估标准,实行分类指导。

3.以内为主,以外促内的原则

构建中国的高等教育质量评估体系,要"以内为主、以外促内"。在进一步扩大学校办学自主权的同时,要建立一种自我约束机制。高等教育质量保障必须以学校质量控制和自我评估为主,以外部质量审核、专业认证和水平评估为辅。

高等教育评估分为外部评估和内部评估。外部评估是指学校外的政府部门、社会中介机构、企业、新闻媒体等对高校教育教学质量进行的评估活动,内部评估是指学校内部进行的评估活动。二者的侧重点有所不同,外部评估偏向于从政府、社会、企业、学生家长等投资者和用人单位的角度考察学校的办学效益和质量水平,具有鉴定性质,多是终结性评估而内部评估则从学校内部工作改进的角度检查学校的办学状况,为学校教育教学工作的改进和发展服务,体现为发展性功能,主要是形成性评估。从教育质量的改进和提高这一角度来看,内外部评估的关系应该是"内外结合,以外促内,内为基础",其原因就在于高等教育是一种发生在高校的专业活动,其主体是学术人员,高校及其成员改进与提高质量的动机是内在的,不能从外部强加。因此,外部评估最重要的功能,应该集中于为高校自我改进提高提供持续、稳定的支持，使高校及其成员能够在一个良好的制度环境中关注其专业活动质量。

4. 坚持渐进性的原则

现阶段，我国高等教育评估制度的建设受着诸多因素的制约。中国建立科学有效高等教育评估体系是一个渐进、漫长的过程，与政治体制改革和高等教育体制改革密切相关。我国政治体制改革的原则是"积极稳妥"，"有步骤有秩序地向前推进"，与之相适应，我国高等教育体制改革也是渐进式的。"由于任务和权力分布的广泛性，普遍的大变革一般都难以发生，可以说渐进式改革是高等教育改革的基本模式。"总体上，政治体制改革和高等教育体制改革的实践既规定着高等教育评估制度发展的限度，又成为它发展的极好契机，这在客观上要求高等教育评估制度的发展要与其它改革相适应、相配套、相协调。根据制度经济学中社会制度的形成具有"路径依赖性"的观点，有效的制度设计必须考虑政治、经济、文化、科技等社会因素的历史存量的影响激进式的制度变革必须承受巨大的转轨成本。因此，构建中国高等教育评估体系，需要充分考虑我国国情和高等教育发展阶段的问题，要在激进与僵化之间取得平衡，渐进地推进高等教育评估体系建设。

(二)基本框架

1. 重视制度建设

我们要重视高等教育法律保障及制度的建设，使中国的高等教育真正纳入规范化、法制化、良性发展的快车道，避免"人在政举，人去政息"的局面。评估制度是保证高等教育评估工作高质量持久开展的必要条件，必须要在相关法律的保障下才能走上健康的发展道路。因此，必须建立和完善我国高等教育评估制度并使之法制化。

(1)完善《普通高等学校教育评估暂行规定》

高等教育经历了大发展，我国也从计划经济体制往市场经济过渡，《普通高等学校教育评估暂行规定》毕竟是计划经济条件下的产物，关于评估主体、评估机构等有关规定，显然不符合《纲要》中"政府宏观管理，学校面向社会自主办学"的精神，也不利于《决定》中提出的"进一步发挥非政府行业协会组织和社会中介机构的作用"。另一方面，高等学校要加强教育质量的自我评估，以及社会要对学校办学进行必要评估监督，却又缺乏应有的规章依据和坚实的法律支撑。

同时，这一规定只重视政府评估，把政府评估视作为高等教育评估的唯一主体，根本没提到高等教育评估中介机构，这与高等教育评估中介机构迅速发展的现实很不相称。国外大多数国家的高等教育评估中介机构都是立法部门通过法案或者出台行政法规建立起来的，高等教育评估中介机构依据法律法规而开展活动，受到法律的保护，享有合法的高等教育评估权与资格。我国在制定教育法规时，必须把高等教育评估组织的发展尽快纳入相关的法制之中，使高等教育评估中介组织的管理步入法制化的轨道。

另一方面，此规定虽曾提到过"申诉"二字，但我国并没有专门的评估申诉制度，影响了评估工作的公正性及民主性。同时，这一制度在当前我国高等教育体制下操作性不强，很难实行。

(2)建立元评估制度

元评估，又称"元评价"，就是指按照一定的标准，运用可行的科学方法，对教育评估方案、教育评估结果和获得结果的过程进行分析，从而对教育评估做出价值判断，也就是对教育评估的科学性、有效性和现实性等进行评估"。很显然，高等教育评估体系本身的科学合理性及其发展的评估活动的客观真实性是其能够对高等教育质量的改进和提高起到积极促进作用的先决条件。很难想象，一个本身不够科学合理的高等教育质量评估体系及其开展的评估活动能够客观真实地反映高等教育质量现状，能够做出合理的价值判断。元评估就是对高等教育评估系统及其开展的评估活动本身的质量进行评估，以保证高等教育评估活动能够有利于改进和提高高等教育质量。所以，建立一个权威公正的元评估系统是高等教育评估体系及其评估活动有效性的根本保障。国外的成功经验为我们提供了很好的借鉴，美国教育对质量评估认定机构的认定工作方面的经验，美国民间性质的高等教育认证理事会和联邦教育部对负责高校和专业认证工作的各质量认证机构进行资格认可，也就是对各认证机构及其开展的认证活动本身进行元评估。

我国的元评估基本上还处于理论研究阶段，尚未在实践中正式实施。这也是我国高等教育质量评估体系及其评估活动本身质量不够高的一个重要制约因素。因此，加强我国高等教育质量评估的元评估系统建设就成为提高我国高等教育质量评估体系有效性的重要内容。元评估是对评估组织进行监督与管理的重要手段之一，是政府实行宏观治理的理性选择。为此，必须立足我国国情，建立元评估组织，这将有利于评估组织对其行为进行全面的反思，从而最大限度的推进评估体系的不断完善和革新。

(3)设立评估机构与专家资格认证制度

对高等教育评估中介机构和评估人员进行资格认证和考核，是构建高等教育评估体系的重要方面。国家应该制定高等教育评估中介机构的资格准入和审查制度以及管理制度，对高等教育评估中介组织建立严格的资格准入制度，建立定期或不定期的资格审查制度，杜绝不符合要求的机构进入到评估机构当中，并对不合格的机构给予清退。只有严格执行资格准入和审查制度，才能维护教育评估的权威性和公正性。

建立对评估人员的资格认证制度。国家可以通过对评估从业人员的资格认证制度，规范评估行业的准入制度，提高教育评估的专业化程度及质量。在此方面，我们可以成立高等教育评估协会，负责对本行业的人员进行资格认证和后期考核，通过高等教育评估资格认证考核，确保评估从业人员的专业水准，不断提高评估从业人员的素质和水平。

2. 注重评估机构建设

与高等教育制度建设同步的是，高等教育评估的组织机构不断健全。教育部高等教育司和国务院学位委员会办公室分别成立了负责监督和领导全国本科教育评估和学位与研究生教育评估的专门机构，教育部高等教育司设有专门的评估处—教育部评估办公室，具体负责全国普通高等学校的本科教学工作评估。特别是年月教育部高等教育教学评估中心的成立，标志着中国高等教育评估工作的全面启动。高等教育教学评估中心是一个国家级评估机构，直属教育部领导，受教育部委托，专门组织实施高等学校教学评估及各项专业评估工作，履行质量监控的行政职能，是一个行政性事业单位，从事非常重要的工作，承担着非常重要的责任。仁根据评估有关文件规定与实际工作需要，教育部聘请各方面专家成立了第一届教育部普通高等学校本专科教学评估专家委员会和第二届教育部普通高等学校本科教学工作评估专家委员会。

当前，省级的高等教育评估机构还不健全，我们应当注重这类机构建设。众多的高等学校不可能由国家级评估机构包打天下，应该加强省级评估机构建设。在目前形势下，由省级地方政府来牵头组建评估机构，具体组织实施该地区高校的教育评估工作，为地区经济发展服务，具有很高的可行性。当前，这类机构的建设可先从各省、市开始，业已成立的这类机构从原地方教育主管部门的评估工作机构中分离出来的，如"上海市教育评估院"和"江苏省教育评估院"。

我们应当建立高等教育评估的社会中介组织，开展中介性高等教育评估，是我国高等教育评估走向社会化、民主化、制度化的内在要求，也是促进我国高等教育管理体制改革的一项重要举措，对提高高等教育质量意义重大。

首先，社会中介组织是调节政府与高等学校之间矛盾的缓冲器。政府宏观管理与高等学校自主办学是一对矛盾。高等学校应当拥有充分的办学自主权，是高等教育自身规律和高等学校的性质、任务决定的。建立高等教育评估的社会中介组织，就是在认识和承认高等学校、政府两者在高等教育工作中的地位、作用的基础上发挥特殊的调节职能。

其次，社会中介组织与高等学校没有直接的利益关系，他们以"旁观者"的角度来评估高等教育，能在评估中保持"超然"的态度他们能够兼顾到政府、社会和学校各自的需求，尽可能按共同一致的价值标准来评估高等教育，使高等教育评估更加客观公正，而被公众广泛接受。

最后，相对于教育行政部门组织的评估来说，社会中介组织的评估有以下几个特点就评估过程而言，教育行政部门的评估具有较大的权威性，它的每次评估活动都会给下属单位的各个部门带来压力，使得下属各个部门要想方设法来对付这场评估。实践表明，这种类型评估活动无论从组织者还是从被评者来说每次都要花费大量的财力与物力。相比之下，社会中介组织的评估，由于与被评单位没有隶属关系，因而，只能依靠评估本身的可行与公正，以及学术上的权威形成社会影响，同时它不会花去被评单位大量的人力与物力。从其自身的能力出发，它必定注重评估活动的可行性，否则，它就无法承担这方面的任务。就评估的结果而言，由于教育行政部门精力的限制，它不可能对下属单位进行经常性的评估，对社会中介评估而言，它的评估可以是经常性，甚至是突然性的，因此，它容易获得有关单位自然状态下的信息。研究表明，在一般情况下，由教育行政部门组织的评估了解到的往往是一个单位在最佳情况下的信息。

3. 引入多元化的评估主体

英美教育发达国家的高等教育评估一般是由政府、评估中介组织和社会团体共同进行的。我国目前单一的政府评估也已不能满足高等教育发展的现状，政府应积极引导建立多元化的评估主体，变单一的政府评估为社会各界广泛参与、多方介入的多主体评估，根据我国目前的现状，政府可引入以下几种社会力量参与评估。

（1）行业协会和专业协会

我国的行业协会可以通过将专业认证与职业资格证书制度相结合，使高校增加评估的主动性，通不过行业协会专业认证的高校，其毕业生的从业资格将会受到限制。这类机构的建设可借鉴"建筑学专业教育评估委员会"的模式。专业鉴定协会也应考虑与国际性机构的接轨，一是提高教育质量标准，二是满足某类专业或专业人才在国际相互承认的需要。专业评估机构可成立全国性的组织，加强统一管理和指导，这样一来，不但能够有效促使高校与行业之间保持比较密切的联系，使高校不断完善自己的专业培养计划，提高教学质量，而且可以使高校由"要我评"转向"我要评"，增强了高校评估的主动性。

（2）用人单位

高等教育质量的高低，首先要接受社会和用人单位的检验及认可，应以社会和用人单位的评估为主要依据，其中用人单位最具发言权。不同领域、不同行业的用人部门可以选派自己单位的专家组成评估小组，对高校某一专业的教学、实践及实验设备等进行评估，不断把自己的用人意见反馈给高校，以使高校在培养社会发展所需人才方面能够有针对性的及时调整。

（3）民间评估

社会民间机构参与高等教育评估虽然存在很大争议，但我们不能不承认它具有一定的积极意义。这是中国的高等教育向国际化发展的必由之路，也是我国大学发展到一定阶段的必然结果。新闻媒体参与大学排行，体现了公众对高等教育关注度的提高。可以肯定的是，中国大学排名尤其是民间机构大学排名的出现，体现了我国高等教育评估制度的进步。从另一方面来看，中国的大学排名因其不成熟性而屡遭非议，势必要提高大学评价指标体系的信度与效度。随着社会的认同和国人认识水平的提高，中国的大学排名起到引导学生择校、引导资金流向、促进大学竞争、吸引国人关注高等教育、动态地反映高等教育发展的规律、部分实现公众对高等教育的监督等作用，即起到推动中国高等教育发展乃至中国社会发展的作用。

4．重视评估专家队伍建设

高等教育评估是一种专业性很强的技术活动，参与评估的专家是评估的关键。可以从以下几个方面加强评估专家队伍建设。

（1）重视专家遴选工作，采用滚动式的专家库。

此专家库应尽可能吸纳国内外一流学科专家和评估专家。此专家队伍的要有相当数量成员来自非教育系统的专家、学者、社会用人单位代表，这些代表应当有较深的学术造诣，掌握教育评估的专业理论和方法，并且有相当的理论与政策水平。同时，采用滚动式管理专家库，确保任何类型的评估都可以有专业对口的一流专家参与。

（2）重视专家培训工作

高等教育评估是一项非常专业的工作，要定期培训高教评估人员，以便及时了解教育法规政策、国内外最新的评估理论和方法、技术。

（3）重视评估的交流

实行"走出去，请进来"，多形式、多样化地组织评估人员学习国外的先进评估经验，不断地提高我国评估人员的业务水平。并根据我国被评高校的层次，适当地聘请国外的评估专家进入评估组，对一流的大学实行国际性评估，以使我国的高教评估工作更加科学化、国际化。

5．建立以分类指导为基础的评估方案

分类是一种主观活动，而结构则是一种客观的存在。无论从研究职能、教育职能还是社会职能来看,高等学校结构分类的影子到处可见。任何一个国家的高等教育都不是由单一类型的高等学校组成,多样化的高等教育机构满足社会与学生的不同需求不同类型和不同层次的高等学校应有不同的分工,具有不同的发展目标、重点与特色随着社会经济的不断发展,应用型高等教育发展的层次逐渐上移学术型人才的培养与应用型人才的培养具有不同的规律,应放在不同的学校进行,各类学校呈互补关系,彼此不可替代不仅学术型人才需要有学位层次,应用型人才也需要有学位层次。

全国政协委员、上海交通大学党委书记王宗光联合 12 位政协委员共同呼吁教育部门对高等学校要实行分类指导、分层次管理。王宗光委员指出,高等学校实行分类指导、分层次管理是发达国家高等教育管理的一贯做法,不同类型、不同层次的高等学校有不同的分工,不同的发展目标、重点和特色,呈现出互补关系,彼此不可替代。各学校应合理定位,不盲目求大求全,不盲目攀比。

我国的高等教育从横向类别上分,有普通高等教育和成人高等教育从办学机制上分,有公办高等教育和民办高等教育以纵向层次来分,则有高职专科、本科和研究生教育。不同类别、不同层次的高等教育都是我国高等教育体系的组成部分,也是我国高等教育的一大特色。而根据教育部《普通高等学校基本办学条件指标试行》,我国当前高等学校划分为 6 种类型:①综合、民族院校;②理工、农林院校;③师范院校;④医药院校;⑤语文、财经、政法院校;⑥体育、艺术院校。经济和社会的发展所需要的人才是多层次、多类型的,我国的高等教育不可能都以多科性、综合性、研究型的大学为发展的唯一战略目标。就当前高等教育实际来说,多种经济所有制形式必然要求高等教育办学机制的多元化,既然发展多种形式的高等教育是趋势,那么建立多元化分层次的质量评估体系就成为必然。以多科性、综合性、研究型的大学固然以精英教育评估体系为主,以研究生教育、科学研究和服务社会为主,兼顾本科教育。而教学研究型和教学型的大学教育评估体系则以本专科教育甚至职业教育为主,兼顾少量研究生教育、科学研究和服务社会。多科性、综合性、研究型大学以国家投入为主,评估体系由教育部制定而教学研究型和教学型大学以地方投入为主,评估体系根据地方经济和社会需求制定。全国统一的高等教育评估体系的弊端是显而易见的,也不利于现阶段高等教育大众化进程。

“要体现出大学评价的科学性、公正性、合理性,指标体系起着关键作用。”引导全国高等学校分类发展,有许多工作要做,建立科学合理的评估指标体系是其中比较现实可行的方法。在高等教育评估制度建设的进程中,从多纬度化出发,用不同的指标来评估不同的高等学校,是具有现实意义的。承认学校之间有不同的分工、定位,鼓励各校办出自己的特色,从而使高校各安其位,开展公平竞争,有利于高等教育资源的优化配置和满足社会需求。区分层次和类型对学校进行评估，加强对学校规划的指导，建立对特色学校的奖励机制等。为了使高等教育的评估更加科学，评估方案更加合理，分类和分层次建立和完善学校教育质量和办学水平的评估制度，教育部应建立以分类指导为特征的评估指标体系，促进高等教育办学水平和办学效益的提高，是我国高等教育改革的必然选择。

我们不妨在设计指标评估指标体系时，采用"平台模块"的指标体系，既有通用的"平台"指标内容，又可以让受评高校自己选择本校优势"模块"来进行评估，以此促进受评对象高等学校的积极性。从"要我展示"变为"我要展示"。

6. 加强高等学校内部质量评估

马克思主义哲学告诉我们内因是事物发展变化的根本原因，外因只有通过内因才能发挥作用。就高等教育质量的提高而言，高校自身是内因，外部质量评估只是外因。许多学者认为影响教育质量的因素复杂，仅靠外界的监督和控制难以保证高等教育的质量，一个持久的质量应当是学校全体教职工及学生共同努力的结果。强调改进、自律的功能，使评估不仅成为政府部门实现管理的手段，而且也成为高校自我发展、自我完善的重要举措。

（1）高校要强化主体意识，加强内部质量控制

在政府高度集权管理体制下，高校在教育质量保证中的地位和作用没有得到应有的重视。随着高等教育大众化的到来，高校的主体地位将随着高校教育管理体制改革的不断深化而变得越来越突出，高校在质量保证中的作用变得也越来越重要。如今，政府进一步扩大了高校"面向社会自主办学"权力，高校必须树立全面科学的发展观，认识到质量是高等教育的生命线，在规模扩大的同时，必须把不断提高质量放在突出位置。在机制建立上，要借鉴国外的经验，在学校内部建立起质量控制的自我保证体系。在制定学校发展规划的同时，要制定出质量方针和各项工作质量标准，建立并完善质量决策系统、组织指挥系统、管理制度系统、信息反馈系统和教学评价系统，加强对教学过程的评估与监控，形成内部质量保证体系。

我们要建立高等学校内部的质量评估，让高校成为自我调节、自我完善的组织，把教育质量变成教育者的自觉行动，也就是说，政府、社会、市场等外部力量只有转化为高校自身对教育质量的追求，才能够发挥出它们对高等教育质量改进和提高的实际作用。

评估的作用就是这样，外部评估只是一种压力和动力，只有高校自身以质量为追求目标，通过内部的自我评估，一方面激励教职工致力于质量改进和提高，另一方面及时发现问题，加以纠正解决，改进和提高教育质量的目的才能够真正得以实现。因此，我国在不断完善外部评估体系的同时，更应该致力于院校内部评估体系

的建设，要切实做到内外部评估体系相互配合、相互补充，并坚持"内为基础、以外促内"的根本原则。

（2）做好校内自评工作

切实推进高校自我评估体系建设。在大众化阶段，高校自我评估是进行动态质量管理的首要条件，也是实现教育全面质量管理的重要保证。它可以作为教育质量的监控器，推进高等教育质量、办学水平的自律高校及其子系统应该成为一种"学习型组织"，富有生机活力，充满发展势头。

高校内部的评估主要是两种一种是为迎接外部评估而进行的内部评估活动，另一种是高校为改进和提高教育教学质量而自主开展的评估活动，对于高校教育质量的改进和提高，最为关键的是后一种，有专家称这种评估为校本评估。

考察美国、英国、日本等发达国家，它们的高等教育评估体系中不仅外部评估要以高校自我评估为基础，更重要的是高校充分认识到自身在质量改进和提高中的基础性和根本性作用，往往自主组织实施一些评估活动，这些评估活动针对性强，成为高校教育教学工作改进的基础。如美国高校内部开展的教师与课程评估、计划评审、在校生和毕业生调查、附加值评估等，英国高校对专业是否有效地达到既定目标和学生的学习产出是否达到预定要求的监控、对学校各专业的培养目标和学校产出是否适当的审查等，日本各高校进行的旨在提高质量的自主检查与评估活动，等等。这些高校自主开展的内部评估活动对于高等教育质量的改进和提高起到了根本性的促进作用。

我国近些年高校内部评估发展迅速，许多高校都成立了专门评估机构，开展了大量的评估活动，其中也不乏高校基于对质量改进的自觉意识而开展的自主评估活动。但由于我国外部评估体系本身还不够科学，对高校开展致力于质量改进和提高的内部评估活动的积极促进作用还很有限，甚至由于一些高校仅仅为评估而评估，流于形式主义，扰乱了正常的教育教学活动，对教育教学质量的提高反而起到了消极影响。我国高校内部质量评估情况总体上并不乐观，特别是高校基于改进和提高质量的理念而自主开展的评估活动更显不足。

国外学者罗伯特·保伦将校本评估概括为"由一所学校、学校中的一个部门或个人实施的针对学校的实际运行状况的系统检查。"他从三种不同的视角来解析校本评估的内涵首先作为一种技术方法，校本评估很强调采用问卷和评估模式之类的工具。其次，保伦将校本评估视为学校"在任何革新或改善过程中的一个必经阶段。校本评估与任何一项具体的革新之间的联系，意味着提高战略决策水平的本质，即校本评估过程的本质。"如果革新政策信奉的是管理组织严密的实施战略，那么，校本评估就必须提供与政策目标严格相关的准确数据。最后，也是最重要的，保伦认为校本评估不仅是一种系统检查的工具，也是学校任何革新或改善过程中的一个阶段，更是以促进学校改进为目的的校本管理的重要环节。

校本评估与配合政府和社会评估进行的自我评估有所不同。对于配合政府评估活动而进行的自我评估，高校往往出于对评估结果的担心，有意无意地隐瞒或回避一些问题，且常常视之为一种任务，以应付的态度对待它，不会认真地研究存在的不足和问题。校本评估的目的是为了改进和提高，学校可以放下一切包袱，认真解剖分析，真正找出学校在教育教学过程各个环节存在的问题，为下一轮的教育教学改革和完善提供依据。同时，校本评估则是高校自主进行的评估，评估的内容、形式等由自己决定，评估结果可以不向外公布，对学校具有较少的威胁性，所以，评估活动具有目的性强、数据资料真实、评估内容深入、适用范围广泛、评估效果明显的优点，通过评估能真正地发现问题，找出不足，以作为进一步改进工作的基础，从而高校能真正实现自我发展、自我完善、自我监督、自我约束。校本自我评估有利于评估对象的角色内化，自我评估过程中，评估对象可以加深领会并不断内化社会的要求或客观的评估标准，可以用这样的要求及标准来进行行为控制并规范自己的工作自我评估有利于激励评估对象的内在动机，通过自我教育机制，不断激发自我内在动因，使自我评估者不断找出自己的成绩与差距，促使其不断前进自我评估有助于评估对象形成良好的自我调节，在自我评估过程中，评估者对自我行为的检查与评定形成了自我反馈环节，不断地调节自身行为和心理状态，符合目标要求的行为得到强化，违背目标要求的行为则被抑制。由于校本评估是教师及学校管理人员充分参与的过程，因此，教育教学的质量及实施的效果和教师息息相关。校本自我评估的开展是一个连续的、动态的、循环反复、不断完善的过程。

高校教育质量的内部保障体系最重要的技术特征是校本评估手段的结构化、经常化、制度化运用。在高校的教育质量活动中，通过校本评估，首先为组织及其成员提高教育教学质量提供动力其次为其努力提供稳定的、制度化的支持最后，使其获得有关人才培养活动的各种信息，通过对这些信息的分析解释和有效利用，改进学校各种专业活动的效果，从整体上提高教与学的质量。

校本评估是保证办学自主权，形成核心竞争力的重要手段。随着政府职能转变与权力的下放，高校被赋予了更多的办学自主权和自我管理的权力，这为开展校本评估提供了必要条件。当高校拥有了自我管理权力后，必然会关心质量、效益等涉及自身利益的问题，就会采取各种措施去加强各方面的管理。而校本评估是改善内部管理的有力手段，这种评估在分析学校现状和主要优势、劣势的基础上，重在发现和发掘学校的发展潜力，选准学校的最佳发展区和生长点，发扬学校的优势，弥补不足，逐步形成学校特色，培育自己的核心竞争力。

2.7.2　教师教学质量指标体系的评价和改进

(一)引言

高等教育是国民教育的最重要的组成部分。高等教育质量的高低，直接影响到我国高等人才质量和国家经济建设的发展水平。近年来中国高等教育发展融入了快车道，这是我国经济持续高速发展的必然要求，也是中国在快速到来的信息、知识经济和经济全球化时代欲跻身强国之林的必然之路。

(二)教学质量管理的概念及文献综述

根据最具权威性的《教育大辞典》的解释："教育质量是对教育水平高低和效果优劣的评价"，教学质量是指学生在知识、能力、认知、价值观等方面的增量，满足学生与社会明确或隐含需求的程度，它是学校整个教学系统环节综合作用的结果同时指出，教学质量是由过程质量、结果质量、条件质量共同组成的，其中条件质量是教学质量的基础，过程质量是指教师采用教学方法、教材、媒体设备等各种方式向学生传授知识的有效程度。而教学结果质量则可以用学生在教学过程中活得的各种增量来加以衡量。

(三)教师教学质量评价指标体系

1. 构建教师教学质量评价指标体系

(1)设计指标体系时，应注意使各评价主体的评价对象与体系相应的目标层次对应。根据评价主体、评价对象、评价的目标和教学特点，我们所设计的指标体系分为三个层次。第一层为评价方位，共有四个方位，对应不同的评价主体；第二层为评价分项，覆盖教学工作面；第三层次设有若干个评价要素，这是实测实评的具体指标。不同的评价主体针对评价对象有不同的评价要素，如对教师自评和专家评价就有执行大纲和教学文件的要求，而学生评教就没有这个内容；教学工作量就只涉及到教师个人和单位的管理者。每个评价要素有明确的内涵及对应内涵的评价标准。这一评价标准是教育的整体目标在这一具体教育内容或环节上的体现。

(2)确定指标的评价标准，是建立评价指标体系中最复杂、最困难的工作，而制定出符合现阶段教育实际的、客观的、科学的评价标准，又是整个评价方案成败的关键所在。我们结合教学实践，并根据教学目标，确定了定性、定量的评价标准和测量办法，并尽量作到量化，即使定性评价，也提出了测量办法，尽量作到了可测。如使用教材、语言、答疑、教学纪律等评价要素，都规定了定性的测量办法。教师教学绩效评价的内容设计为：包括教学态度、教学工作量、教学能力(包括教学技能、教学方法，教学方案设计、实践教学设计)、教学效果和教学研究及包括教师教学绩效评价的外界影响因素：教师自身素质、创新能力、教学条件和学生环境(评价认知能力、知识接受能力)和社会评价(实践教学绩效在社会上的影响)。

(3)确定权重是设计指标体系的又一大难点。我们采用了两两对比法，对所有指标分别进行两两对比，比较其重要程度，并根据客观实际和操作的可能性，确定了各指标要素的权重，如在学生评教的各个指标中，教学态度是提高教学质量的前提，学生也容易对教学态度作出评价，在教学过程中，教学内容、教学方法和讲述情况是教学质量的核心，对这类指标我们赋予了较大的权重。另一类指标如介绍本课程前沿情况、教材编写、有效利用教学媒体等，这些指标可能要受一些情况和条件的限制，学生难以把握，所以在学生评教中权重较低一些。在各个主体的评价中，专家的评价是最重要的，我们赋予了最高的权重。

(4)建立评价指标体系，是评价工作的第一步，也是最基本、最关键的一步。根据指标体系，可以组织学生、专家、管理者进行多方位或单方位的评价。由于多方面的原因，全面开展全方位的评价存在许多困难。目前，除了学生评教和教师自评可以作为在每学期进行的常规性的工作，专家评价、管理者评价难以在每学期对所有的教师和所有的课程进行。在实践中，我们在某些专项评价(如开展评优、评级等)中，已对某一指定评价对象开展了全方位的综合评价。该指标体系得出的评价结果，基本能反映出教学实际和现状，为管理部门提供了有用的信息。

2. 教学质量绩效评价技术

常用的绩效评价技术中有分级法、考核清单法、量表考核法、行为锚定法、关键事件法和评语法。

分级法是排出全体被考评教师的绩效优劣顺序。但不太适用于教学质量评价，因为太麻烦，而且难以达到公平。而加权考核清单法不够具体，也不太适合用。量表考核法先由教师依据工作计划、KPI制定出本岗位的考核量表，然后再与管理者进行沟通和确认，最后由管理者对考核量表进行调整。这种方式的最大好处在于能充分调动教师的积极性和参与感，但考核起来比较麻烦。而关键事件法可以作为绩效评价的一种很好的补充。能够将学院教学质量和教师教学质量结合起来，但不太适合单独用。同样，行为锚定法和关键事件法的结合也只提到关键事件，对平时的绩效不够具体，不太适合用。

3. 教学质量绩效管理工具

常用的绩效管理工具有目标管理、360°管理、KPI管理、平衡计分卡。而教学质量适合用的绩效管理工具则是360°管理工具。

360°绩效评价反馈作为绩效管理的一种新工具，是基于上级、下级和客户以及自身等信息资源，从多角度或全视角对员工进行综合绩效考评并提供反馈的方法。360°是一种从不同层面人员中收集评价信息，从多个角度对教师进行综合反馈评价的方法。360°评价一般采用问卷法。评价主体是学生、同行教师、管理者、教师自己。目标管理，如建立教学质量评价体系，应包括教师教学质量评价体系与学院整体教学质量评价体系；并对学院整体教学质量属性进行研究。这就是常用的绩效管理工具中的目标管理。

(四)教学质量评价指标体系存在的问题和改进方法

1. 教学质量评价指标体系存在的问题

我国学校的教学质量评价指标体系主要存在以下问题：第一、我国的评价指标体系仅仅涉及到教师的授课水平和效率，而没有体现课程质量、教材质量，并且是学生不可避免地讲纯粹对课程的喜好反映在评分结果中，使得不同课程的授课教师之间不可比。这样的评价结果难以真实反映教师教学的全貌，因为在教学过程中，由于课程设置的不合理以及教材内容陈旧等因素而使教师的教学效果大打折扣。因此，学生评价教学质量项目中除了对教师的教学行为进行评价外，还应对课程、教材部分也作出相应的评价，这样才能对教师的教学效果做出客观、公正、全面的评价。第二，在我国的教学质量评价问卷中缺少学生对自己学习情况、学习背景的评价的问题。所以问卷应有对学生成绩的自评、学习行为的自评、学生背景的调查等的评价。还应包括对课程的兴趣、课程类型、参加课程的时间、所期望分数等方面。第三，是评价问卷含义模糊，学生不容易把握，影响教学质量结果。第四，一般都用同一指标体系来评价所有专业可成功教师的教学质量，会造成评价指标都是各学科教学的共性问题，没有区分不同课程的特殊性。应用这种评价体系可能限制教师在教学中发挥个性的后果也会增加学生对教师的评价不合理性。第五，评价标尺语意划分的不同。我国的评价量表上一般从"非常不同意"到"非常同意"，学生对其中的区别难以把握。

2. 教学质量评价指标体系的改进方法

随着 360 度考核在教师评价中的应用，这种考核模式将会越来越多的教职员工所认识和接受，并在提高学校的人力资源管理水平方面起到重要的作用。360 度考核的成功取决于认得因素——人与人之间的沟通。要通过反馈沟通，发挥考核的导向牵引作用，引导教职员工不断改进工作、完善发展自我，增强团队凝聚力。

(1)对不同的评价主体确定不同的绩效评价表格

学生评价使用的绩效评价表格。表格中主要有教师工作态度、业务能力、控制能力、决策能力、组织能力、教学效果。主要的观测点是教师的师德、对学生的热爱、对知识的把握、教育能力、课堂控制把握能力、教学进度的控制能力、遇突发事件的应变能力、对学生学习兴趣的培养、作业的布置与批改情况、对学生的辅导情况、学生的考试情况。学生评价是整个教学评价体系的重要组成部分，他们是教师教学的直接感受者，对教师的教学状况和效果有着最全面的接触和了解，能基本反映学生的基本需求和教师的教学情况，所以各级教学管理部门比较推崇学生评价。目前，较多的学校采取学生评价教师的一般方法：在某一时间（一般是学期结束前的数周内），学校教学管理部门制作教学质量评价指标的调查表，往往在整个班级的范围内，对任课老师的教学质量进行评价。通常统计出每个单项指标的全班平均值，作为教学质量的单项分值。有的学校根据给定的权重，求出各单项的加权平均值，作为教师教学质量的评估值。这种评价方法的效果和所设计的评价表的项目有很大的关联性，通常这种调查表能达到评价教师的教学质量高低的目的，但往往处于指标设计上的缺陷，在如何利用评价信息指导教师改进教学方面显得不足。

同事评价使用的绩效评价表格。表格中主要指标有教师职业态度、业务能力、教学水平、教育水平、科研水平等，主要的观测点是教师团结协作精神、人际交流能力、自我学习能力、业务水平、业务影响、教学能力、课堂驾驭、班级管理、承担课题和科研成果。同行教师是本专业、本课程的内行，对专业和课程有较深刻的了解，他们能够以自身的教学经验及对本学科知识的难易程度，对被评教师的教学方法和手段的运用情况、教学态度、教授内容的科学性与先进性等方面进行理性分析。同行之间开展教学质量评价，有利于教师之间的相互学习，有利于促进建设良好的教风，等等，因此有利于提高教学质量。

上级评价者使用的绩效评价表格。表格中主要指标有教师工作态度、业务能力、教学质量、工作目标完成情况等，主要的观测点是教师的业务知识、计划能力、业务技能、教学能力、应变能力、创新能力和目标完成情况。上级评价者对教师教学质量的评价往往主要侧重于良好课堂秩序、教学内容和组织与教学方法的优劣。学校各级管理者，特别是教学管理部门参与对教师教学质量的评价，有利于了解教学第一线的真实情况这种评价对于发现优秀教师从而树立先进榜样、发现问题教师从而纠正教学过程中的不足，具有积极意义。对于教师提高备课和讲课质量则有直接的促进作用。

教师本人自我评价使用的绩效评价表格。表格中主要指标有职业规划、工作任务完成情况、工作成果表现。主要的观测点是教师的职业发展方向、学历（学位）提高情况、参加业务学习情况、工作量完成情况、教学常规完成情况、学习指导情况、教学活动情况、课题完成情况、科研成果情况。教师自评是教学评价的基础，把授课人排斥在外是不科学的。而在我国的多数学校，一般没有考虑教师自评，仅仅进行学生评价、管理者评价、同行评价，而教师自评则能够使教师发现自身在教学环节中的优缺点、总结经验，引导教师积极主动的积极主动地对待教学工作，这通常有利于提高教师后续的教学质量。虽然教师自评带有一定的主观、感情因素，可能造成评价结果的偏差，但是在教学过程中，但是在教学过程中，教师可以自觉地将教学活动本身作为意识对象，不断地对其进行积极主动地检查、评价、反馈、控制和调节从而达到改进教学的目的。

校外专家评价使用的绩效评价表格。表格中主要指标有教师课堂教学技能、教学质量、教学常规资料完成情况等。主要观测点是教师备课设计、课堂的讲解技能、板书技能、与学生的互动情况、学生的反应、教学资源的利用情况、教学资料的质量。

（2）对不同的评价主体确定不同的指标权重

确定不同的指标权重，主要表现在三个方面：一是同一评价指标应用于不同类型评价主体的评价表格中所占权重不同。由于不同评价主体的评价侧重点不同，他们对于指标的把握度也不同。二是根据不同评价对象所处角度的不同，确定不同类型评价表格在总评价体系所占权重不同。可以根据学校实际情况和发展方向适当调整各种类型评价表格的权重，以利于学校绩效目的的实现。如果学校处于急速发展期可适当提高上级领导的评价权重，以利于提高教师对目标完成的重视度；学校处于稳定发展期可适当提高学生和校外专家的评价权重，以利于提高教师对常规教学的重视度。三是对不同类型和专业方向的不同，对他们进行评价的时候指标权重也应进行相应的改变。对于课堂教学为主的教师，可以提高教学方面的权重；对于以实践教学为主的教师，可以提高业务能力方面的权重；对于以科研为主的教师，可以提高科研成果方面的权重。

（3）明确绩效评价标准并对评价主体进行严格的培训。

为保证绩效评价的可靠性，使评价达到预期的目的需要对评价过程严格把关，给出明确的操作性定义，并对绩效评价指标给予明确阐述，培训并引导所有的评价主体按照相同标准进行评价。这对于防止评价过程和标准流于形式，具有重要作用。另外，在评价过程中还需要建立监控和反馈体系，不仅是人事部门介入管理，还需要各个部门的协同并进行及时沟通，从而建立一个科学的评价组织体系。

（4）构建网络化信息化的绩效评价环境

构建网络化信息化的绩效评价环境可以缩短绩效评价时间，将整体评价体系更趋于规范化和模块化。同时各评价主体通过网络进行评价，降低了由于操作过程中现场组织的临场发挥造成"一边倒"现象，增加评价的客观性。通过网上评价，还可以有效减少统计的工作量，避免由于统计错误影响评价结果的现象。

(五)总结

教育教学不断发展,教学评价也应在发展中不断改进和完善。因此,对已构建好的评价指标体系在使用一段时间后,应根据形势的发展和要求作适当的修订,以提高教学评价和教学目标的一致性,提高教学评价的有效性。要提高教学评价的质量,达到评价的目的,还需在组织方式、评价人数、时间选择、环境影响和处理手段作进一步的探索。

第3章 国外发达国家高等教育教学评估体系

3.1 美国高等教育教学评估体系

3.1.1 美国高等教育体系

美国共有公立和私立高等院校 4000 多所。大致分为四类：职业或技术院校（Vocational or Technical Institute）、初级或社区学院（Junior or Community College）、四年制学院（College）、大学或理工学院（University or Institute of Technology）

职业或技术学院主要培养专门人才如商业会计、护士、工程技术人员等，学制两到三年，一般只授予副学士学位。

初级学院或社区学院主要提供高等技术教育和职业教育并为所有愿意接受高等教育的人提供普通教育；同时为四年制高校输送人才。初级学院招收高中毕业生，学制多为两年，一般授予副学士学位。学院和大学的学制一般为四年，学生毕业后可获学士学位；随后再修业一年或两年研究生可获硕士学位，三到五年可获博士学位。

美国的高等教育主要分为三种类型：公立大学、私立大学和私营大学。公立大学由州政府或地方政府资助，由州政府领导。私立大学由私人团体、宗教组织、企业公司等资助，由主办者领导，并接受州政府的指导。

在美国的公立教育和私立教育（private education）之外，还存在有另一种高等教育学校即私营教育院校。私立教育（private education）和私营教育（proprietary education）有其共同点，都是独立法人，追求特色，努力保持竞争力。但又有很多不同之处，最大的不同是私立教育系非营利性教育，不能营利；私营教育是营利性教育，可以营利。

为了鼓励高等教育的进一步发展，促进高等教育的多样化，满足各种年龄、各类人群、各个工种对进一步学习提高的需要，美国各级政府积极鼓励包括营利性高等教育机构在内的各类高等教育机构的发展，因而营利性高等教育机构数量迅速增多。

3.1.2 美国高等教育管理体系

分权和非集中化是美国的高等教育管理体系的特点，在该教育管理体系中联邦政府、州政府、民间认证机构和高校自身承担着不同的职责。

(一)联邦政府

根据美国宪法，高等教育由各州负责管理，美国联邦政府对高等教育没有直接管辖权(军事院校除外)。美国设有联邦教育部，但其所承担的责任和职能完全不同于中国教育部。它既不制定高等学校设定的标准，也无批准成立高等学校的权利。全美没有统一的、政府主导的高等教育质量评估标准和监控体系。学分的认可、计算和转换为各高校的内部业务，由学校自主决定。联邦政府对高等教育质量的影响是间接的。联邦政府规定一些与高校有关的法案，但这些法案都是规定联邦政府如何向高等院校提供资助，如何向大学生提供奖学金和贷款，以及如何重点发展某些特定的学科等。

(二)州政府

美国绝大部分州都设有高等教育委员会。高等教育委员会主要通过宏观调控以促进和保证本州高等学校的教育质量的提高。50个州的高等教育行政主管部门对州内公立高校管理权限各不相同，但其主要职责是研究制定州政府教育拨款分配方案、州内高校发展方向、处理政府与高校关系，不涉及学校具体办学事宜。举办公立学校，须经州和地方政府立法批准，对其质量要求，各州均有具体的标准和政策。州政府通过拨款和立法来宏观调控公立高校的发展方向。这一举措对于经济不能自立的公立高等学校来说非常有效。州教育主管部门对私立高校的设立和学位授予权均采取许可证管理制度，而管理的尺度各州宽严不一。但在公私立教育质量方面，州政府主要依靠民间认证机构的认证以确保教育质量和学生利益。

(三)民间认证机构

美国高等教育与中国高等教育不同，实行由政府部门负责学校"注册"事务，由民间行业协会进行"认证"事务。"注册"和"认证"是两个完全不同的概念。在美国高等教育管理制度中，经"政府教育部门的批准、具有授予学位权利"只是说明学校已经在主管审批事务部门正式"注册"，达到举办中等后教育的最低标准，然而其教育质量不一定能够得到保障。当前某些在国内被披露的美国"野鸡大学"往往就属于这一类型，打着经"政府教育部门的批准、具有授予学位权利"的牌子，在国内招收不了解美国高等教育情况的学生。要成为学术意义上的正规大学，就必须经大学同行的严格评议、认证，合格者才有资格成为"正规大学"。如果没有得到大学同行成立的民间性 6 大地区院校认证机构或其他权威专业认证机构的认证，任何大学颁发的学位证书无异于一张废纸。经"注册"的大学培养的学生有可能是优秀的，有可能是合格品，也有可能是劣等品。经过"认证"的大学培养的学生起码是合格的大学生，因其教育质量确有很大保证。在公、私立院校教育质量方面，州政府更多地依靠民间认证机构的认证，确保教育质量和学生利益。因此，认证才是高等教育质量保障的核心。

在美国的教育机构，主要由民间认证机构进行认证。经过美国教育部认可的六大区域的认证机构及近百个专业认证机构担负着规范各个高校学术质量的职责。高等教育认证委员会(CHEA)是协调并审核认证机构的专业机构。美国联邦政府则通过这些认证机构间接实现对各大高校的管理与监督。

1. 认证机构类型

美国现有高等教育认证机构 83 个，可分为三类：第一类为区域性认证组织，共 8 个；第二类为全国性认证组织，共 11 个；第三类为高校专业性认证机构，共 64 个。区域性认证组织负责对教育机构或学校的整体认证，所认证的高校 98% 为具有学位授予权且为非赢利性的学校。全国性认证组织同样是负责对高校进行认证的机构，但所认证的学校约 80% 为赢利性高校，而且大多数没有学位授予权。此类学校多为单科性学校，如信息技术学院、商学院；部分为宗教学院。高校专业性认证机构划分较细，从工程技术专业、法律、牙医到殡葬服务专业等不一而足。上述 83 个认证机构互无隶属关系，分别在各自的理事会领导下独立开展工作。美国高等教育认证委员会通过对认证机构的资格认可方式，加强行业自律。

2. 认证过程

如果一所学校或一个项目请求获得认证，它需要通过一系列由认证机构规定的步骤。这些步骤包括：认证机构和学校合作制定认证标准；学校根据上述标准自我评估并写出申请报告；认证机构组织代表团进行实地考察，对学校提供的材料进行调查，以确认所述是否与实际相符；认证机构如果认为学校符合认证标准就将大学名称列入正式出版物上；认证机构经过周期性的认证来监督被认证的学校是否长期符合认证标准。认证周期为几年到十年。它是一个持续的、周期性的过程，初期认证身份的获得并不意味获得了永久性认证资格。几年以后，还需进行下一轮认证。如果周而复始才有利于促进学校提高自己的教育质量和随时改进项目的成效。

3. 认证类型

认证的类型分为两种：一种为大学认证；另一种为"专门"认证或称为"项目"认证。

大学认证指对大学进行整体的认证，学校的每一个部分都要符合认证的要求。专门认证是指对大学的某一个学院、系或者某个专业、课题研究项目进行认证。大部分专业认证机构都是对经过地区认证委员会认证的大学里的某个部分进行认证。某些专业认证机构也认证专门的学院和其他的高等教育机构的专业性大学或者职业学院。

认证机构的协调机构

为了对各认证机构所认证的学校和项目负责，也对在高等教育方面投入巨资的公众和政府负责，认证机构需经过一个外部机构的周期性评估程序，即"认可(recognition)"的程序。

"认可"程序通常由私立的高等教育认证委员会(全国性的认证组织协调机构，CHEA)，或美国联邦教育部(USDE)组织进行。高等教育认证委员会在评估认证机构时采用五条标准，即 1)学术质量；2)责任；3)创新精神；4)合适和公正的决策评估程序；5)持续评估。这些标准特别强调确保和提高学校或项目的学术质量，以服务于学生和他们的家庭、高等院校、赞助团体、政府和雇主。

高等教育认证委员会对认证机构的评估周期通常为十年，其中包括一个五年的中期评估。联邦教育部认可程序的标准于 1992 年被定为法律，主要强调的是学校或项目的质量是否符合申请联邦学生资助或其它联邦项目的认可标准。认可标准对认证机构在下述方面有严格规定：学生成绩、课程、师资、设施、财务和管理能力、学生服务、招生、学位学分的管理、学生申述记录及对获得联邦学生资助项目要求的遵守情况等。

美国联邦教育部的认可评估一般每五年一次。

一般来说，对想获得联邦政府学生资助资格的学校或项目进行认证的机构，需要得到美国联邦教育部的认可；而高等教育认证委员会的认可则强调授予认证机构学术上的合法性，并在高教领域帮助协调这些认证机构及其认证的学校和项目。

(四)高校自身管理

美国高校拥有很大的办学自主权和很强的独立性，诸如聘任教授，招收学生，调整专业，设置课程，财政开支等各方面都完全由学校自主决定。但是大学自主并不等于校长独裁。为了确保大学正确的办学方向，更好地保证该大学的教学质量，绝大多数公立大学和私立大学都实行董事会领导下的校长负责制，董事会决定大学的大政方针，是大学的直接上层决策机构。公立大学的董事会由州长任命产生，其成员大部分是教育界以外的各界人士，包括科学家、企业家、文化名人、律师、医生、官员等等，旨在有效地汇集社会各方面的意见，确保大学在办学过程中的一切决策趋于民主化和科学化。董事会的主要职责是聘任校长，负责审批专业和课程设置，决定学费标准和校园基本建设以及审批学校经费预算等重大事项。

3.1.3　美国教育体系与教育特色

(一)美国教育管理体制

美国实施和管理教育事业的责任，以州为主体负有主要责任，地方承担具体责任，联邦具有广泛影响。

1. 联邦教育行政：美国联邦教育行政管理机构是内阁级的联邦教育部，由原教育总署升格而成。联邦教育部下设 14 个职能机构。教育部还设有若干顾问委员会，各顾问委员会的主要职责是向教育部提供制定、实施、检评、修改有关教育计划决策的建议，并且每年要向部长和国会提交年度报告、总结和建议汇编。

2. 州教育行政：州政府的教育责权来自于州宪法，也来自于州立法机关和法院。它与联邦教育部没有直接的隶属关系。州教育委员会是州教育决策机关。它的职责是：对全州公立学校系统进行监督；依据有关法令确定州教育政策；在某些州还指派州教育专员，根据专员的推荐确定人员任免；批准由专员制定的预算；提供教育咨询服务和教育资料；就本州的教育问题向州长和立法机关提出建议等。州教育厅是州教育委员会的执行机构。州教育厅设厅长一人，副厅长若干人。

3. 地方教育行政：学区是美国管理学校的最基本的教育行政单位。包括基层学区和中间学区两种。美国学区是州对教育实行管理的工具，是美国地方教育行政机构，是州的最基层的教育行政单位，是直接经营和管理学校的地方公共团体。

4. 高等教育行政：原则上各州拥有领导和管理高等教育的职权。但由于各州高等学校的类型、性质和传统不同，决定了各州高等教育立法和州介入高等教育的程度也不同，大致可分为三种类型。第一种是：州设立集中统一机构管理全州高等学校；第二种是：按高等学校的类型和层次分类管理；第三种是：州教育局只负责协调和监督，充分发挥各校独立性美国联邦政府，虽然不负有领导全国高等教育事业的责任，但它通过多种途径，对高等教育的发展施加重大影响。

(二)学制结构

1. 学制结构体系：由于实行彻底的教育分权制，美国没有全国完全统一的学制。现行学制大体上是：初等教育和中等教育 12 年，高等教育 4 年，加上研究生院，总计学程为 20 年左右。

2. 义务教育制度：美国的义务教育，有 29 个州从 7 岁开始，16 个州从 6 岁开始，3 个州从 5 岁开始。义务教育的年限，长则 12 年，短则 8 年，一般为 9 年，通常到 16 岁结束。美国 50 个州都规定中学和小学为免费教育。

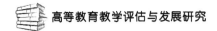

3. 学位制度：美国的学位体系主要包括：副学士学位、学士学位、硕士学位、博士学位 三、各级各类教育及其宗旨

3.1.4 美国教育的主要特色

从教育政策和教育哲学的角度看，美国教育的最显著的一个特征是平民教育。这包含两层含义：首先，平民教育就是指平常百姓，特别是社会底层普通家庭的子女可以享受的教育。第二，平民教育指教育人做一个平常的人：读平民的书、说平民的话，长大后做一个遵纪守法、勤劳诚实、有爱心、不走捷径、有正义感的合格的公民。

从教育管理和教育方式的角度看，美国教育具有以下特色：

1. 注重实践能力和创造性的培养。

美国学校十分注重对学生实践能力和创造性的培养，许多选修课都是动手为主的科目，而且学校还经常组织一些专门的竞赛，如服装设计、机器人制作等等。在美国学校里，如果学生仅仅课程成绩好，而动手能力很差，是不会被认为是出色的学生的。在校外也是如此。许多学生，并不是因为家庭困难，而是为了锻炼自己的实际能力，利用课后和周末去打工。这样的传统由来已久，所以美国学生毕业后在适应社会、自主择业方面具有明显优势。大量的实践、实习，不仅锻炼了学生的动手能力、分析判断能力，而且培养了他们的创造性。

2. 因材施教。

美国学校在落实因材施教方面，除了提供大量的选修课给不同兴趣、爱好、特长的学生外，还辅之以其它许多措施。如在初中阶段，特别聪明、成绩优异的学生被专门组合在一起，他们的学习进度可以超越大纲和教材。而到了高中阶段，有些智力超常的学生已经在学习大学的课程，并且这样的学分到了大学仍可承认。而对于学习吃力的学生，学校会专门组织优秀教师对他们进行个别指导，哪怕只有一个学生。而对于来自世界各国，英语基础参差不齐的学生，学校则根据不同的起点开始教学。虽然这些会给学校和老师增加不小的工作量，但是，学校和老师却很欢迎这些学生。

3. 正面鼓励，保护学生的信心和兴趣。

美国老师往往倾向于肯定学生的一切努力，赞扬他们通过自主思考得出的结论，保护学生的创造欲望和探索知识的兴趣。对完成学习任务好的学生，老师会随时给予鼓励，甚至奖励。实践证明，这种经常性的正面鼓励对调动学生学习积极性，培养学生的自信心和求知欲望所起的作用远远大于对学生施以压力或对学生的失误给予负面的批评。

4. 启发式教学，调动学生的思维。

美国学校上课时，教师不采取对学生进行灌输知识的方式或只要求学生去记住课本上的内容。美国老师常常提出问题让学生发挥自己的想象力和创造力去寻找答案，老师主要负责启发、引导学生提出各种设想，最后和同学一起总结。学生可以很充分地发表自己的意见，也可以在课堂上和同学交流。课堂气氛轻松活跃，有时学生甚至能想出比老师更好的解决问题的方法，这种启发式教学方法，锻炼了学生多角度分析思考，解决问题的能力。

5. 提倡多元化。

美国大学鼓励多元化思想，不同于中式教育对问题设定标准答案，美国老师更鼓励在理解问题的基础上提出多种不同的答案，特别欢迎与众不同的见解。

不仅如此，美国高等教育的多元化还体现在：招生录取标准的多元化；学生群体的多元化；课堂教学方式的多元化等等；多元化使美国高等教育生机勃勃，并培养出大批具备多元化知识结构，适应多元文化的国际性人才。

6. 以市场作为导向，培养社会需要的人才。

美国大学的课程和专业瞄准社会需要设置，并根据市场需求的变化及时调整专业门类；学校的学习顾问也会帮助学生根据其个人专长结合社会需求选择确定自己的专业或学习方向。这就增加了专业选择的目的性，减少了盲目性，提高了毕业学生就业的成功率。这也是美国大学的毕业生就业率远远高于我国以及其它西方国家大学毕业生的原因之一。

当然，美国教育还没有达到令所有人满意的程度。新任总统奥巴马提出"教育振兴计划"，并承诺进行新的教育改革和增加教育投入，以适应新时代的要求。这说明，任何教育都不可能是尽善尽美的，都是需要不断改革发展的。而对于中国的教育而言，在改革发展中学习借鉴美国教育的成功经验，则是完全必要的。

3.1.5 美国的高等教育质量评估体系

美国的高等教育质量评估体系是民间主导模式。质量评估包括外部评估和内部评估。前者指的是高等学校外的机构对学校或专业的评估而后者是学校内部的自我评估。外部评估的内容主要是鉴定，联邦政府的数据收集，州政府对高等学校的教育绩效评估，州政府向学校颁发许可证的评估，以及排行榜。

美国高等教育校外保障采用高等学校质量认可（recognition）和鉴定（accredition也译认证）制度。它是一种为控制质量而进行的自愿活动，是高等学校进行集体自我管理的一种主要方法，也是一个组织对一所院校达到预定质量标的承认。

(一)鉴定机构

全国性的鉴定组织机构美国高等教育鉴定委员会(Council for Higher Education Accreditation,CHEA)成立。它的理事会由高等学校校院长、学校代表和公众代表等人组成。它拥有所大学与学院为会员,是以高等学校为会员的组织中最大的一个。它接受并认可了所地区性、全国性和专门职业性鉴定机构。被期望在质量保证方面具有创见性的领导能力,并致力维护高等教育的核心学术价值。它的宗旨是通过加强鉴定,以强化高等教育,实现高等学校对教育质量的自我管理。CHEA 代表美国高等学校,面向美国国会、联邦教育部、学生、家庭、公众和舆论,充当全国非官方自愿鉴定和质量保证的发言人在国际上是美国高等教育鉴定界的权威代表。

CHEA 的一个十分重要的职能就是对机构进行认可(recognition)。非官方认可,在 1996 年以前是由初始的高等教育鉴定委员会(COPA)及随后的高等教育鉴定认可委员会承担的年以后,由现在的高等教育鉴定委员会(CHEA)负责。它是唯一的从事高等教育鉴定机构认可的非官方组织。认可的目的是审查并验证鉴定机构的能力和质量,规范其鉴定行为,借此提高高等教育质量。鉴定机构通常也愿意寻求认可,以表明它是在教育质量方面的可靠授权机构。官方认可是由教育部承办的。各鉴定机构可以自愿选择非官方认可或官方认可,或两者都要。

6 个地区院校协会下属的个鉴定委员会全部是经 CHEA 认可的。11 所全国鉴定机构中有 5 所是 CHEA 认可的,占 45%.61 所专门职业鉴定机构中有 42 所经认可,占总数的 69%。

鉴定机构可分为地区性鉴定机构、全国性鉴定机构和专门职业性鉴定机构 3 种。

地区鉴定机构(regional accreditor)负责对全国所有有学位授予权的高等学校实施院校鉴定(institutional accreditation)。全美划分为新英格兰、中部各州、中北部、南部、西部、西北部等 6 个地区,分设 6 个地区院校协会及其下属的 8 个鉴定委员会。此外,纽约州评议员委员会是唯一得到联邦教育部认可的州鉴定机构,有权在本州实施院校鉴定。划分地区的做法,有利于保持地区特色,但却造成了地域的局限。因而,各地区鉴定机构历来在跨地区院校鉴定等方面保持协作。近年来这种协作更因远程教育和国际教育的兴起而更趋密切。为此,成立了地区鉴定委员会联合体,拟订了各地区共同合格准则。全国鉴定机构共计所。其中一部分是负责对全国职业和专门职业院校实施鉴定的。另一部分是负责全国信仰性院校一鉴定的。个专门职业鉴定机构分头对高等学校内各学科领域的专业或学院进行鉴定,包括对单一学科的高等学校进行鉴定。

许多高等学校同时接受几种不同的鉴定。由地区或全国鉴定机构对整个院校进行鉴定由若干专门职业性鉴定机构分头对校内各专门职业性专业和学院进行鉴定。在这种情况下，学校必须向政府说明，哪一家是它的主要鉴定机构。专业鉴定通常是和专门职业资格证书相关联的。许多州政府要求参加资格考试者是从鉴定过的院校和鉴定过的相关专业毕业的。

(二)鉴定程序

鉴定是一项重要的外部质量评估。它主要由非政府的同行专家组对院校和专业进行评估。质量标准的主要依据是院校或专业自定的使命和鉴定机构的鉴定准则。鉴定结论是综合专家组的取证、审查和判断而得出的。鉴定的作用主要是保证——确保院校和专业的质量改进——在达到基本水准后，进一步提高院校和专业质量论证——公开证实院校或专业充分满足接受公共基金的条件，达到获得许可证的法定要求，并部分地满足学分转移的基本条件等。

(三)鉴定的典型步骤

①格性预审—院校在申请鉴定前必须已经获得州颁发的许可证，并确实以教育为其主要任务。8 所地区鉴定委员会都要求学校是有学位授予权的，是自治的，其师资具有适当的资质同时还要求本科教育计划是条理分明、循序渐进的，含有与学校使命相称的普通教育。分支。

②自评

③现场访问

④专家组书面鉴定报告

⑤鉴定结论

⑥监督——其形式有年度报告，期中评估，或重大变化报告等。鉴定周期有 3 年或 5 年的。也有 10 年的，但要求递交期中专题报告。

(四)新闻媒体的排行榜

《美国新闻与世界报道》推出的全美大学排行榜将高校分为全国性大学、全国胜文理学院、地区性大学、地区性文理学院四类分别进行评估和排行。全美大学排行榜涵盖面极广，既有最佳大学排名，也有教学方面的排名，还有学院、系及专业的排名。

3.2 英国高等教育教学评估体系

3.2.1 英国高等教育机构及其学位制度

1. 英国高等教育机构

英国高等院校根据其性质、特点和学位授予情况的不同而分为不同类型。目前共有大学 90 多所，学院 123 所，高等教育学院 50 所。

英国的大学都是独立的法人实体，均有学位授予权，可自主设置不同课程，并根据开设课程授予各级学位。除白金汉大学为私立大学以外，其他大学均为公立大学。

英国的高等学院和高等教育学院大部分为私立教育机构，可提供水平不同、专业不同的各类课程。一部分学院可自行颁发学位，但更多的学院由其所属大学、学院或国家认证机构颁发学位证书。除了本科课程外，这类学校还设置许多专业性课程或为有一定工作经验的学生设计的特殊课程。

根据中英互认协议，目前已经在教育部涉外监管信息网（http：//www.jsj.edu.cn/）和中国留学网（www.cscse.com.cn）推荐了英国高等教育机构名单，留学人员可以此作为选择英方高等教育机构的参考。

2. 学位及证书分类

在英国，未经授权而设立学位或相应学历属违法行为，得到学位授予权的依据是皇家许可状或议会法案。要获得学位授予权，高等院校必须表明他们对保证质量的承诺，并且拥有相应的体系来确保学术质量。高等教育质量保障署（QAA）公布的规章中对于学校应该达到的标准有详尽的说明。英国学位可分为学士学位（Bachelor Degree）、硕士学位（Master Degree）和博士学位（Doctor of Philosophy）。

学士学位是第一级学位，通常授予完成 3 年大学学习的学生。学士学位有两种类型：荣誉学士和普通学士。荣誉学士学位的级别高于普通学士学位，还分为三类：一级荣誉学位、二级荣誉学位和三级荣誉学位。普通学士学位对于课程的专业化程度不如荣誉学位要求的高。一般而言，学士学位可分为文学学士、理学学士、法学学士和工程学士等类别。但很多情况下，相同科目的学位课程，不同的学校会颁发不同的学位名称。如：法律专业的学生，通常被称为法律学士或文学学士。

硕士学位可分为授课式硕士学位和研究式的硕士学位。授课形式的硕士学位课程一般为一年，学生必须上一定学时的课程，每学期写出规定数字的论文，年终递交最后的毕业论文。研究式硕士学位，通常需要两年的时间，主要在导师指导下从事论文写作工作。硕士阶段授予的学位有文学硕士、理学硕士、法律硕士或工商管理硕士等。研究专修的硕士学位主要有哲学硕士或文学硕士。在硕士研究生阶段，没有完成毕业论文的学生可获得学校颁发的研究生文凭(Postgraduate diploma)。该文凭也是为没有资格申请硕士学位的学生提供的过渡性文凭。

博士学位是授予已获得学士学位和硕士学位的申请者。博士学位有两种类型PhD 和高级博士学位。大部分的学科领域颁发的博士学位为 PhD。一般需要经过 3年的课程学习和研究，并提交学位论文，有时也要书面考试。在医学学科对应的博士学位为 MD 或 DM 或者外科博士 ChM 或 MCh。另一种为高级博士学位(如文学博士 Dlitt、理学博士 DSc、法学博士 LLD)，这种类型的博士学位一再对那些在特殊学科领域内做出了突出贡献的人予以承认。获得者通常在学术方面有独到之处的高水平专家，并曾出版过大量的学术著作。

高等教育文凭证书(Diploma in Higher Education)和高等文凭证书(Higher Diploma)，英国在一些学院和高等教育学校开设两年制或三年制的专业课程。两年制课程完成后，学生考试合格，可获取高等教育文凭证书(Diploma in Higher Education)，学生毕业后，如果申请本科生课程，其两年制所学课程有可能被录取大学认可。三年制课程主要为工业界培养职业学生，学生毕业后，可获得高等文凭证书(Higher Diploma)。

3.2.2　英国高等教育质量保障体系

由于其独特的高等教育办学机制，英国十分重视高等教育的质量评估，并逐步形成了多元化、多层面的高等教育质量保障体系。在英国，议会、政府、专业机构以及高等院校的不同角色的扮演和分工协作使优质教育资源的保障体系得以顺利运行。

1. 议会和政府

大学主要的、稳定的办学经费来源大部分是由政府拨款资助的，学生只需要每年象征性地交纳少量学费。英国政府资助高等学校的主要方式是替学生交纳学费，向学生提供助学金，向大学提供教学经费，以及提供科研基础经费和竞争性项目经费。但政府并不直接分配经费给大学，而是通过中间机构的运作，由英格兰、苏格兰、威尔士的高等教育拨款委员会(在北爱尔兰是就业与学习部)，根据政府意图，大学学科设置和招收学生情况，科研水平的评价结果对大学提供经费资助。

2. 专业机构

(1)高等教育质量保障署(www.qaa.ac.uk)

大学外部评价中最重要的是高等教育质量保障署的评估,因为其评估结果被作为高等教育拨款机构对大学拨款的重要依据。它对所有高等教育机构进行质量评估,并向公众公开发布评估结果。该机构成立于1997年,董事会履行管理职能并负责制定全面的高等教育质量保障工作的指导方针和战略规划。

(2)区域性的质量保障机构

除了高等教育质量保障局外,区域性的质量保障机构还包括:英格兰教学大纲与学历管理委员会;威尔士学历管理、教学大纲与评估委员会;北爱尔兰教学大纲、考试与评估委员会和苏格兰学历管理委员会。

(3)法定专业质量认证机构

在与一些特定职业资格相关的专业领域,如工程、法律、医学等,英国还有由法定的行业组织实施的、带有行业准入性质的课程质量认证,以保证课程设置的资质满足职业资格的要求。高等教育质量保障署成立之后,专业和法定机构专业准入性的学术课程越来越多地参照高等教育质量保障署的评估。

3.2.3 教学质量

教学质量是教育质量的核心,教学质量贯穿于教育活动的始终。《教育大辞典》中对教学质量的界定是:对教学水平高低和效果优劣的程度。教学质量受教育制度、教学计划,教学内容、教学方法、教学组织形式和教学过程等合理制度的影响,还受到教师素养、学生的基础和师生参与教育活动的积极程度的制约。教学质量最终体现在培养对象的质量上面。黄刚从人才培养的角度理解教学质量的内涵,认为教学质量是人才培养规格的整体结构,是学校办学和教学管理的总体成果,是一个不断发展的动态过程。冒荣认为教学质量是指教学过程及其效果所具有的,能用以鉴别其是否符合规定要求的一切特性和特征的总和。综上,关于教学质量内涵的理解,本文认为,教学质量是达到教师教与学生学的既定目标,包括教学产品和服务的质量,其中教学产品质量是教学的质量管理与监测的质量。

3.2.4 教学质量评估

泰勒认为,评估是确定课程和教学大纲在实际上实现教育目标的程度,教育评估是判断教育活动满足社会与个体需要的程度,是判断教育活动现实的(已取得的)或潜在的(还未取得的,但有可能取得的)价值。候光文认为教育评估是根据一定的标准,运用科学可行的方法,对教育的要素、过程和效果进行价值评判的活动。教育评估的关键在于教学评估,教学评估关键点在于突出价值。

教学质量评估是对教学现象和教学活动表现形态的评估。具体地说,就是依据教学目标和标准,科学全面地收集、分析教学信息,并对教学质量做出判断的过程。本文所指教学质量评估是除高等教育机构外,政府委托中介机构监测、评价现有高等教育条件下学生发展的优劣程度亦即是教学目标的达成度,是通过教育评价体系的理论和技术来测试教学的过程和结果是否都得到了一定质量水平的判断过程。本文研究的教学质量评估分为学科评估和院校审核两个阶段,1993 年至 2001 年教学质量评估形成时期实施学科评估(其中 1993—1995 年称为教学质量评估,1995—2001 年称为学科评估),2001 年后教学质量评估发展时期实施院校审核。

3.2.5 教学质量评估理论

教学质量评估涉及过程程序,是根据既定的质量标准对教育活动及其效果进行价值判断和衡量的过程。教学评估伴随着教育的产生而产生,教育的发展而发展。教学评估的发展可以划分为三个阶段。第一阶段是 20 世纪 30 年代到 50 年代,这个阶段的特点是:充实与发展了教学评估理论和方法,但未普及教学评估活动。专家学者和从事教育的工作者普遍认同教学评估的理论和方法,认为教学评估是教育领域中的重要课题,但政府与群众未重视这种评估。第二阶段是 20 世纪 50 年代到 80 年代,这个时期教学评估变成了各国政府和广大群众所关心的课题。教学质量评估的重点从注重教育技术转向更加注重教学效果和教学结果;从注重教学过程规模性转向自我完善和不断进步,同时评估方法也由重视"终结性评估"逐步转向"过程性评估"。

实行教学质量评估具有以下几个重要功能和作用:规范与导向作用,教学质量评估为高校教学建设提供可遵循的国家标准;鉴定与评价功能,鉴定教学水平、教育质量是达标,评判教育质量的高低、高校或专业的办学状态和教学管理等情况;批判与激励功能,否决不合格院校或学科专业的办学资格,确保教学质量具有可靠的教学条件,揭露薄弱环节、分析问题、重视合格评估的后续改善;辐射和凝聚作用,引导高校每一成员把自我追求与教学评估联系在一起,为教学质量评估提供支持和服务;自省和教育功能,反思教育行政部门的工作与高校教育发展状况之间的关系,并根据评估反应的成绩与问题,探讨高等教育教育改革与发展的新思路、新战略?,沟通与中介功能,评估可以促进高校之间共享办学经验,提高教学质量、办学效益等,又能通过公布评估结果在高校教育系统与社会之间搭建沟通渠道,促进社会各界了解高校教育现状;实践与反馈功能,开展教学质量评估,是在较全面诊断教学实践工作的过程中,对教学质量评估体系的研究、实践、反馈与修改。本文所依据的教学质量评估理论，指导贯彻《普通高等学校本科教学工作水平评估方案(试行)》具体教育方针，按照教育规律实施教学质量评估。通过评估加强国家对高等教育教学工作的宏观管理与指导，促使各级教育主管部门重视和支持高校的教学工作，增加教育投入，改进办学条件和加强师资队伍建设，明确办学指导思想、强化教学管理，全面提高教学质量和办学效益，逐步建立和完善自我发展和自我约束机制，进而提高教学质量和办学效益。

3.2.6 教学全面质量管理理论

全面质量管理(Total Quality Management，简称 TQM)是组织企业全体职工和各有关部门参加，综合运用现代科学和管理技术成果，控制影响质量全过程的各种因素，达到经济地研制、生产和为用户提供满意的产品和服务的目的。

TQM 管理实践的一切活动都是以为用户提供质量满意的产品和优质服务为根本的，它应用领域从生产制造业扩展到服务行业，包括高等教育产业。高等教育提供的是一种教育服务，要满足学生对教育服务的要求，因此全面质量管理在高等学校的实施是可行的，其管理哲学、管理思想、管理文化和管理模式都可以完全引进。工商界全面质量管理理论(TQM)引入到教育领域中派生出教学全面质量管理。教学全面质量管理运用全面质量管理思想和方法，从组织文化、全员投入和有效沟通的视角，根本上改革组织环境，全方位、全过程地管理高校所有的教学活动。莱文、斯密根据全面质量眷"理理论，创建一个开放性的高等教育系统，这个系统反映了高等教育质量保证的三个主要阶段：输入、过程、输出的相互作用和关系，从而达到质量持续改进的目的。

采用全面质量管理理论对高等学校教学质量进行管理可以通过把教学质量的目标管理和过程管理有机结合起来，构建由教学管理人员考核系统、教研室教学工作考核系统、教师教学工作考核系统、学生学习状况考核系统以及评价与评估系统组成的教学质量管理体系来实现。但更好的是建立一套自我监控、自我调节、自我完善、良性循环的教学质量控制、管理与保障综合体系，该体系包括：教学质量保证指挥系统、教学质量信息收集系统、教学质量评价与诊断系统、教学质量信息数据处理系统、教学质量保障信息反馈系统。这个综合的教学质量管理体系已在提高教学质量中发挥了重要作用，在运行中得到广泛采用，并日益完善。

3.2.7 英国教学质量评估的现状分析

教学质量评估是一次全面的尝试，评估领域从副学士学位到研究生各层次课程、从各高校到各学科。因此，它在特定时间点上为反映英国高等教育目的的适切性方面提供了一般性观察或者说整体印象。按照教学质量评估的基本目的，它至少在提高教学质量和促进教学信息公开方面取得积极的成就。

（一）英国高校教学质量评估的经验

1. 多元参与评估

英国高等教育质量保证体系承诺提供给公众高质量的教育，要求更多利益相关者参与评估活动。教学质量评估中与院校商定评估日期，要求院校提交自评文件等。院校享有更大的发挥空间和自主权，院校积极主动地要求参评，从"要我评"转化为"我要评"，改变被动评估的状态，形成自上而下的教学质量自我评估机制，帮助院校认识到评估能促进学校教学质量以及学校声誉的提升。教学质量评估注重收集学生意见和建议，鼓励作为教学对象的学生积极参与高等教育质量与学术标准保障，如实反馈教学质量。QAA 要求院校提交学生自评报告，并在审核准备会议中与学生代表讨论，直接获得学生对高等教育质量与学术标准保障的看法。另外 QAA 还广泛听取社会各界人士的意见，保证各利益相关者广泛参与评估和反应其要求。

2. 关注教学质量

教学质量评估使高校日常教学工作发生了很多的变革。院校重视员工开发工作，重视学生意见调查及同行教学观察，激励教师关注团队精神和凝聚力建设。同时，评估也促使他们关注一些常规教学事务、加强资料整理、交流优秀案例、更新统计数据等。而曾在教学质量评估中担任评估员的杰弗里？奥尔德曼（Geoffrey Alderman）也认为评估促进高校进行了很多内部的变革：清退了教师队伍中一些冗员？，投入经费来改善图书、设备等。在网上发布院校和学科教学质量评估报告的评分，很大程度上增进高等教育服务的公共绩效责任，促进了各方面对高校所提供教育的本质、水平和程度的了解。

教学质量评估报告的评分数据足以反映出高等教育部门教学上的总体情况。例如，学生支持措施是高校做到最好的方面，而对学生学习情况的反馈则是最差的。这些信息如加以科学利用，对加强教学方法的研究以及教学水平的提高都将起到促进作用。教学质量评估推动院校更多关注自己的教学质量。随着教学质量评估的不断深入开展，评估得分呈显著上升趋势。例如，1995—1996 年度进行的 272 次评估活动平均得分为 20.05，1996—1998 年度 482 次评估的平均得分为 20.45，而 1998—2000 年度 213 次评估的平均分数进一步上升到 21.68。《迪林报告》中提到，教学质量评估提高了教学在高校中的地位，取得了积极的效果。

3. 公开教学信息

教学质量评估的所有报告都发布在英格兰高等教育基金委员会和质量保证署的网站上，从而为信息的公开和使用创造了条件，也为公众和社会更好地了解高等教育开辟了渠道。据高等教育质量保证署调查显示，该网站教学质量评估报告的点击率每周达到 12000－15000 次，其中包括很多的海外用户，一般在本科生招生的时候点击量往往会达到高峰。教学质量评估的数据也为媒体开展高校排行提供了资源。例如，作为英国高等教育副刊中具有很大影响力的《高等教育副刊》(theHigh-erEducation)从 1999 年秋天开始就利用这种资源以学科为基础对高校各系科展开排名。实践证明，教学质量评估无疑为潜在的学生及其资助者(如家长)等利益相关者提供了可参考的信息，为雇主评判不同学校毕业生的学业质量提供了某种可能，同时对教师来说教学质量评估的结果对招生也产生了一些影响。

(二)英国高校教学质量评估的教训

1. 评估过程冗杂官僚化

教学质量评估在实施中受到最多批评的地方就是评估过程过度的官僚性质和无休止地准备书面文件。教学质量评估的本意是希望通过对高校的检查和督促确保教学工作高校而有质量地进行。但是，评估的实施过程却打扰和干扰了正常的学校教学，加重了学校和教职员工的负担，甚至成为破坏学术文化的过程。人们普遍认为，英国政府对高等教育系统进行了过度的审查。更有人总结到，20 世纪 90 年代英国高等教育的突出特征就是空前的扩张、下滑的经费以及沉重的绩效责任负担。对高等教育机构来说，学生越来越多，经费越来越少，而对教学和经费使用情况的检查却是没有尽头。

高校教师们消耗精力应对教学质量评估。教师们要经受英格兰高等教育基金委员会、高等教育质量委员会 HEQC 和教育标准办公室 OFSTED 的检查和批评，还要接受外部考核人员对他们学位课程的评估。某种意义上，对检查的厌倦以及对检查的恐惧已经成为教师们学术生活的主要特征。教师们普遍认为，政府给评估披上管理的外衣，并将其贯穿于对绩效责任的要求中。正因为官僚控制和书面审查正在不断侵蚀和扼杀他们初热情和学术，他们呼吁"必须阻止质量保证署"。大学校长委员会主席霍华德•纽彼(HowardNewby)在大学校长年会上指出，高等教育的不断发展要求对大学进行监督检查。我们是世界上受审查最多的教育系统。每位院校代表都会感觉到评估这种无休止的官僚制度所造成的困扰。英国大学教师协会秘书长戴维？特雷斯曼(DavidTriesman)撰文对教学质量评估表示不满，教师们认为教学质量评估实际上就是一种适度文件资料的繁重负担。学者们几乎没有对这种质量维护持有好感。这种操纵式的冗余体制让人精神崩溃。我们觉得强加各种规则并不能取得什么好的效果，只会造成对学术自由的干涉，导致徒劳的官僚责任。

2. 评估方法备受争议

《迪林报告》指出，以教学质量评估的方式评定教学质量本身和评价可获得的资源或课堂讲授等其他教学方面事情是很困难的。

首先体现在标准上。英格兰商等教育基金委员会的《评估手册》(Assessment, sHandbooks)中明确规定，评估组成员要对照 14 条标准审查高校自评报告。但是，经过英格兰高等教育基金委员会培训过的评估员实际上使用"高校是否实现其预定的目标，例如学校在资源和学生入学质量方面的目标实现情况"这条附加标准评估。这条标准只出现在评估员的培训资料中而并非出现在正式的手册中。后期质量保证署 QAA 也沿用此法，根据高校目标实现情况来衡量教学质量。这样，高校只需按既定目标去行动，不管目标高或低，只要得到质量保证署认可，就能获得满分。

其次是可比性上。前一轮和后一轮教学质量评估，甚至同一轮教学质量评估的评分方法和合格标准不稳定、不一致，因而人们无从与过去教学质量评估情况对比和总结经验。有人分析 1996－1998 年度评估发现：利兹大学(Leeeds university)的传媒专业获得 20 分(其中一项为 1 分)没有通过评估；而桑德威尔学院(Sandwell college)的传媒专业得到相当低的 13 分(其中五项 2 分、一项 3 分)却意料之外的通过了评估。不同的学科之间的评估结果更是无法进行比较。例如，哲学、凯尔特研究和古代史等学科评分非常高，平均分各达到 23.31、22.75 和 22.72 分，而商业与管理、旅游的评估均分则只有 20.51 分和 20.71 分。这种情况并不能说明前面提到的这些学科教学质量优于后面的学科，而是与院校间固有的差别有关。像哲学、凯尔特研究和古代史这类学科一般都设在一些高水平、教育资源丰富的老牌大学中，相反商业与管理、旅游等学科大多设在师资水平和教育资源均有限的 1992 年后升格的大学以及一些继续教育学院中。质量保证署在评估报告中也承认，对比目的和目标完全不同的学校根本没有意义。

再次是客观性上。很多人认为高等教育基金委员会和质量保证署检查教学质量的方法是不科学和客观的。因为评估过程中高校自主提供目标、证据和证人等，学校会尽力向评估组展示自己最好的一面，自行选择在校生、毕业生和雇主代表，选取学生的作品和学校内部文件。恰巧的是，学生也领会评估的蕴意，明白自己越是支持学校，自己的学位便越有价值。教学质量评估关注的根本不是教学的质量，而是文件的质量和向评估者表演的质量。

教学质量评估在方法上争议和不足，使高校逐渐学会如何取得高分数来应对这个评估机制。评估开展的时间越长，人们越能找到与之周旋的办法。系统培训和精心准备信息更能使高校获得最佳评分。例如，兰开斯特大学的专业课程部在这方面就进行了许多研究工作，甚至成为帮助高校应对教学质量评估的一个专门机构。质量保证署主任米尔顿也宣称，教学质量评估实际上的确有些操作的技巧，聪明的学校能够学会评估规则获取高分数。

3. 评估结果遭受质疑

英国教学质量评估实质上是对各种记录文件的评估。评估分值很大程度上取决于高校准备评估材料的能力。高校疲于应付提出不太高的目的和目标，只要能用各种书面材料证明它们即可。评估实施过程中，参评高校取得的分数都不断膨胀。自引入目前的分级制度，评估分数明显上涨。1995－1996 年评估周期平均为 20.05（272 次访问）；1996－1998 年评估周期，平均评分为 20.45)（482 次访问）；1998－2000 年评估周期平均评分为 21.68(213 次访问)。获得 22 分或 24 分的院校所占的比例从 1995－1996 年度的 25% 猛增到 1998－2000 年度的 60.5%。最初，院校（其中许多是规模小的院校）表现不佳，因为他们不熟悉过程，当已经学会参与游戏时，成绩逐渐上升。另外从 1998 年 10 月－1999 年 10 月间评估结果取样分析中也可以发现：英国高校在学生的学生学业成绩方面表现突出，这两项指标取得 4 分的高校分别达到 87% 和 71%；另外，学校资源和课程设计方面的表现也都表现十分良好，达到 4 分的学校也分别占到 73% 和 61%。

分数膨胀导致各院校之间、学科之间失去了区分度，通过和不通过的比例严重失调。1996－1998 年度开展评估中，仅有三个系未通过，在该轮评估的 2892 个系中所占的比例仅为 0.1%。在 1998－2000 年间为 0.6%。在 1998－2000 年度最后一轮评估中，只有德比大学的医学学科、利物浦大学的护理学科、维冈－利学院以及圣海伦学院的艺术学科没通过评估/在总共 665 个参评学科中仅占 0.6%。评估结果导致预期教学质量评估目的部分落空。教学质量评估的首要目的就是发现和查明教学质量问题，建立质量评估与拨款的联系，进而保障高等教育公共投资的价值。由于评估结果较好，教学质量良好，评估高分数使得评估与拨款之间的联系失去了合理性和正当性。老大学得分高是因为直接或间接依赖更好教学，院校高评价倾向于资源更为充足的事实（包括通过资源赢取改善教学环境－更好的图书馆，更加完善的实验室，更好的师生比例等）。

评估结果的背后隐藏着对资源的巨大耗费。据《泰晤士报》(高等教育副刊)有关文章的分析，对质量保证署所访问的 1300 余个系来说，教学质量评估使每个院校耗费在文书工作和教职员工时间上的费用平均在 2 万－20 万英镑左右，整个高等教育部门对此的投入就高达 1 亿英镑，此外高等教育署每年花费在此项活动上的行政费用也达 300－500 万英镑之巨。而评估者认为，教学质量评估总共消耗的经费不止这些。高等教育基金委员会和质量保证署耗费大量资金和高校的宝贵时间，仅发现极少数的高校在教学质量上不理想，难免受到人们的质疑。公众期望质量改进和提升效益，但是公众也期待质量审计机制的效率和经济。

3.3　澳大利亚高等教育教学体系

3.3.1　高等教育质量保证体系

高等教育的大众化及国际化正对高等教育质量的有效保证提出越来越高的要求。目前，澳大利亚高等教育质量保证体制主要包括了澳大利亚学历资格评定框架署（Australian Qualifications Framework），大学、州和联邦政府以及澳大利亚大学质量保证总署（Australian University Quality Agency）的职责。其中，AQF 为澳大利亚职业教育和培训及高等教育部门颁授基金提供了透明度。澳大利亚的大学由于享有高度自治权，因此据有鉴定自我计划的权利，并对其自身的学术标准与巩固质量保证程序负有主要责任，除了大学对自身需要评估外，一些院校还与相关的行业或专业团体保持着密切的关系，这些外部团体在保证澳大利亚高等教育质量中也扮演着不可或缺的角色，如会计学、工程、建筑、牙科学及药学领域等等。

在澳大利亚，州和地方政府在保障高等教育质量反面同样需要承担相当责任，包括认可新大学、鉴定高等教育课程、澳大利亚海外高等教育机构的运作，以及留学生高等教育课程的认证等。州和地方政府还具有高等学校立法的权利。在国家层面上，联邦政府主要通过公布年度大学质量测评报告和改进计划，监控高等教育质量，以帮助学生选择合适的院校，并为国内及国际社会提供有关澳大利亚大学标准的必要保证。而澳大利亚大学质量保证总署的责任，则是执行自我鉴定院校和州、地区鉴定主管机构 5 年一度的质量审计，提供审计报告等。

3.3.2　澳大利亚的学位及文凭证书

学士学位证书（Bachelor）：一般为大学颁发。澳大利亚的学士学位结构依据学习的课程领域和相关的院系而定，包括普通学士学位和荣誉学士学位。普通学士学位通常指学生在攻读研究生学位前必须获得的普通或基本学位，通常需要经过三年的全日制学习或相应时间的半脱产学习，部分学士学位要经过连续四年或更长的时间。荣誉学士学位一般要求四年的学习，学生必须在普通学士学位课程学习中取得优异成绩，增加的一年学习一般涉及在某一个课程的专业学习，包括研究和提交一篇论文。另外由于澳大利亚大学的学分可互转，学生本科就读期间的转校现象比较多。研究生证书(Graduate Certificate)和研究生文凭(Graduate/Postgraduate Diploma)：研究生证书和研究生文凭主要适用于特定专业的学习，如对本科课程中获得的知识和技能的扩展，或者在新的专业领域发展知识和技能。研究生证书一般需要一个学期的全日制学习，而研究生文凭则需要两个学期的全日制学习。完成学士学位的学生有申请资格。但有时，大学也会考虑那些具有相关工作经验但不具备学士学历的申请者。硕士学位(Master)：硕士学位一般需要在四年学习或获得荣誉学士学位后再学习一年，或者在获得三年制学位后再学习两年，但不同的学科领域要求不尽相同。去澳洲学习的中国学生学习时间跨度由一学年到三年不等。有时，学生还可申请攻读双硕士学位，如商科类。另外，学校会根据学生的学科背景，对其就读时间及所修课程做出不同要求。如果学生的学科背景达不到学校的入学要求，那么学生在攻读硕士学位之前就要先完成研究生证书和研究生文凭课程，而对于学科背景一致的留学生则可能会根据该生原来所修课程减免其读硕士学位期间的相应必修课程。硕士学位基本上分为两种，以研究方式(byresearch)完成或以上课方式完成(bycoursework)。绝大多数中国学生申请的是课程硕士，此类硕士无需完成毕业论文，一般没有固定的导师，学习时间也相应比研究型硕士短。博士学位(Doctor)：在澳大利亚，最常见的博士学位为哲学博士，主要涉及对相关知识领域的文献评论、实验或其他系统性方法的研究。此种学位一般要求在取得硕士学位或荣誉学士学位后再经过三年的全日制学习。澳大利亚的大学一般分为两个学期，第一学期为2月中旬至6月下旬，第二学期由7月中旬至11月底，12月及1月为暑假。大学实行学分制，学生修满所规定的必修课与选修课就可毕业。学生成绩分为5个等级：不及格、及格、中等、良好和优秀。另外，澳大利亚的职业教育与培训机构(VET)也是澳大利亚高等教育体系的重要组成部分。该机构包括公立技术与继续教育学院(TAFE)和私立职业技术学院，学生学习的主要目的是获得职业技能和从业资格，多数为在职学习，学习内容以应用性为主。

澳大利亚的公立技术与继续教育学院(TAFE学院)一般由政府拥有和管理，现有250所。它们的组建主要包括两种基本模式：一是独立设置的TAFE学院，往往设有若干校区或专业学校；二是大学设有职业教育部。

3.3.3 澳大利亚教育教学体系的特点

(一)体系的开放性

开放性是其显著的特点，主要包括教育体系内部的开放性、学习方式的开放性、对社会的开放性等方面。

1. 是学生的开放性。这主要是对接收生源的开放性。在高等职业教育体系中，其接受对象既包括应届的高中毕业生，也包括高中毕业后参加工作 1—2 年的青年。还对全社会在职及不在职的社会人员开放，对这些人员主要是提供短期及两年或三年的高等职业教育。还对普通高校的毕业生进行开放，这些毕业生要是有需要可以选择进入高等职业教育继续学习，以获得自己需要的职业等级证书。此外，高等职业学校还与普通高校互通，高等职业学校的学生可以通过学分转换进入普通高校继续学习。

2. 是学习方式的开放性。这主要是指学习方式的具有一定的灵活性。由于高等职业教育的学生的学历层次及年龄跨度较大，招生学生的开放性决定了高等职业教育不可能按照统一的学习方式来安排教学，因此其在学习方式上具有较强的灵活性。各类学生可以根据自己的工作地点、工作时间、家庭住址、空余时间等实际情况来从全日制教育、半日制教育、函授教育、远程教育等教育模式中选择适合自己的教育模式。学习地点可以在学校、家庭中进行选择。不管哪种学习方式，只要所修课程的学分达到规定的要求，通过学校的相关评估以后就能获得证书及文凭。

3. 是对社会的开放性。这主要是指在政策制定、学校管理、课程开发的各个环节都积极吸收及采纳社会各界的相关建议，尤其对相关企业其开放性更为明显。例如在课程开发的过程中，积极采纳社会人士及企业人士的相关建议，结合现实需要，更新课程体系，制定出更符合社会实际需要的课程。学院还邀请相关的企业来学校指导教学，以及通过实践基地的形式来促进教学。

(二)行业的高度参与性

行业的高度参与性主要表现在参与高等职业教育的课程开发、参与高等职业教育机构的管理、参与教学过程。

1. 是参与课程开发。在课程开发的过程中，积极吸收行业人员的建议，尤其是在课程标准的制定过程中，通过行业人员的参与，了解行业的现实特点及职业的需求，制定出合理的课程标准。在课程开发过程中，行业人员能够占到总参与人数的三分之一，且比例还有扩到的趋势，这就为及时的了解行业发展趋势，制定出各方面都认可度较好且具有很强操作性的课程提供了保证，也为高等职业教育的成功创造了条件。

2. 是参与机构的管理。针对高等职业教育，澳大利亚在全国推行国家能力标准框架，标准的制定需要行业的高度参与。一般而言，标准框架都是由行业的咨询委员会提交，然后经过国家的审核确定后予以在全国范围内推行，行业咨询委员会根据社会的发展及市场的变化对标准框架进行适时的修订，以满足行业发展及高等职业教育发展的需要。

3. 是参与教学过程。为了使高等职业教育培养出的人才符合市场的需要，行业积极参与学校的实践教学。行业帮助学校建立实践基地，加大对学生实践能力的培养。将先进的生产设备提供给学校，用以让学生接触到先进的设备及技术。此外，还接受学生的实习，为学生提高实践操作能力提供机会和条件。

(三)广泛的衔接机制

广泛的衔接机制主要表现在高等职业教育与中小学教育、普通高等教育及成人教育、非正规的各种培训的衔接。

1. 是高等职业教育与中小学教育的衔接。高等职业教育的招生对象包括了中学毕业生业生，此外为了加强与中学教育的衔接，一般普通高中都开设相应的职业教育课程、学生可以根据自己的需要来学习这部分课程，在学生毕业以后，要是学生进入高等职业学校进行学习，此前修读的课程的学分有效，可以在此基础上继续修读相关的职业教育课程。衔接的紧密型在一定程度上节约了教育成本。

2. 是与普通高等教育的互通较为紧密。高等职业学校的毕业生在毕业后可以进入普通高校继续学习，其所修读的学分可以进行学分转化得到普通高校的承认。普通高校的毕业生毕业后，也可以根据自己的实际情况到高等职业学校继续学习，以提高自己的就业能力。

3. 是与非正规的培训紧密结合。澳大利亚的职业教育体系不仅关注在读期间的教育，也关注毕业后的教育，这主要是通过企业来实现。非正规的培训较为多样，有企业根据自己的情况提供的，也有行业根据行业的实际情况提供，多种多样的非正规的培训为学生提高自己的职业技能提供了条件，加大了职业教育的灵活性，促进了职业教育的繁荣发展。

3.4 其他国家高等教育教学评估体系

国外对大学生学习质量的关注程度远远高于高内，尤其在对大学生学习结果评估方面美国更是处于遥遥领先的姿态，各种评估模式和评估工具层出不穷，无论是在理论上还是实践上都给予本文继续研究提供了丰硕的材料。

1. 大学生学习结果概念的研究

1979 年，美国学者艾斯纳是最早提出"学习成果"这一术语的，他将其赋予这样的含义，认为："学生学习成果本质上是指在以某种形式参与学习之后获得的结果，不管是有意的还是无意的。"学者珍尼特·富尔克斯认为学生学习结果是指在学习完成学科课程或某门专业课之后，学生应该学会运用所学到的东西，去做些什么。其结果不仅描述了作为教师应该实现怎样的教学目标，又表达了学生通过努力学习之后所能够取得的成绩。而英美等发达国家的学习评估委员会则比较倾向于著名学者帕斯卡雷拉(E. T. Pascarella)和奥托(S. Otter)的观点，即学习结果是学生经过学习所导致的个人知识经验的转变和因此而从中获得的收益。英国学者斯蒂芬·亚当(Stephen Adam)认为学习结果是学习者在成功完成课程目标时应该做到什么样程度的一种表述。美国高等教育认证委员(Council for Higher Education Accreditation CHEA)认为，学生学习结果严格来说应当被定义为，学习者在接受过一段时间的高等教育之后，在知识、技能和能力等方面的增加和收获。

在国外各种会议、文件和学术报告中，学生学习结果是经常被提及到的一个词汇，因此也被赋予各种各样的定义。例如欧洲跨国评价计划(Transnational European Evaluation Project，TEEP)，认为"学生学习结果是对于期望一名学生经过一段学习后，所应具备哪些能力的一种表述。英格兰南部学分累计和转换联盟(SEEC)、北爱尔兰学分累计和转换系统(NICATS)、北方大学学分累计和转换联盟(NUCCAT)所理解的定义是：大学生学习结果是关于学习者在经历一个学期学习之后，对知道、理解或能够展示的东西的一种表述，是大学对学生学习所得的一种期望，是对自我的一种测评和考量。理查德 J 认为学生学习结果除了包括通过标准化考试测验所能测验出的能力之外，还包括学生在某一学科领域内，对知识的认识、理解和理性思考的能力，同时还体现在学生的学习体验和扩展认知上，即学生在人际交往、公民意识、社会和跨文化交流等方面的知识水平和行动能力等。

由于学生学习结果的复杂性，各学者站的角度不同对其界定也就不同，但大多是站在宏观的角度，不足以全面反映学生学习的具体表现和成果，作为评估高等教育质量的重要环节，学生学习结果的评估指标有待更加具体化，对其研究需要更加的细化和深化。

2. 大学生学习结果评估用途的研究

在美国，对学生学习结果的评估在一定程度上反映了这所学校的办学质量的培养人才素质方面的能力，尤其是国际高等教育学生学习结果评估项目 AHELO 项目的启动，更是为各国间高等教育质量的比较提供了平台，跻身一流大学行列成为各国的不懈追求。因此，美国不仅非常注重对学生学习结果的评估，更注重将其评估价值运用到教学实践改革中去。

首先的一点便是将学生学习结果评估用于高校内部教育质量的改进。从"学生学到了什么、能用所学做到什么"的角度出发，詹姆斯认为通过收集、分析教学和学习结果数量及质量方面证据的活动信息，以检验教师教学和学生学习与院校预设的目的和教育目标之间的差距和切合程度，好在为教育工作者提供可改进的教学手段和方法。高等院校往往通过自主设计来检测大学生学习结果的情况，根据测量所得的学生学习结果与学院所设定的课程目标和教学目标进行比对，目的是用来促进和改善教师的教学和学生的学习，提高教育成效。2009 年美国学习成果评估研究中心（National Institute for Learning Outcomes Assessment，NILOA）进行的一项针对全国高等教育机构质量评估状况的调查报告显示约有四分之三的高校都用过或正在使用学生学习结果评估方式，而大多数高校采用多种方式的混合评估，大概92％的高校应用至少一种方式来评估，而三分之二的高校应用三种甚至更多的方式来提高教学和学习。可见，大学生学习结果评估对院校内部教育质量提升方面成为一个不可或缺的评估指标，正在发挥其积极的作用，在今后的教育评估中应是更加突出的一个方面。

其次是用来进行院校认证和回应外部问责。美国高等教育质量认证制度是美国高等教育质量保障的主要工具，也是美国大学生学习结果评估的主要驱动力，随着社会不断发展，人们对高等教育的问责意识逐渐加强，社会各界对高等教育的可靠性产生了怀疑。作为一种新兴的高等教育质量评估手段，大学生学习结果评估在应对政府和公众对高校的问责方面发挥了不容小觑的作用，在高等教育质量认证中更是体现得淋漓尽致。如在美国高等教育六大区域认证标准中，美国大学生学习结果评估体现在对学生知识、技能和能力方面的评估，对其评估的用途，都有严格的规定。如西部地区院校认证协会（Western Association of Schools and Colleges Accrediting Commission for Senior Colleges and Universities）在其评估标准明确指出，必须将学生的学习结果作为院校认证和专业认证的核心，并且需要列出学生在进入高等院校学习时应该达到什么样的学业标准，以及毕业时应该取得什么样的学业成果，提出学生学习结果评估在认证中的重要作用。中部各州院校高等教育认证协（Middle States Commission on Higher Education）认为，学生学习结果评估是用来检验是否学习了学校希望他们学到的东西。新英格兰院校高等教育认证协会（New England Association of Schools and Colleges Commission on Institutions of Higher Education）规定应按照设定的目标，对学生的学习过程和学习成果进行评估。西北部地区院校认证协会（Northwest Commission on Colleges and Universities）的第二项标准注重评估学生在课程和专业方面的学习成果。中北部院校认证协会（Higher Learning Commission of North Central Association of Colleges and Schools）指出，学校必须提供有效的学习证据，来证明学生学习结果的成效，以及是否达到了高等教育质量要求的标准。南部地区院校认证协会（Southern Association of Colleges and Schools）将学生成果评估作为认证标准，其中包括学生学业的完成情况与就业率等。从各区对大学生学习结果评估的要求方面我们可以看出，各区都将其作为进行大学认证和回应外部力量对大学教育质量问责的重要参考指标，有的区域甚至还进行了硬性的规定。

3. 大学生学习结果评估运行机制和评估工具的研究

对大学生学习结果的评估必然涉及到如何评估上，随着内部认证和外部问责对高校教育质量保障的评估需求，纷纷要求各高校提供学生学习结果评估的依据，一系列评估工具相继产生。评估工具的使用必然离不开选择了何种运行机制，琳达论述了如何为评估做准备，如何选择和使用适宜的评估工具，如何设定可参考的评估标准，如何对评估结果进行总结、分析和分享，如何将评估结果加以利用，继续推动评估的发展。帕隆伯和班塔对评估计划的步骤进行了详细论述，即由谁来组织评估，怎样合理安排评估时间，评估费用的筹划和利用等问题。同时，安吉洛和克拉斯总结了 50 种课堂评估工具，主要可以分为三大类：一是知识与技能评估工具；二是学习态度、价值观和自我认知程度评估工具；三是教学反响评估工具。在美国许多高校、协会的官方网站都有大量关于评估工具和评估过程介绍的相关内容。大学生学习评估工具的研究推动了学生学习结果评估计划和评估设计的可行性，提高了评估结果的实效性。

综合各学者的观点来说，国外研究相对来说更直接更深入，多为实践层面的研究，理论研究尚少。我国对其研究多是单一方面的引进，因此在理论上多是介绍性的引入美国大学生学习结果评估的模式，相关研究系统性不够，对我国关于大学生学习结果的评估并没有提出实质性的借鉴价值。尤其我国正在进行的新一轮教育评估，对一流大学和一流学科的评选，更是要落实到人才培养这一根本要素上来，不仅要重视学校"如何教"、"如何学"的问题，更要重视"学的结果"。本文将在借鉴国内外有关的理论分析和探索的基础上，进行更加全面系统的整合，从而找到与我国大学生学习结果评估相切合的地方，对我国高校质量的提升，创新人才的培养，以及"双一流"建设和高校学科评估提供一些理论参考。

3.4.1　法国高等教育外部质量评估体系的基本框架、特征及其启示

评估是高等教育质量保障的基础，它是衡量高等教育办学质量的重要环节，也是许多国家进入高等教育大众化阶段后监测、提高高等教育质量的主要途径。法国是西欧大陆国家中最早进行高等教育外部质量评估的国家。早在 1984 年，法国便成立了"科学、文化和职业公共高等学校国家评估委员会"（英文缩写为 CNE），专门负责对全国高校、学科及教育专题的评估，以保障公立高校在教学、科研、行政及财务方面的自主权。此后，法国在不断发展与变革的过程中逐渐形成了与本国高等教育管理体制相适应并表现出极强特色的高等教育外部质量评估体系，受到了全世界的普遍关注。我国与法国在教育管理体制上存在许多相似之处，分析探讨法国高等教育外部质量评估体系的基本框架和特征，对构建有中国特色的高等教育质量

评估体系具有极大的参考价值。

1. 现行法国高等教育外部质量评估体系的基本框架

法国高等教育外部质量评估主要由 CNE 实施。CNE 是一个独立的行政实体，直接对共和国总统负责，不受高等教育部的领导，享有完全自主管理的权利；其经费来自国家财政拨款，且有独立的预算。与此同时，CNE 亦独立于被评估的高等教育机构，不强迫高等院校接受、实施其建议，而只是指出大学运行机制不良的症结之所在，并表明自己的态度，提出自己的建议。

目前，CNE 共有 25 名委员，另加 24 名负责评估后勤及数据收集工作的专职行政管理人员和 1 位执行主管。CNE 委员皆由总统任命，任期四年，且不能连任；其中，11 位委员来自学术研究机构（从国家大学委员会、国家研究委员会和法兰西学院的各负责人的提名中选出），3 名从大学指导委员会主席的提名中选出，1 位从大学联合会主席的提名中选出，1 位来自技术信息部，3 位来自国外的教学与科研机构，4 位来自经济与社会委员会，1 位来自国务院，1 位来自国家审计署。CNE 的主席从以上委员中产生。

CNE 的主要职责是对法国公立高等教育机构，包括高等教育部主管的大学、学校及其他政府部门管辖的高等教育机构等进行评估，以了解和判断它们履行合同的结果；对高等教育内部的重大问题进行研究；对如何改善学校的管理、提高高等教育和科研的效益和质量，特别是关于高等教育的地理布局、学生入学条件和方向指导方面的措施等提出建议；对被评估高校开展后续评估以考察评估对学校的管理职能产生的影响，此项工作通常在评估最终报告发表之后的 18 个月左右进行。CNE 的评估内容涉及与公立高等教育部门使命相联系的所有领域，如职前与职后教育、学生的生活条件、科学研究及其成果的使用、高校的管理方式、高校的政策等。但 CNE 没有对个人进行评估的权力，也无权批准课程和分配国家经费。

CNE 的评估以被评估学校自评为前提，以同行评议为基础，由 1—3 名 CNE 委员负责组织协调，强调与被评估高校的对话和合作。具体来讲，CNE 的评估过程包括：评估负责人到被评估的高校面见该校领导，向其介绍评估的过程；评估项目管理人收集被评估高校的所有相关信息，如统计数据、项目、合同等；评估负责人根据所收集信息确定拟评估主题并组建专家组，专家由 CNE 主席任命；召开专家培训准备会议，评估负责人详细地说明 CNE 的期望，与专家一道确定与每个主题相关的议题；专家现场评估，通常持续 3 天，期间专家将与被评估学校的负责人以及教师、研究人员、行政人员、学生和学校以外的合作伙伴进行面对面的交流与讨论；专家撰写评估报告并寄送至 CNE；评估小组召开第二次专家会议对专家评估报告进行比较和讨论，以明确被评估学校的主要特征及其战略管理的基本框架，进而完成评估报告的初稿，此报告不包含任何结论和建议，它在经 CNE 全体委员会会议通过之后将被寄送至被评估学校校长；评估小组到被评估学校进行咨询访问，征求相关人员的意见，以完善评估报告并形成含有结论和建议的最终报告，它经 CNE 全体委员会会议通过之后将被寄送至被评估学校校长，同时校长会对报告回复；公开发表最终报告，包括被评估学校校长的回复意见，所有报告均可以在国家评估委员会的网站上(http：/www. cne-evaluation. fr)查到。整个评估过程通常需要 1 年的时间。CNE 自成立以来几乎已对法国所有高校进行了 2 次以上的评估，每年评估 20 所左右，主要是第二年政府需要与之签订合同的大学，其评估结论是大学与政府之间签订合同的重要依据，受到高校的高度重视。

除 CNE 外，法国参与高等教育外部评估的主要机构还包括：（1）高等教育评估所(ASK)，属于独立的民间评估机构，受教育部委托对各所大学和学校每 5 年评估一次。其成员由教师、研究人员、管理人员和校外（企业）人士组成，任期 5 年。（2）国家工程师资格认证委员会，隶属于教育部，主要负责对公立的高等专业工程师学院和综合大学的工程学课程进行评估和认证，它是院校的顾问而不是检查者，目的是为了鼓励院校进行评估和认证，以吸引更多的学生；其成员包括学科领域的专家代表、工业界代表、主要贸易组织和工程学协会代表等，任期 4 年。（3）法国科学、技术和教育委员会，是教育部下属的一个专家组织，其主要职责是根据教育部与院校签定的合同对公立高校的培训计划和科研进行评估，为高校的发展提出建议。

2. 法国高等教育外部质量评估体系的特征

（1）国家权力在高等教育外部质量评估中占据主导地位

在法国高等教育外部评估体系中，虽说 CNE 是作为第三方机构参与高等教育质量评估，独立于教育行政管理部门，同时与高等学校是一种合作的关系，而非领导与被领导的关系。然而，就性质而言，CNE 是一个行政机构，而非社会中介机构，其经费完全来自于国家拨款，其人员由总统任命，同时必须对总统负责，体现的是国家意志，表现出极强的行政依附性。事实上，在法国，"从评估目的的确立、评估指标的选择、指标权重的分配、评估信息的收集、评估标准的确定、评估结果的获得，直到评估结论的解释，可以说，评估活动的每一个环节都离不开政府的直接参与，渗透着政府的意志和价值取向。"而"高校的自评活动更多的是配合政府行为，其主体意识淡薄，作用十分有限"。与此同时，高等教育评估所作为法国高等教育外部质量体系中屈指可数的社会中介评估机构，在评估中的作用和影响并不大，其主要作用是配合 CNE 工作，这意味着市场在高等教育外部质量评估中的作用也十分有限。

（2）评估机构人员构成多元化

法国高等教育外部质量评估体系，特别注重人员构成的多元化。其成员除来自学术研究机构之外，还广泛来自政府机构、专门职业团体、工商界、行业协会等等，几乎辐射到了与高等教育发生联系的社会各方。而在政府官员中，除教育行政官员外，还广泛吸纳了来自技术信息部、经济与社会委员会、国务院、国家审计署等多个非教育行政机构的代表。此外，法国高等教育外部质量评估体系还邀请了少数法国之外的高等教育教学与研究机构的代表。多元化的人员构成为高等教育不同利益主体在高等教育外部评估中发挥作用提供了可能，同时也保证了评估体系运行的公正性和合理性。

（3）侧重综合性的整体评估

在法国，除国家工程师资格认证委员会以及科学、技术和教育委员会开展的评估属于专项评估之外，CNE 以及高等教育评估所的评估重点均在于对高等院校的整体情况进行综合性评估，并在此基础上对整个高等教育系统进行评估，为国家的高教政策提供新的指导方向。也就是说，法国高等教育评估不只是简单地对每个高等教育机构的教育管理、教学、学科、专业、课程建设、学习变革规划、教师、学生等具体问题进行评估，更重要的是，通过分析各大学的情况，对整个高等教育系统进行评估。以 CNE 为例，它主要开展三种类型的评估活动。"一是院校评估，即对各院校整体及其各部门作出评估，分析其策略、运行和取得的成效。二是学科评估，即对全国范围内所有高校的某一学科进行评估，并现场访问部分学校，以确定学校该学科在全国的地位。学科评估运用事先设计的评价指标和评价标准进行，但不对所评学科进行排名。三是高等教育现状评估，以院校具体情况为出发点，对高等教育重大问题开展深入的研究，为高等教育决策服务。"

（4）重视评估后的跟踪调查与监督

评估结束后根据评估报告对所评机构进行后续跟踪调查是 CNE 的一项非常重要的职责，同时也是法国高等教育外部质量评估体系的一个显著特征；其目的在于检测高校对评估报告中指出的问题是否采取措施解决，所提出的改进意见是否得到了较好的实施。其实施步骤包括：后续追踪程序的启动（重新审查已有的自评报告，决定调查的机构和领域）；问卷调查（将基于评估报告设计的问卷邮寄给被评估机构）；由评估总负责人、顾问或专家组成的评估小组到现场组织一次与被评机构的校长和接待小组的会晤；撰写报告；评估委员会确认报告后，再转交校长审阅并进行评论；公开报告几个阶段。

3. 对我国的启示

相对法国而言，我国高等教育外部评估起步较晚，还存在许多不完善的地方。

部分教育界全国政协委员表示，评估预期目标并未完全实现，一定程度上还存在着干扰正常教学、浪费教育资源等现象，甚至有一些学校为通过评估而集体造假。在教育部召开的"规范评估工作提高评估质量"研讨会上，教育部副部长吴启迪也表示，目前高等学校教学评估过程中存在着形式主义和弄虚作假现象。从法国高等教育外部质量评估体系的成功经验，我们可以得到如下启示。

其一，广泛吸纳社会各界代表特别是非教育行政部门代表参与评估，构建综合性的高等教育外部质量评估体系

从法国的经验来看，高等教育质量评估不仅仅是教育行政主管部门的事情，它需要与高等教育相关的政府机构、工商界、行业协会、高校等多方面的共同努力与配合。但在我国，高等教育外部质量评估基本上由教育行政部门所垄断。教育行政主管部门主导质量评估活动，虽能比较充分地体现国家的教育价值观，引导被评估高校按照国家的要求办学；但势必会影响到高校、社会以及其他政府机构参与评估的积极性及其作用的充分发挥，导致高校消极被动地接受评估，进而影响到评估本身的科学性、公正性和合理性。当前我国评估过程中已经暴露的种种问题均与教育行政主管部门在评估中处于垄断地位有着某种直接或间接的联系。为此，我们有必要重新思考教育行政主管部门在外部质量评估中的定位和作用，并通过广泛吸纳社会各界代表特别是非教育行政部门代表参与评估，变教育行政主管部门在评估中"统包统揽"为"多边共治"，进而构建起一个由多元评价主体共同负责管理和推动的综合性高等教育外部质量评估体系。

其二，完善评估者与被评估者之间的沟通机制

法国的外部评估虽由政府主导，但亦非常重视高校的参与，尤其强调外部评估体系与被评估高校之间的对话与合作。以 CNE 为例，其所有评估活动均"以与被评估高校间的对话为基础。评估标准和指标由 CNE 和大学校长会议一起讨论和共同界定，内部评估的方法和指导方针也是在 CNE 和被评估高校间的对话的基础上形成的。评估报告的草稿呈报给被评估高校的校长，听取他们的意见，校长有决定性的说明，因为他或她的回复也发表在评估报告的结尾处。""高等教育是一种发生在高校的专业活动，其主体是学术人员，高校及其成员改进与提高质量的动机是内在的，不能从外部强加，而只能被激发、被强化。"[7]因此，加强外部评估体系与被评估高校之间的对话是外部评估成功的前提和关键。目前，我国外部评估体系与被评估高校之间尚未建立起有效的沟通机制，这种状况亟待变革。一方面，可以邀请被评估高校一起讨论和共同确定外部质量评估标准、评估程序与方法等，使它们在上述事项上享有发言权；另一方面，可以邀请外部评估机构对高校的内部评估进行指导和帮助。

其三，建立评估后继跟踪机制

法国非常重视评估结束后的监督与反馈，其经验表明，开展后续评估，既可以改进和完善评估机构的评估工作，又可以督促被评估高校切实按照要求改进管理质量，因而是保证被评院校质量改进工作落到实处的一种重要机制。然而，在我国的外部质量评估体系中，后续评估并没有受到足够的重视。而对后续评估的忽视，"致使被评院校迎评时全力以赴，软件建设与硬件建设均卓有成效，特别是几经动员，师生员工在专家组进校后也呈现出最佳精神状态，万众一心，志在争优。但专家组离校后，某些暂时得以抑制的不良倾向又故态复萌，令教风与学风严重滑坡，使得通过评估以提高教育质量的初衷难以实现。"为此，我们可以借鉴法国的做法，在评估结束后一定期限内，根据评估报告对反馈到高校的信息进行跟踪检查，以确保评估报告中指出的问题得到有效解决，所提改进意见得到较好的实施。

3.4.2 加拿大的高等教育制度的分析及启示

加拿大是世界最大国家之一，国土面积997万平方公里。同时它也是世界上民族成分最多的国家之一，目前加拿大分布着130多个种族，以英裔和法裔(主要集中在魁北克省)为主，官方语言为英语和法语。联合发展计划署连续七年将加拿大评定为人类发展指数居世界第一位的国家，其中加拿大教育指标排分最高。中国的国土面积居世界第三，也是多民族国家，相似的国情使得加拿大高等教育的成功经验和做法可以为中国参考和借鉴。

1. 加拿大高等教育体系概述

加拿大的高等教育开始于1663年的魁北克神学院，至今已有340多年的历史。加拿大高等教育曾受英格兰、爱尔兰、苏格兰、法国、德国、美国的影响，这些影响在不同的时期和不同的社会经济条件下产生了重要作用。经过340多年的发展，加拿大形成了高度发达、多元特色的高等教育体系。每所学校都是相对独立的，具有高度的办学自主权，学校可以自行聘请教师、制订课程、颁发学历。现在在加拿大，每年约有130万左右的全日制学生在大学或学院学习。

(1)高等教育机构组成

加拿大高等教育机构分为大学(University)、大学学院(University College)、社区学院(College)和私立职业学校(Career College)。

加拿大有高等院校200多所，其中大学93所，其余为大学学院。在加拿大，大学通常指那些有权授予学位的高等教育机构。加拿大的93所大学均是加拿大高等院校联合会的会员学校，其中70多所可授予各类专业学位，有十几所大学无学位授予权，委托与其有联系的其他大学授予学位。加拿大大学非常注重个性化，强调与众不同的校风和特色，大学的课程内容丰富多彩。

加拿大有社区学院 175 所，社区学院学制一般为 2 年，只授文凭，不授学位。各省基本都开办了社区学院，提供 1 到 3 年的职业培训课程，便于学生直接就业或转入大学继续深造。高等教育除正规的大学系统外，还有不少技术学校或私立职业学校，这些学校开传统职业专业和专门技术培训课程。

(2)高等教育培养目标

加拿大高等教育定位明确，层次清楚，分工明确。分属于两个层次的大学与学院各自承担了不同的任务：大学侧重于学术研究，主要负责培养高级研究和管理人才，进行研究生和本科生教育；大学学院侧重于应用技术研究，主要负责培养应用型技术人才，进行本专科层次的教育；社区学院主要进行两年制以下学历和文凭教育及职业技术教育。

(3)高等教育行政制度

加拿大属于联邦国家，全国共有 16 个省区，加拿大联邦政府不设教育部，也没有专门的国家高等教育管理机构，教育事务主要由联邦政府国务秘书处负责，联邦政府则是通过资金和项目资助的方式参与国家高等教育事务。加拿大没有全国性的统一教育政策和规章制度，各省在学制、课程、考试等方面不完全相同。

根据法律规定，国家的高等教育立法权和管理权在省级单位。加拿大的公立大学都是省辖大学。省级政府在加拿大高等教育发展中发挥了重要作用，各省区设立的教育部负责高等教育。各省区教育部的主要任务：一是制定方针政策；二是提供拨款；三是对学校进行监督评估。负责制定全省的高等教育方针和计划，完成向各校拨款等事务。

此外，全国范围内存在加拿大大学与学院联合会、加拿大教育部长联合会、加拿大大学教师协会、加拿大大学生协会等中间机构，向联邦政府提供高等教育方面咨询和建议，加强政府与大学之间的沟通和联系，而加拿大自然科学与工程研究委员会、加拿大医学研究委员会、加拿大社会科学与人文科学研究委员会在指导和资助高校完成各类科学研究。

(4)学历及学位制度

加拿大的高等教育学位证书分三种：学士（Bachelor）、硕士（Master）和博士（Doctor of Philosophy）。

学士学位证书一般为大学或大学学院所颁发，学习时间一般为 3—4 年，专业学士需 3—5 年，部分专业如医学、工程技术和工商管理等，则需 5—6 年。

硕士学位的学习期间为 2—4 年，时间长短取决于所修课程数及有无论文要求，一般文学硕士或理学硕士需要攻读较长的时间。而专业硕士则时间较短，如计算机、商学硕士等，一般为一年半时间。

攻读博士学位者需有硕士学位，一般学习时间 4－7 年，加拿大大学基本上都实行学分制，但计算学分的方法各有不同，学生必须修完学分，才可以拿到学位。一般硕士生和博士生除了修满所规定的课程外，还要写论文，并完成答辩。

2. 加拿大高等教育的管理体制

(1) 行政管理

加拿大各校实行高度的自治管理，具体的行政管理和教学事务均由学校自行决定和实施，省政府无权干涉。董事会是大学行政系统的最高权力机构，成员绝大部分来自当地政府、企业界、校友、教师和学生。董事会负责选聘校长、对学校重大问题做出决策、审批学校预决算和监督财务状况等，一般董事会由 12－60 人组成，董事任期五年。校长是大学的行政负责人，主要职责是筹措捐款、选聘教师和建立规章制度；各校一般都有若干副校长，分管不同方面的事务；院系领导和科研部门负责人由校方聘任。

(2) 教学管理

评议会是学校的最高学术机构，负责学校内部的所有教学事务和学术活动，例如颁布毕业标准、授予学位、聘任教师、审定学科课程、制订教学计划和科研规划等。评议会一般由 30－100 人组成，人员包括：副校长、各学院院长以及各院系的教师代表，校长为委员会主席。董事会可以通过是否批准预算来对其施加影响，因此校长的一项重要职责就是协调董事会和评议会这两大决策机构。

(3) 科研管理

加拿大各各校结合发挥自身的专业优势，主动与企业和科研部门合作，加快科研创新和技术转让的步伐。大学成立研究中心，教授和学者走出校门主动与企业建立伙伴关系。这样一来，教师可以转让科研技术，开发基于技术的各类产品，促进科研工作的针对性和实用性，还同时提高了高校科研工作的经济效益，解决科研经费短缺的问题。

自然科学与工程研究基金会和创新基金会联合在各高校设立专门机构，完成国家急需的课题研究，工作实验室和办公场所由学校提供，研究人员的工资和一切设施、设备和科研费用由基金会承担。

(4) 经费管理

加拿大的教育经费来源渠道主要有五条：一是省政府拨款；二是联邦政府资助；三是社会机构和私人捐款；四是校办产业、科研收入；五是学生学费。

加拿大各省政府通过财政预算向高校拨发事业费和基本建设费，教育经费依据前两年在校学生数拨给，大学 50%－70% 以上的经费来源于政府财政拨款。联邦政府主要通过各种研究基金会,如自然科学与工程研究基金会、社会与人文科学研究基金会和医学研究基金会,为高校提供科研经费,这部分经费大约占高校科研经费的 80%。此外,学校还通过校办产业、科研和社会服务、学费收入、个人捐款、公司赞助、社会机构捐助等途径筹措经费。各大学除校长负责筹款外,一般还有一名副校长负责筹款的实际工作,并成立专门的筹款机构。

(5)教师聘请

加拿大高校教师的职称分为教授、副教授、助理教授、讲师四个层次。实行公开招聘教师制度,教授向全世界公开进行招聘。对于成绩卓著、考核合格的教授实行终身教授制;对于没有晋升或没有聘用的教师则遵循解职离校、非聘即走的原则。聘任期间,各级教师都承担教学、科研、技术转让和社会服务等任务。大学教师的工作量一般为教学 30%、服务 30% 、科研 40%。如多伦多大学规定,各级教师承担的教学和科研工作要各占 40%,技术转让或社会服务工作由教师自主安排,一般不作定量要求。

3. 加拿大高等教育的办学特色

(1)高度的自治性和独立性

加拿大的大学具有高度的自治性和独立性。具体体现在以下几个方面:

1)自主进行招生。加拿大高等院校的招生没有统一规定,不同省份的学校甚至一个学校的不同院系都可以根据自己的需求和条件制定不同的招生章程。

2)自主设置课程及学分。加拿大的高等学校普遍实行了弹性学制和学分制,学生修满学分可以提前毕业,完不成学分可以延长学习时间。

3)自主设置专业和专业方向。学校根据经济社会发展的需要对专业及时予以调整。

4)自主进行人事分配、聘任教职员工。

5)自主进行联合办学、开展国际教育与合作交流。

(2)双语化、国际化的教育

由于历史的原因,加拿大继承了英法两国的传统,同时又受其邻国美国的影响,所以逐渐形成了双语化、国际化的高等教育体系。加拿大大部分法裔人口集中在魁北克省,但法语社区遍布全国各地,同时魁北克省也遍布英语社区。加拿大大部分学校使用英语教学,一部分使用英法两种官方语言教学,而其余则完全使用法语授课。在一些英语大学中,法裔学生可用法语撰写论文和参加考试。

加拿大是世界上吸收外国留学生最多的国家之一。2005 年,加拿大吸引了全世界留学生的 5%,排在美国、英国、德国、法国、澳大利亚之后。1957 年滑铁卢大学首创了加拿大合作教育的形式。经过多年的发展,加拿大共有五十多所大学,

五十多所社区学院参加了合作教育。而多伦多大学、约克大学国际合作教育近年来不断发展，（3）以人为本的教育理念

以人为本的教育理念贯穿于加拿大高校的教学活动中。在学生培养方面，多数院校为学生量身订制培养计划，提供丰富多样的课程和方案，供学生选择。学生取得学位、学历没有年限限制，两年制的专科可以读到八年。加拿大没有学历教育、成人教育和远程教育的差别，可以本科转专科、专科升本科。学生可以根据自己的学习能力和志愿，随时更改自己的学习计划，可以自由选择学习方式、学习课程、注册时间。

学校管理方面，除了要求学生必须考试合格外，学校不对学生做出其他任何硬性规定。大学的工作人员，除授课教师之后，最多的就是学生顾问。学生顾问为每个学生提供学习和生活两方面的顾问服务。为了帮助留学生尽快适应加拿大的学习和生活，学校还提供"本地家庭寄宿计划"，让留学生有更多的机会了解加拿大的家庭生活和风俗文化，同时能拥有良好的英语语言环境。

校园建设方面，许多学校的图书馆、教室、食堂等公共场所，随处可见人性化的设施，如座椅、书包桌、学习讨论场地等，学校还为残疾学生专门设置了自动开门按钮，提供了专门的卫生间和就餐桌等。

（4）多形式的合作办学模式

加拿大的高等院校至少有如下几种联合办学模式：

一是大学与学院的直接联合。如约克大学和圣力嘉学院的联合就是直接联合。圣力嘉学院的一个分院直接建立在约克大学的校园内，两校实行资源共享、学分互认，专科可以直接升入本科。

二是大学与学院合作形成一个新的办学机构。如格尔夫大学和罕伯学院，两校联合产生出一个新的办学实体，该新的办学实体具有独立法人地位，有自己的董事会和独立的财权，由政府拨款，教师由两个学校派出，可以同时发两个学校的毕业证书。

三是多所大学共同组建一个新的合作项目。如安大略省 10 所大学共同建立的护士联盟。这个合作联盟有自己单独的预算和独立的董事会，制定护士培训教育统一的教学规划和教育质量标准，协调 10 所大学的护士课程，而学生上课仍在各个高校，由各个高校发放文凭。

四是依托学院发展，组建出一个新的大学。如安大略科技学院，在与通用汽车公司合作发展的基础上，安大略省政府批准建立了安大略大学。

4. 加拿大高等教育体制对于我国的启示

(1)拓宽院校的经费筹措渠道

由于我国是一个发展中的大国，政府能用于高等教育的拨款非常有限。我国绝大部分高校为公办高校，过去主要靠国家拨款。国家对高等教育的投资远远满足不了高等教育发展的需要，对高校只进行宏观规划、评估，在资金运作上没有积极政策；再加上我国金融政策不断收紧，对高校贷款沿用企业标准，严格进行控制，忽视了高等院校属于公益事业单位，其投资效益周期长的特点，使得高校有限的贷款发挥不了应有的作用。我们应借鉴加拿大高校筹措资金的经验，改变现有的资坚实的经济基础，拓宽院校的经费筹措渠道。

(2)扩大高等院校的办学自主权

近十几年来，扩大高校的办学自主权一直是所有高校的呼声。中央政府在一系列有关高等教育事业改革和发展的文件中，也一再强调要扩大高校的办学自主权。中央政府明确的态度使高校自主办学的积极性和能力有了很大的提高。但是，传统的计划经济条件下政府包办的观念，至今仍然有着较大的影响，高校的主管部门"不该管的，却管得过多过死"的现象依然存在，《高等教育法》赋予高校的办学自主权并没有落到实处。在新形势下，传统的中央集权式教育管理模式越来越显得力不从心，甚至已经成为阻碍我国高等教育发展的瓶颈之一。因此，提高高校的办学自主权是高等教育改革重要内容，而完善大学法人制度是落实办学自主权的有效途径。

(3)建立健全有效的高校教师评价体系

在改善教师待遇、提高教师地位的同时，应加强对教师的管理与监督。加拿大高校教师采取两种评价的方法，以便进一步增强其责任心，提高其职业道德。一是学术评价，明文规定教师每年要发表至少两篇有较高学术价值的论文；二是教学评价，由学生通过书面材料来对教师的教学情况进行评价。每到期末，学校安排专门人员到各个班级，组织学生评价教师，要求授课教师主动回避。学生的评价包括两大部分。一部分是对若干个问题给出明确的意见，这些问题包括教师的课前准备工作是否妥善、是否调动了学生的积极性、教师知识是否渊博等。评价意见分为五个档次：绝对赞成、同意、中立、不同意、强烈反对。学生根据学习过程和学习体会给出合适的意见。另一部分是要求教师改进和提高的方面，学生要用文字来表述。对教学评价结果，一是由学校掌握，作为教师晋级、晋职、奖励的依据；二是反馈教师本人，促使教师不断改进教学方法，提高授课水平；三是向全校学生公布，作为学生选课的参考依据。

(4)加强产学研合作

高校坚持走产学研合作教育的道路，不仅符合我国经济发展的客观规律，也顺应了世界高等教育发展的趋势。产学研合作不仅有利于提高高校的教学质量，促进科技成果尽快转化为生产力；同时也可满足企业依靠科技进步、走出困境、促进发展、增强市场竞争力的需求。

各高校应根据自身的专业特点，积极探索产学研合作教育模式：一是建立高科技经济实体、工程技术研究中心、企业技术中心、博士后试点工作站等机构；二是依靠高校和科研院所，企业培养和培训科技和管理人员；三是组建产学研联合促进会，加强地区与校所之间的全面合作关系；四是组织高层科技人员对企业进行评审活动等。

实行产学研合作教育是高校培养德、智、体、美、劳全面发展的社会主义建设人才的重要措施。我国和西方国家的国情不同、文化背景不同、体制不同、经济基础不同，既不能照搬，也不能全盘否定，要汲取精华、去其糟粕、用其所长。这样我国高等教育才能赶上时代发展的步伐，逐步走向繁荣。

第4章　新时代下高等教育教学评估发展

·教学评估的意义

对于高校而言，科学教学评估的研究不仅具有重要的理论价值，也具有重要的现实指导意义。

1. 教学评估是国家教育行政部门转变职能，实施法治教的需要

随着教育体制的不断变革，国家教育行政部门的职能也在不断转变，由直接领导高校转变为依法宏观监督、调控。教学工作评估是加强宏观管理的重要手段。通过评估，明确学校的办对旨导思想和发展方向，规范学校的各项工巧。也要改变原有的定势，在办学自主权的范围内，面向社会依法办学，充分发挥学校自身的积极性。《中华人民巧和国高等教育法》第十一条明确规定，"高校应当面向社会，依法自主办学，实行民主管理。"唯使高校的自主办学有了法律上的依据。在此基础上，教育行政管理部门与高校之间的关系也发生了变化，教学行政部门由原来的直接参与，变为间接监管和扶持的管理方法。

2. 高校教学评估是提高高校整体办学水平，保证、控制高校教学质量的需要

随着20世纪90年代离校的不断扩招，我国离校在校生人数也不断增加，高等教育的快速发展也给高校带来了许多问题，学校办学水平、教育质量都面临着严峻挑战。高校整体办学水平的提高，需要充分发挥商校办学优势，及时解决现存的问题，规范管理，改善离校办学条件。为了保障窝校教学质量，教育部期望通过教学工作评估，使高校能够发现存在的问题，经改革促发展，走向规模适宜、结构合理、质量和效益稳步提高的轨道，探索出一条健康、协调发展的轨道。通过高校教学评估，有利于高校端正教学思想，确立本科教学工作的中也地位，积极推进改革，从一定程度上防止教学质量下滑。同时，有利于高校建立相应的教学质量与监控体系，提商教学鲁理的制度化、规划化的程度，加强对教学各个要素和环节的管理。

3. 高校教学评估是深化改革，促进教师成长，加强高校与社会联系的需要

教育改革的根本目的是提高教育教学的质量，因此，教育教学评估有助于高校解放思想，深入进行教学改革，推动教学工作上一个新的台阶，在一定程度上推动了高等教育的改革与发展，是教学改革深化的动力和突破口。同时，评估还使评估对象正确认识自己，从而调动其工作的积极性。从这个意义上说，评估是一种无声的命令，是从宏观加强管理的重要措施。教学评估同样也是培养和提高青年教师，促进青年教师尽快成长的重要手段，是推动青年教师成长和发展的重要力量。高等教育发展必须适应社会经济、政治、文化、科学技术发展的需要，只有送样才能增强办学活力和生命力。高校教学评估是密切学校与社会联系的重要途径，通过开展教学评估，收集用人部门的反馈信息，调整教学内容与教学方法，培养适应社会需要的人才。另一方面，随着中国与世界联系更紧密，国际交流越来越频繁，高校教学评估可引导中国高等教育与国际接轨，使高等教育的发展符合世界发展的潮流。

· 教学评估的功能

1. 导向功能

导向功能是指教学评估具有引导高校教师朝着理想的教学目标前进的功效与能力。高校教学评估通过一定的评估指标对教师教学进行价值判断。教师会根据评估内容，评估标准决定在教学工作中做什么，怎么做。这些评估的内容、标准对于教师来说发挥着导向的功能。根据高校的实际情况和办学特色，制定评估目标，可有效的引导高校的发展方向。

2. 鉴定功能

鉴定功能是指教学评估制定和判断教师教学合格与否、优劣程度、水平高低等实际价值的功效和能力。教学评估的结果是学校、院系做出聘任、提拔、加薪及奖惩的重要依据之一。教育评估指标给出了一个标准，在这个标准的指导下，高校可迅速做出改变，调整师资队伍，为学生组建更优秀的教师队伍。

3. 调控功能

调功能是指教学评估对于教师的教学等活动进行调节和控制的功效和能力。通过教学评估，教师可全面收集信息，调节控制教学过程，强化正确的有利于目标实现的行为。随着教学评估工作的开展，教师的教学必将得到改进与提高。

4. 监督功能

监督功能是指教学评估有利于督促教师重视教学工作，提高教学质量的功效和能力。教学评估是教育质量监控的重要手段，是提高教学质量的保障。通过教学评估，找到差距，找出问题，提示问题的原因，并找到解决办法，送样就实现了教育评估的目标。

· 教学评估的原则

教学评估是个复杂的过程，评估的基本原则是需要遵守的。

1. 规范化原则

规范化的原则我们通过两个方面来说明。一方面，教学评估应现代教育理论为指导，其评估目标、标准、程序，方法和结论不仅要符合教学规律，而且要考虑本校实际情况；另一方面，在评估进行的过程中，对评估对象进行科学的评价，采用科学的方法和程序是非常重要的，但关键是要有实事求是的理念，保证评估结论的可靠性和准确性。

2. 民主化原则

即确保评估过程透明化，评估的每一个过程，每一道程序都要公正透明。同时还要确保学校主体地位的实现，倾听所有参与者的意见和诉求，只有这样才能真正实现教学评估的目的，促进教学工作的改善。

3. 多元化原则

高校教学评估复杂化要求教学评估要坚持科学性和民主性原则，这就需要贯彻多元化原则。评估主体，内容和方法都要多元化，送样的评估才是全面、客观、公正的评估。

4. 发展性原则

著名的教育评估专家斯塔弗尔比姆有一个著名论断；"评估最重要的意图不是为了证明，而是为了改进"。即评促发展，开展岛校教学评估关注的不仅仅是评估对象过去的表现，还要关注现状，便纠正问题，明确发展方向和制定发展计划，把握未来。

·教学评估的作用

实践证明，评估工作对落实教学工作的中心地位，增加教学经费投入，改善教学条件，保证提高教学质量等方面起到了重要作用。

1. 加强了教学档案的管理收集工作

教学档案管理的科学性、规范性与否，是衡量一所高校教学管理规范与否、日常教学运行健康与否的重要体现。长期以来，许多高校由于对档案的重要性没有给予足够的重视，宣传不力，致使教职工档案意识淡薄，归档意识不强。有的教师甚至不知道哪些材料该归档保存，诸如教案、自编教材、课件等这些花费教师许多精力的档案材料，有的教师担心丢失，利用不变，不愿存档，导致相当一部分教学档案材料散存于教师个人手中或者由于没有及时收集整理而失落。其实每个高校不可能不开展教学活动，但如何做，效果怎样，往往缺乏过程记录，缺乏材料证明，评估时无据可查。到了评估的关键时刻，不得不突出补充档案材料的缺口，这不仅影响了正常的教学工作秩序，也违背了档案的原始性要求，使材料的真实性大打折扣。通过评估，加强了档案材料记录的完整性、系统性，标准性等。

2. 推动了教学改革

为了深化教学改革，需要教师不断更新教学观念，树立新的教育理念。但对广大教师来说，接受新教育观念的速度有快有慢，差异明显，特别是那些旧的教育观念已成为其思维惯性的教师，更新教育观念难度更大。这就需要一方面加大宣传教育的力度，另一方面通过评估来提高广大教师的认识水平，使他们增强改革创新意识，用新的教育理念指导自己的教学实践。

3. 提高了教学质量

评估的对象是教师，其主要任务是促进教师教学质量的提高。评估强化了教师教学质量意识、改革意识和创新意识。校评估专家经常地随机听课，对教师来说，形成了一种无形的压力，由压力转化为积极的动力，从而自觉地加大对教学的投入。同时，评估不是暗箱操作，而是将评估指标体系下发到所有教师手中，很多教师都自觉地按照要求将指标体系下发到所有学生手中，很多教师都自觉地按照指标严格要求自己，规范自己的教学活动。开展评估以来，许多教师在教学上的投入力度加大了，备课更加认真了，教学质量有了明显提高。

4. 促进了师资队伍建设

加强师资队伍建设是提高教学质量和人才培养质量的根本保证，尤其是在年轻教师不断增多的情况下，加强师资队伍建设就显得更加重要和迫切。师资队伍建设的目的是全面提高教师的综合素质。评估促进了师资队伍教育观念的更新，促进了教师业务素质的提高，促进教师"三创"意识和能力的提高，促进了师资队伍师德师风建设，从而带动了学风与校风建设，加强了师资队伍建设的宏观调控。

5. 改善了硬件设施和环境，加强完全管理

学校投入专项经费用于校园环境建设。绿化校园，新购进一批性能较好的仪器设备，使教学设备的各项性能指标有所改善，对教学场所、实验室用房、消防、安全等设施按评估标准全面检查、维修，使电、水、管道布局合理，指定安全员每日检查，发现安全隐患及时处理，避免安全事故。

6. 借助评估进行实验室教学改革

对实验内容进行了系统的优化组合，在实验教学过程中采用多媒体教学手段，将课本的理论知识制作成 CAI 课件，提高了实验教学效果。根据教学、实验大纲，完善了考核制度，把动手能力和综合分析问题能力作为实验教学考核的主要内容。

· 教学评估的类型

到目前为止，比较有代表性的评估模式主要：决策中也模式、费用－效果模式、目标游离模式和反对者模式。决策中也模式指的是判断评估的效果及如何进行评估主要根据决策的意见来进行，这种模式是由美国的斯塔弗尔比姆提出来的；费用效果模式主要指的是在评估过程中，不仅要考虑评估的效果还要考虑评估所需要的费用，要用最小的费用取得最大的评估效果，这种模式莱文为代表；目标游离模式指的是虽然评估有其设定的目标，但是因为情况的多变，在评估过程中，会出现

种种特殊况，因此要根据情况，随时调整目标，这种模式以斯克里文为代表；反对者模式指的是要根据评估方案的结果来看评估的价值，其特点是参与评估的高校可多元化的呈现自己的教育效果，这种模式以沃尔夫为代表。我国评估体系不断吸收国外的评估理论，形成了自己的评估结构，目前评估的主要分类有：

4.1　高校自评

学校自行组织的评估也称为学校内部的自我评估。例如，高校根据教育部教学工作评估指标体系对自己教学工作进行的评估。自我评估有许多优点：第一，评估面向本校实际，方式灵活，针对性强，便于全面收集信息，形成准确的判断，被评估者熟悉自己的情况，他们提供的材料可为评估者提供充分又必要的信息和材料，当然，这需要受评者在评估过程中能客观且实事求是地反映自己的情况，不能报喜不报忧。自我评估促进受评者主动去发现问题，纠正问题，有利于推进学校的变革。第二，受评着在进巧自我评估的过程中，如发现自己实际情况离达标还很远，可哲时不参加或延缓参加评估活动，有利于大大减轻评估者的工作量。第三，自我评估的结果即可作为校内教学工作自我改善，自我提高的重要依据，也可作为由校外组织并涉及本校的各种教学评估的基础。

随着我国高等教育体制改革的不断深人，开展高等学校内部的自我评估具有十分重要的现实意义。它既是在新形势下离等学校的自我管理、自我约束、自我监督、自我发展的一种有效机制，又是高等学校自觉接受来自政府和社会的监督，主动向国家的要求靠挽，在新环境下，送是保证为国家输入人才的质量的一种有力措施和手段。为了搞好这种评估，鸟等学校要建立与社会用人部门的经常性联系，掌握社会对培养人才的需求情况，搜集毕业生的反馈信息，作为校内自我评估的重要依据。

马克思主义哲学告诉我们内因是事物发展变化的根本原因，外因只有通过内因才能发挥作用。就高等教育质量的提高而言，高校自身是内因，外部质量评估只是外因。许多学者认为影响教育质量的因素复杂，仅靠外界的监督和控制难以保证高等教育的质量，一个持久的质量应当是学校全体教职工及学生共同努力的结果。强调改进、自律的功能，使评估不仅成为政府部门实现管理的手段，而且也成为高校自我发展、自我完善的重要举措。

4.1.1　高校要强化主体意识，加强内部质量控制

在政府高度集权管理体制下，高校在教育质量保证中的地位和作用没有得到应

有的重视。随着高等教育大众化的到来，高校的主体地位将随着高校教育管理体制改革的不断深化而变得越来越突出，高校在质量保证中的作用变得也越来越重要。如今，政府进一步扩大了高校"面向社会自主办学"权力，高校必须树立全面科学的发展观，认识到质量是高等教育的生命线，在规模扩大的同时，必须把不断提高质量放在突出位置。在机制建立上，要借鉴国外的经验，在学校内部建立起质量控制的自我保证体系。在制定学校发展规划的同时，要制定出质量方针和各项工作质量标准，建立并完善质量决策系统、组织指挥系统、管理制度系统、信息反馈系统和教学评价系统，加强对教学过程的评估与监控，形成内部质量保证体系。

我们要建立高等学校内部的质量评估，让高校成为自我调节、自我完善的组织，把教育质量变成教育者的自觉行动，也就是说，政府、社会、市场等外部力量只有转化为高校自身对教育质量的追求，才能够发挥出它们对高等教育质量改进和提高的实际作用。

评估的作用就是这样，外部评估只是一种压力和动力，只有高校自身以质量为追求目标，通过内部的自我评估，一方面激励教职工致力于质量改进和提高，另一方面及时发现问题，加以纠正解决，改进和提高教育质量的目的才能够真正得以实现。因此，我国在不断完善外部评估体系的同时，更应该致力于院校内部评估体系的建设，要切实做到内外部评估体系相互配合、相互补充，并坚持"内为基础、以外促内"的根本原则。

4.1.2 做好校内自评工作

切实推进高校自我评估体系建设。在大众化阶段，高校自我评估是进行动态质量管理的首要条件，也是实现教育全面质量管理的重要保证。它可以作为教育质量的监控器，推进高等教育质量、办学水平的自律高校及其子系统应该成为一种"学习型组织"，富有生机活力，充满发展势头。

高校内部的评估主要是两种一种是为迎接外部评估而进行的内部评估活动，另一种是高校为改进和提高教育教学质量而自主开展的评估活动，对于高校教育质量的改进和提高，最为关键的是后一种，有专家称这种评估为校本评估。

考察美国、英国、日本等发达国家，它们的高等教育评估体系中不仅外部评估要以高校自我评估为基础，更重要的是高校充分认识到自身在质量改进和提高中的基础性和根本性作用，往往自主组织实施一些评估活动，这些评估活动针对性强，成为高校教育教学工作改进的基础。如美国高校内部开展的教师与课程评估、计划评审、在校生和毕业生调查、附加值评估等，英国高校对专业是否有效地达到既定目标和学生的学习产出是否达到预定要求的监控、对学校各专业的培养目标和学校产出是否适当的审查等，日本各高校进行的旨在提高质量的自主检查与评估活动，等等。这些高校自主开展的内部评估活动对于高等教育质量的改进和提高起到了根本性的促进作用。

我国近些年高校内部评估发展迅速，许多高校都成立了专门评估机构，开展了大量的评估活动，其中也不乏高校基于对质量改进的自觉意识而开展的自主评估活动。但由于我国外部评估体系本身还不够科学，对高校开展致力于质量改进和提高的内部评估活动的积极促进作用还很有限，甚至由于一些高校仅仅为评估而评估，流于形式主义，扰乱了正常的教育教学活动，对教育教学质量的提高反而起到了消极影响。我国高校内部质量评估情况总体上并不乐观，特别是高校基于改进和提高质量的理念而自主开展的评估活动更显不足。

高校教育质量的内部保障体系最重要的技术特征是校本评估手段的结构化、经常化、制度化运用。在高校的教育质量活动中，通过校本评估，首先为组织及其成员提高教育教学质量提供动力其次为其努力提供稳定的、制度化的支持最后，使其获得有关人才培养活动的各种信息，通过对这些信息的分析解释和有效利用，改进学校各种专业活动的效果，从整体上提高教与学的质量。

校本评估是保证办学自主权，形成核心竞争力的重要手段。随着政府职能转变与权力的下放，高校被赋予了更多的办学自主权和自我管理的权力，这为开展校本评估提供了必要条件。当高校拥有了自我管理权力后，必然会关心质量、效益等涉及自身利益的问题，就会采取各种措施去加强各方面的管理。而校本评估是改善内部管理的有力手段，这种评估在分析学校现状和主要优势、劣势的基础上，重在发现和发掘学校的发展潜力，选准学校的最佳发展区和生长点，发扬学校的优势，弥补不足，逐步形成学校特色，培育自己的核心竞争力。

4.2　专家评估

教育行政部门组织的评估也称政府评估，它是指政府教育行政部巧依据国家规定的高校人才培养目标，对窝校教学工作进行的评估。教育行政部门组织评估的主要目的是加强政府对高等学校教学工作的管理、调控和监督，呆证高等学校教学工作沿着正确的方向前进，并不断提离办学水平和教育质量。这是一种由政府主导并实施的教学评估；评估中的衡量因素和评估内容、方法等完全由政府教育行政部门根据国家对高等学校教学工作的要求确定；评估注重学校教育的宏观层面且要求严格，客观性强；评估的结果可作为教育行政部门对高等学校教育工作进行宏观调控和分类指导的依据。教育行政部门组织开展对高等学校教学工作的评估，是国家对离等学校教学工作实行监督的一种重要实现。为了有领导、有计划地开展高等学校教学工作,教育行政部门应建立健全教学评估的组织和制度,并确定具体机构负责离等学校教学评估的日常工作。

从我国的高等教育相关的几个法规及一些纲领性的文件可以看出我国高等教育评估发展的脉络。《中华人民共和国高等教育法》第 44 条规定"高等学校的办学水平、教育质量,接受教育行政部门的监督和由其组织的评估"。这是政府对高等教育质量监督与评估的法理基础。

高等教育评估的政策法规不断完善。制定政策法规历来是我国高等教育管理的一个重要方面,涉及高等教育评估的政策法规很多,几乎自 1985 年《中共中央关于教育体制改革的决定》颁布以来的重要教育政策法规都涉及到了高等教育评估问题。《决定》明确地使用"高等学校办学水平评估"一词,标志着中国高等教育评估制度的萌芽。1990 年《普通高等学校教育评估暂行规定》的颁布,对高等教育评估的性质、主要目的、基本任务、指导思想、评估机构、评估基本形式都作了明确的规定,初步确立了中国高等教育评估制度的基本雏形,是指导高等教育评估工作的纲领性文件。1995 年颁布的《中华人民共和国教育法》第二十四条规定"国家实行教育督导制度和学校及其他教育机构教育评估制度"。此规定明确了我国高等教育评价的二种基本形式—教育督导和教育评估。随着我国高教评估工作的进一步开展,近几年国家和教育行政部门又相继下发一系列的评估法规和指导意见,如教育部于 1999 年 8 月下发的《关于加强教育督导与评估工作的意见》对加强教育督导与评估工作的重要性,教育督导与评估工作的性质,督导机构的职责,教育督导与评估制度建设,以及如何加强和改善教育督导与评估工作的领导,充分发挥督学的作用等方面提出了指导性意见。中国的高等教育评估经过了若干年的发展,1990 年原国家教委颁布《普通高等教育评估暂行规定》,成为高等教育评估从理论走向实践的标志性文件,从而使我国高等教育的评估工作正式从规划走向实施。合格评估鉴定是国家对新建普通高等学校的基本办学条件和基本教育质量的一种认可制度,由国家教育委员会组织实施,在新建普通高等学校被批准建立之后有第一届毕业生时进行,鉴定结论分合格、暂缓通过、不合格三个等次办学水平评估,是对已经鉴定合格的学校进行的经常性评估,它分为整个学校办学水平的综合评估和学校中思想政治教育、专业学科、课程及其他教育工作的单项评估,评估结束后应对每个被评单位分别提出评估报告并做出评估结论,结论分为优秀、良好、合格、不合格四种,不排名次。

选优评估是在普通高等学校中进行的评比选拔活动,其目的是在办学水平评估的基础上,遴选优秀,择优支持,促进竞争,提高水平,选优评估分省(部门)、国家两级根据选优评估结果排出名次或确定优选对象名单,予以公布,对成绩卓著的给予表彰、奖励。同时学校也进行学校内部评估，即学校内部自行组织实施的自我评估，是加强学校管理的重要手段，也是各级人民政府及其教育行政部门组织的普通高等学校教育评估工作的基础，其目的是通过自我评估，不断提高办学水平和教育质量，主动适应社会主义建设需要。

1994年初，国家教委开始有计划、有组织、大规模地实施对普通高等学校的本科教学工作进行评估。从发展过程来看，高等学校本科教学工作评估先后主要经历了五种形式1994年开始的合格评估、1996年开始试点的优秀评估、2000年开始的随机性水平评估、2002年开始的水平评估以及即将开始的独立学院的教育评估。在最早开始进行合格评估、优秀评估时，是分高校类型进行的，因此，按综合性大学、工科院校、师范院校、财经政法院校及以医药院校等类型学校，制定了多个评估方案。

随着高教体制改革的深化，大批高校合并以及单一院校综合化趋势增强，继合格评估、优秀评估之后开展的随机性水平评估，以及再后来进行的本科教学工作水平评估方案，继承前面几个评估方案的长处，将评估等级分为优秀、良好、合格、不合格，但不分科类设计评估方案并开展评估工作。

2002年，由于高教综合化趋势的进一步加强，教育部将合格评估、优秀评估和随机性水平评估三种方案合并为一个方案，即《普通高等学校本科教学工作水平评估方案》。为了体现不同高等学校的特点，在使用一个方案评估的同时，还根据不同类型的高等学校，分别制定了一个补充说明（对财经政法、师范、医药、外语类院校以及工程学校指标调整作了补充说明，）与总方案同时使用，体现了分类指导。

2003年，为了适应近年来高等教育发展和改革的新形势，适应政府转变职能、强化监督、规范管理的需要，教育部制定了《2003－2007年教育振兴行动计划》，决定实施"高等学校教学质量与教学改革工程"。在实施"科教兴国"战略过程中，党和政府及各职能部门特别强调要建立科学的评估制度，加强对高等学校教育教学质量的评估。教育部决定从2003年开始，建立五年为一周期的普中华人民共和国国家教育委员会令第号，普通高等学校教育评估暂行规定通高等学校本科教学工作水平评估制度。因为"本科教育是高等教育中的一个基本的层次，也是一个重要的层次。本科教育是高等教育的主体和重点，本科教育是研究生教育和继续教育的基础。中国现有高等教育评估体系中比较完善的主要是对教学的评估，特别是本科教学工作水平评估。随后，中国相继出台了一系列关于高等教育评估工作的文件，如《关于进一步做好普通高等学校本科教学工作评价的若干意见》、《关于加强高等学校本科教学工作提高教学质量的若干意见》、《普通高等学校本科教学工作水平评估方案

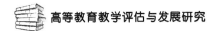

(试行)》等，使中国的高等教育评估制度进入逐步完善阶段。

高等教育评估是一种专业性很强的技术活动，参与评估的专家是评估的关键。可以从以下几个方面加强评估专家队伍建设。

(1)重视专家遴选工作，采用滚动式的专家库。

此专家库应尽可能吸纳国内外一流学科专家和评估专家。此专家队伍的有相当数量成员来自非教育系统的专家、学者、社会用人单位代表，这些代表应当有较深的学术造诣，掌握教育评估的专业理论和方法，并且有相当的理论与政策水平。同时，采用滚动式管理专家库，确保任何类型的评估都可以有专业对口的一流专家参与。

(2)重视专家培训工作

高等教育评估是一项非常专业的工作，要定期培训高教评估人员，以便及时了解教育法规政策、国内外最新的评估理论和方法、技术。

(3)重视评估的交流

实行"走出去，请进来"，多形式、多样化地组织评估人员学习国外的先进评估经验，不断地提高我国评估人员的业务水平。并根据我国被评高校的层次，适当地聘请国外的评估专家进入评估组，对一流的大学实行国际性评估，以使我国的高教评估工作更加科学化、国际化。

专家教育评估的范围与对象

1. 评估的范围

评估的范围是以课堂教学为核心的教学活动。之所以将课堂教学作为评估的核心，是因为我国高校目前仍以课堂教学为主要方式。课堂教学是教师传授知识的重要阵地，是学生提高知识素养的主要渠道。

2. 评估的对象

评估的对象是承担本科主讲任务的教师。评估的目的不是单纯地"评差"或"评优"，而是全面提高教学质量。因此，其对象是全体教师，对在学校担任本科教学任务的教师，不分专业与课程性质，不管职称与学历高低，也不分在职还是返聘与外聘，均纳入评估的范围。

3. 评估指标体系的多元化

学校、专业和课程设置的多样化，决定了评估指标体系的多元化。如果不顾及学科、专业、课程等特点，用同一个指标体系进行评估，是不合理的，也不会收到良好的效果。要适应学科门类的多样性和各学科的个性，指标体系必须从一元到多元，因而分别设计制定了文科理科、外语和实验课的评估指标体系。

4.3　社会评估

社会评估也简称为社会评估，它是指由社会中介机构组织发动并具体施行的对高等学校教学工作的一种评估。社会评估的主要目的是从社会需要的角度审视和检验高等学校教学工作，为高等学校教育管理和决策提供有价值的反馈信息，促进高等学校教育教学建设与改革。社会评估是教育系统外部对高等学校教学工作实施的评估，评估的主导者和执行者是社会学术团体或用人部门的视野；评估往往通过聘请为数众多的社会各界专家共同评定的方式，在高等学校普遍与社会联系密切，而所聘专家对学校了解较多较深的情况下，这种 评估能够较好的反映高等学校教学工作的水平；评估的结果适应于学校的整体教育工作。有组织，有目的的社会评估将会对高等学校的教育管理与决策产生较大影响，对高等学校的教育工作起到一定的激励作用。

社会评估在我国尚处于初级阶段，由于目前我国高等学校与社会各界的联系尚不够密切，社会各界对高等学校教学过程的了解也不够深入，因而社会评估往往不够准确，的结论也往往会引起争论。尽管如此，这种社会对高等学习教学的评估，能够沟通高等学校与社会的联系，调动社会各界关也支持高等学校教育的积极性，促进高等教育事业的进步。我们通常采用考察社会实践的方法来检测高校的教学质量和办学水平。社会评估实际上是社会各

大学排名始自美国。1983 年，《美国新闻与世界报导》率先推出全美大学排行榜，每两年一次，1987 年后每年一次。《美国新闻与世界报导》通常选用项指标，学术声誉、招生选择性、师资力量、财政资源、保持率、学生满意程度。每项指标都赋予相应的权重，整个评价以问卷调查的方式进行。

非政府组织的大学的排名，自 1987 年中国管理科学研究院科学研究所对各大学进行第一个排名算起，至今已经有 10 余个民间机构发布了几十个大学排行榜，引起了社会的广泛关注。民间的大学评价，实际是一种社会监督，是纳税人行使监督权的一种方式。

其中影响较大的是以武书连为组长的课题组发布的《中国大学评价》。《中国大学评价》的大学排名以"不同类型大学的科研人员平均具有相同创新能力"、"不同学科的科研人员平均具有相同创新能力"、"不同类型大学的科研人员平均具有相同的获取科研经费能力"、"不同学科的科研人员平均具有相同的获取科研经费能力"的科学假设为基础，进行了不同类型大学的相互比较。以"各大学对社会的贡献作为唯一衡量标准"的中国大学评价体系。为了确定科研成果指标权重一项内容，《中国大学评价》课题组向全国 1927 名最优秀的专家进行了 4448 人次的专家咨询专家资

格为中国科学院院士、中国工程院院士、国务院学位委员会学科评议组成员、国务院或国务院学位委员会批准的博士研究生导师。《中国大学评价》的一级指标有两个人才培养和科学研究。

当然，大学排名也存在着明显的缺陷，其中没有一个是完美的。从年中国管理科学研究院科学学研究所只有 1 项指标的最简单的大学排名发展成为 2001 年广东管理科学研究院包含有总排名、研究生院排名、学院排名、专业排名、人才培养排名、科学研究排名等概括中国高校基本功能的大学综合排名。大学排名的发展是有目共睹的，中国的大学排名需要在实践中也只能在实践中不断改进和完善。

第5章　高等教育资源配置——以河南省为例

5.1　高等教育资源配置评价

5.1.1　河南省高等教育发展的现状与问题分析

(一)河南高等教育改革与发展取得的成就

1. 高等教育规模实现了跨越式发展

2007 年，河南省高等教育在校生规模达到 195.4 万人，比 1998 年增长了 283.10%。其中研究生在学人数达到 2.2 万人，比 1998 年增长了 1 035.74%。普通本专科在校生达到 109.5 万人，比 1998 年增长了 650.97%。高等教育毛入学率达到 19.68%，提前完成了"十五"计划目标。每万人口中在校大学生数达到 111 人，比 1998 年增长了 246.42%，进一步缩小了与全国平均水平的差距。

2. 高等教育发展的新格局初步形成

通过办学体制改革，政府单一办学的格局有了较大转变。2007 年，民办普通高校发展到 11 所，占河南省普通高校在校生比例的 17.5%。过管理体制改革，形成了中央、省和省辖市三级办学，中央和省两级管理，以省为主的新的管理体制。对原中央所属的 12 所高校实行了省部共建。组建了新的郑州大学、河南大学和河南科技大学、河南理工大学和河南工业大学。12 所专科学校升格为本科院校。通过布局结构调整，优化了高校区域布局结构。新设置了 36 所高等职业技术学校，18 个省辖市和一些大的行业、部门均布局了高校，初步构建了为区域经济服务的具有地方特色的高等教育体系。通过投资体制改革，形成了以政府投资、学校收费、银行贷款和民间资本注入为主要渠道的高等教育投资新体制。通过后勤社会化改革，高校的后勤保障模式和服务方式发生了根本变化。通过就业制度改革，逐步建立和形成了市场导向、政府调控、学校推荐、学生和用人单位双向选择的就业新机制。

3. 高校"三重"建设和高层次突破战略取得显著成效

郑州大学国家"211 工程"重点建设项目进展顺利。河南省高校拥有了材料加工工程、凝聚态物理、作物栽培学与耕作学 3 个国家级重点学科，拥有了橡塑模具工程中心、小麦工程中心等 2 个国家级工程技术中心和 3 个国家级、部级重点实验室，结束了河南省高等教育无重点学校、重点学科、重点实验室的历史。郑州大学研究生院成立。高校博士学位授权点由 1998 年的 13 个增加到 50 个，硕士学位授权点由 1998 年的 197 个增加到 455 个。一批基础较好、发展潜力较大、经济建设急需的学科正在迅速成长。

4. 高校教师队伍整体水平明显提高

实施了创新人才培养工程和骨干教师资助计划，加强了在职教师继续教育工作等，高校师资队伍建设取得实效。2007 年，河南省高校专任教师达到 3.8 万人，比 1998 年增长了 73%。其中，普通高校专任教师达到 3.3 万人，比 1998 年增长了 94%。专任教师中副高以上职称的占 34%，研究生及以上学历的占 25%，其中本科院校为 32%。在省属高校工作的"两院"院士从 1998 年的 1 人增加到 73 人，并实现了河南省本土培养院士零的突破。53 个特聘教授岗位已聘任 38 人。

5. 高校办学资源大幅度增加

强力推进"高校扩容建设工程"。2007 年，河南省高校占地面积达到 11.9 万亩，比 1998 年增长了 390.32%；校舍建筑面积达到 3 527.2 万平方米，比 1998 年增长了 350.87%；固定资产总值达到 151 亿元，比 1998 年增长了 308%；教学仪器设备值达到 34.5 亿元，比 1998 年增长了 311%，图书馆藏书达到 4 671 万册，比 1998 年增长了 78%。

(二)河南高等教育发展面临的形势

1. 高等教育规模发展的任务十分繁重

河南省高等教育的整体发展水平与全国平均发展水平相比仍有较大差距。2007 年，全国高等教育毛入学率为 23%，河南省高等教育毛入学率为 19.68%；全国每万人口中普通本专科在校大学生数为 143 人，河南省每万人口中接受高等教育的在校生人数达 109 人。实现《河南省全面建设小康社会规划纲要》(以下简称《纲要》)规划的高等教育发展目标，2010 年，河南省高等教育在校生规模达到 206 万人，比现在的 106.6 万人翻一番。其中普通高等教育在校生规模达到 120 万人，比现在的 55.7 万人翻一番还多，平均每年净增加 9 万人以上。因此 2010 年以前，河南省高等教育尤其是普通高等教育规模发展仍然面临十分繁重的任务。

2. 高等教育结构调整的任务比较艰巨

(1)层次结构调整的任务很重

博士学位授予点与硕士学位授予点数量偏少。2007 年，全省研究生与普通高校本科生之比为 1：23，与全国 1：25.8 的平均水平相比差距较大，普通高校本专科招生比为 4：6，也低于全国 5：5 的平均水平，反映出河南省高校培养高层次人才的能力较弱。同时，为适应全面建设小康社会的需要，河南省高等教育未来几年仍需要快速发展，而专科层次在整个高等教育发展中仍将占有很大比重。

(2)学科专业结构调整的任务很重

《纲要》规划，河南省要加快用高新技术和先进适用技术改进、发展优势产业，大力发展高新技术产业。同时，河南作为农业大省，适应加入 WTO 的需要，必须把优势农产品的生产、加工和销售产业做大做强，因而必须加快发展涉农专业。而目前河南省高校现有的专业结构和培养能力仍不能很好地适应经济结构战略性调整的需要。因此，河南省高等教育层次结构和学科专业结构调整的任务仍然比较艰巨。

3. 支撑高等教育持续、快速发展的必要资源明显不足

(1)财政投入水平偏低，社会资源动员不足

尽管财政性高等教育经费总量逐年有所增加，但滞后于高等教育事业发展的速度。2007 年，全省普通高校生均预算内教育事业费和生均预算内公用经费远低于全国水平。河南省没有教育部直属高校，高等教育发展主要依靠省、市两级财政投入、学校自筹和动员民间资本。普通本科院校收费标准偏低，学校自筹资金的能力受到很大影响。全省高校利用信贷资金已达 263 亿元，并且陆续进入还贷期。办学主体单一的状况没有得到根本改变，多渠道筹措教育经费的体制尚未真正形成。经费投入增长的速度滞后于高等教育事业发展的速度，导致生均图书等部分生均办学条件较大幅度下降，补偿性投入压力较大等。2010 年，全省普通本专科在校生规模达到 120 万人时，需新增教育投入 225 亿元，平均每年需新增 32 亿元。因此 2010 年以前，河南省高等教育持续、快速发展与经费投入不足的矛盾将十分突出。

(2)高校师资严重短缺，成为制约河南省高等教育发展的瓶颈

高校扩招以来，河南省高校师生比由 1：8.6 发展到 1：16.8。但教师队伍还存在着学历层次不高、专业结构性矛盾突出及公共基础课和新兴学科专业的专任教师严重缺乏等问题。另外，高校教师补充能力不足和高等教育事业发展的矛盾也很突出。据测算，2010 年，全省普通高校教师应达到 8.57 万人，比 2007 年净增加 5.27 万人。不考虑离退休因素，每年平均也需要补充 7 530 人。因此，教师队伍数

量不够和补充能力不足必将成为影响河南省高等教育持续、快速、健康发展的重要因素。

4. 高等教育发展理念与人才培养模式有待进一步创新

随着社会主义市场经济体制的逐步完善和高校开放竞争格局的逐步形成，部分高校的发展理念与人才培养模式已经不能完全适应全面建设小康社会和实现中原崛起的需要。其主要表现：一是个别学校单纯追求发展规模与速度，偏重于追求学校升格和学科专业设置的"大"而"全"，办学资源不足，质量和水平难以提高；二是少数高校对自身的学科专业特色、办学优势和整体实力缺乏客观的分析与评价，定位不够准确，对人才培养内在规律研究和重视不够，教学改革创新滞后，教学管理跟不上，造成教育质量不高，大而不强；三是一些高校在贴近经济、科技和社会发展实际办学方面还显不够，不同程度地存在着对社会人才需求变化反应滞后的现象，缺乏适应市场需求的主动性，习惯于有什么师资就开设什么课程，有什么条件就举办什么专业，导致输出的毕业生与市场需求不相适应的矛盾比较突出。

5. 高校发展的社会环境有待进一步优化

在一些地方和个别部门，高等教育发展的社会环境仍然不够宽松。其主要表现在：对高等教育重要性认识不足，政策支持力度不够；过分强调公办高校面向市场筹措资金办学，政府财政性经费投入不到位；多层管理，管得过多过细，高校办学自主权难以落到实处；乱摊派，乱罚款，高校基本建设及周边环境较差等。对这些影响高校发展的各种不利环境，需要进行整治和优化。

6. 高等教育的大发展是中原崛起的重要支撑

中共河南省委七届五次全会通过的《河南省全面建设小康社会规划纲要》提出，要在优化结构和提高效益的基础上，确保实现人均国内生产总值 2020 年比 2000 年翻两番以上，达到 3 000 美元，努力使河南的发展走在中西部地区的前列，实现中原崛起。中原崛起不仅仅是一个经济目标，也是一个全面发展、协调发展和可持续发展的综合目标。实现这一宏伟目标，必须有强有力的知识、技术和人才做支撑。

现代社会的经济发展是以人力资源和科技创新为主导的，具有良好教育程度的人力资源是经济发展最重要的基础。加快发展高等教育，大力开发人力资源是经济增长的重要源泉。河南虽是有着上亿人口的大省，但人均自然资源较少。在加快经济社会发展过程中，人口多、自然资源人均占有量少的矛盾越来越突出，非再生性资源储量和可用量不断减少的趋势越来越明显，资源对经济增长的制约作用越来越大。在这种情况下，靠拼资源、拼消耗来实现中原崛起显然是行不通的。因此，加快发展高等教育，大力开发我省具有潜在优势的人力资源和人才资源，已成为我们的必然选择。一些发达国家的实践经验也充分证明了这一点。如韩国、日本、新加坡、以色列等都是靠大力发展高等教育，树立了人才资源兴国的典范。

加快工业化、城镇化，推进农业现代化是实现中原崛起的基本途径。加快工业化进程、大幅度提高劳动生产率，迫切需要高等教育培养大批专业技术人才和管理人才，尤其是高素质的科技研发人才和技能人才。加快城镇化进程，需要尽快提高人口受教育程度和整体素质。受教育程度越高，越容易向非农产业转移，向城市聚居，有利于在城市找到就业岗位，更好地在城市生存和发展，促进城市建设。用现代工业理念发展农业，推进农业现代化，促进农业科技的研究、开发和应用，发展标准化农业、创汇农业和品牌农业，努力拉长农业产业链，增强我省农业的综合竞争力，都需要高等教育培养出大量的研究和推广人才、经营和管理人才。

河南省高等教育虽然经过近几年的快速发展，在校生规模迅速扩大，2007 年已达到 2 691.7 万人，其中普通高校在校生 195.42 万人。但从总体情况看，高等教育整体实力比较薄弱的状况还没有得到根本改变。我省高等教育毛入学率虽然已由 1999 年的 6% 提高到 2007 年的 19.68%，但仍低于全国的平均水平。高等教育的发展与全省现代化建设需要和广大人民群众的巨大需求还有较大差距，满足不了中原崛起对人才和技术的需求。因此，实现中原崛起必须优先发展高等教育。

5.1.2　河南省高等教育资源配置现状分析

(一)河南高等教育资源配置的现状

根据 2012 年河南省教育厅关于教育事业发展状况《通报》统计：2012 年，全省研究生培养机构 26 处，比上年增加 3 处；普通高等学校 120 所，其中本科院校 47 所(含 8 所独立学院)，高职高专院校 73 所；成人高等学校 14 所，与上年持平。全省高等教育总规模 258.59 万人，高等教育毛入学率 27.22%。2012 年普通高等教育招生 49.82 万人，比上年增加 5.69%。统计数据显示，随着河南经济的快速发展，近些年来河南省政府加大了对高等教育的扶持力度，高校数量逐年增加，招生人数也逐年递增。但河南人口基数大，是高考考生数量大省，由于历史、地域等多种因素的影响，目前河南省缺少高质量、高水平的本科院校，政府拨款、教育资源分布也极其不平衡，导致河南高等教育资源配置存在诸多问题，下面对河南省高等教育资源的具体情况进行简要的概述。

1. 人力资源状况

中共河南省委七届五次全会通过的《河南省全面建设小康社会规划纲要》提出，要在优化结构和提高效益的基础上，确保实现人均国内生产总值 2020 年比 2000 年翻两番以上，达到 3 000 美元，努力使河南的发展走在中西部地区的前列，实现中原崛起。河南省中长期教育改革和发展规划纲要也将稳步发展高等教育和全面提高人才培养质量摆在前列。河南省对高校发展规模、速度尤其是质量的重视程度达到前所未有的高度。河南省高等教育在全国绝对规模的增速较大，但相对规模的增速较小。加快发展高等教育，必须培养具有创新能力的拔尖人才，才能支撑中原经济的崛起。但是如何才能培养具有创新能力的拔尖人才呢？除了有好的生源之外，还要求高校有较大数量的、素质较高的专任教师队伍，师资水平必须不断提高。

从绝对规模来看，河南省普通高等教育专任教师人数缓慢增长。2012 年河南普通高等教育在校生 155.9 万人，本、专科在校生分别为 83.71 万人和 72.19 万人，本专科之比为 5.37∶4.63。教职工 12.02 万人，比上年增加 0.3 万人；其中专任教师 8.6 万人，比上年增加 0.4 万人。生师比 17.22∶1，低于上年 17.29∶1（在校生和教师总数均为折合数）。专任教师副高及以上 2.94 万人（其中正高级 7052 人），占总数 34.15%，比上年提高 0.29 个百分点，本科学校和高职高专院校副高及以上所占比例分别为 38.25% 和 27.28%。专任教师中硕士及以上学历 4.12 万人（其中博士生 9 566 人），占总数 47.97%，比上年提高 1.83 个百分点。硕士及以上学位 5.19 万人（其中博士学位 9 894 人），占总数 60.38%，比上年提高 2.1 个百分点。

但是从相对数据来看，河南省在校生人数 2012 年比 10 年前的 2002 年增加了 2.33 倍，而专任教师人数 2012 年比 10 年前的 2002 年仅增加了 2.02 倍。而河南省普通高等教育生师比从 2005 年至 2012 年一直高于全国平均水平，表明了河南省高校专任教师的严重匮乏程度。尤其是各同类高校培养模式单一，管理相对封闭，基本上都是自成一体，学分不能互认，各高校之间优质教师资源不能共享，从而造成了巨大的人力资源浪费。

2. 物力资源状况

从扩招以来，河南省高校与全国高校快速发展的形势一样，招生人数激增，教学资源严重短缺，对土地和校舍等资源的需求猛增，各高校纷纷开始了新校区建设。总体来看，一方面河南省各级政府和高校大大增加了土地面积、教学行政用房和学生公寓等物力资源，另一方面积极利用社会力量投资学校建设，以缓解高校办学条件紧张的局面。

2012 年河南省普通高等教育高校占地面积 10 231.61 万平方米，比 2000 年增加了 4.21 倍；教学及辅助用房 2 298.5 万平方米，比 2000 年增加了 6.86 倍；固定资产总值 620.24 亿元，比 2000 年增加了 11.33 倍。教学、科研仪器设备总值 108.84 亿元，比 2000 年增加了 7.59 倍。从总量来看，不管是高校数量、占地面积、教学及辅助用房还是固定资产总值都有较高增幅，尤其是固定资产总值十二年间增加了 11.33 倍。

河南省地处中原腹地，可利用的土地资源相对宽裕，加之教育主管部门近年来对高等教育发展关注度与支持度很高，促进了高校物力资源的大大改善，这也使得河南省高校人均占有的教学及辅助用房基本达到全国的平均水平。但是从人均图书（纸质）拥有量来看，河南省一直低于全国平均水平。

3. 财力资源状况

河南省作为人口大省，教育发展直接影响着经济的发展，决定着中原崛起战略的实施。自改革开放以来，河南省政府非常重视教育事业的发展，在有限的条件下，尽可能保证教育的必要投入，促进教育事业的快速发展。在 2000 年的时候，河南省教育财政投入占 GDP 的比例仅为 2.06%，此时全国平均水平为 2.58%，到 2011 年河南省财政投入占 GDP 的比例为 3.45%，全国平均水平为 3.93%。十年来一直与全国平均水平有 0.5% 的差距。

与其他地区相比，2011 年河南省财政性教育经费占 GDP 比例为 3.45%，在全国 31 个省市区中排在 17 位，属于中下水平。而国内生产总值 26 931.03 亿元，排在全国第五位。总量不小，但如果要是从人均来看，则在全国处于很低的水平。

(二)河南省高等教育资源配置的现实问题

1. 河南省高等教育资源配置存在的问题

(1)高等教育资源短缺，资源配置不合理

随着高等教育大众化的普及，人们接受高等教育的机会越来越多。但是，从目前河南高等教育招生人数来看，远远不能满足人们的需求。比如，高中毛入学率达到 89.08%,，而高等教育毛入学率才达到 23.66%，高等教育供求矛盾日益突出。另外，河南是高考大省，优秀的学生众多，而高质量、高水平的高等院校没有几个，全省只有一所 211 学校——郑州大学，无法满足人们对优质教育资源的需求。这表明河南高等教育无论从数量上还是质量上，都显得不足。

河南高等教育随着我国经济转型加大了改革力度，但是在某些管理和运行机制方面仍然属于计划统一配置教育资源的模式。高等教育资源没有完全按照市场机制运作，政府仍然是高等教育经费投入的垄断者和教育计划的制定者，造成很多高等院校不计教育成本，使得有限的教育资源流失严重。由于政府的计划配置，使得高等教育资源无法适应经济社会发展的需求，无法通过竞争机制，让有限的高等教育资源发挥最大的经济效益和社会效益，资源配置的不合理严重阻碍了高等教育事业的发展。

（2）民办教育发展缓慢，运营机制不灵活

随着高等教育大众化进程的推进，高等教育办学类型出现了多元化。民办高等教育成为高等教育事业发展的一支新生力量。虽然政府一直支持社会力量兴办教育，但是相关的优惠政策大多没有到位，使得民办教育积极性不高。再加上人们对民办教育的认可度低，很多优质生源仍然集中在公办院校。另外，民办教育自负盈亏，政府几乎不对民办教育给予什么投入，使得民办教育发展十分缓慢。

由于沿袭传统的计划经济模式，高等教育资源配置仍然受到政府的过多行政干预，计划教育，统一配置，市场机制不能充分地发挥作用，导致高等教育资源投资结构不合理、运营机制不灵活、资源配置效率低下，阻碍了高等教育的发展。

（3）教育资金来源单一，资金来源渠道不通畅

到目前为止，我国高等教育经费来源主要依靠财政性经费和学杂费，社会捐赠、社会团体（个人）经费每年变化不大且数额有限。可以这样说，高等教育收费制度建立的过程是政府与居民个人分担教育成本此消彼长的过程。另外，传统免费上大学的意识没有打破，很多家庭对出钱上大学的积极性、主动性不高。政府鼓励社会或个人办学、鼓励社会或个人通过其他方式支持高等教育的优惠政策不够完善，激发不了社会、个人投资高等教育事业的热情，使得即使有社会办学，但往往得不到很好的发展。

（4）教育资源分散、闲置、浪费的现象严重

资源利用中的分散问题。在高等教育资源配置过程中，出现资源利用中的分散问题，这是影响高等教育资源供给与社会需求平衡的重要因素之一。高等教育资源分散主要体现在两个方面：一方面体现在教育资源地区、空间上的分散。如有些高等院校随着办学规模的逐渐扩大，出现多校区办学。由于空间距离的原因，使得主校区和分校区分别要建一套完整的高校运行机制。这些资源本可以共享或互补建设，但是空间上的分散造成这些资源很难被充分利用而造成浪费。另外，校外资源如与企业的联系、社会服务、社会实践等，由于各类高等院校办学条件差异较大，所在地区的差异，拥有、控制、支配校外资源的社会组织或个人不同，导致校外资源较为分散。另一方面体现在高等教育资源使用上的分散。由于各类高等院校办学规模、办学理念、办学目标不相同，横向联系相对不多，借鉴少，共享少，各自为政，造成在教育资源利用上往往不同步，较为分散。

资源利用中的闲置问题。资源出现闲置状态，主要是由于资源的使用者没有意识到资源的使用价值而闲置，或者资源的使用者能力有限，无法驾驭资源而闲置。资源的闲置说明了资源没有被充分的利用。在使用过程中教育资源同样也会受到经费、师资力量的影响而被闲置。比如，有些高校参加本科评估，很多软硬件无法达

到要求，特别是硬件条件，如实验设备等：为了通过本科评估，就突击购买设备，但因缺乏相关操作人员或管理人员，往往通过评估过后，这些实验设备就完成了它们的使命而被永久地搁置起来。很多高校为了提高教学科研质量，大量引进高学历人员，但是各种配套政策又不健全，使得引进的人才大材小用，或无事可做，造成高等院校物力资源、人力资源的浪费。

资源利用中的浪费问题。资源在使用过程中，如果出现利用不当或过度使用，未达到既定目标，都会造成资源浪费问题。高等教育经费投入主要靠政府财政拨款，拨款的依据本应根据办学规模、办学条件及政府的计划教育，但是有时政府也从政绩角度出发，不顾实际需要而进行教育经费拨款，容易使一些高校不计教育成本。由于行政划拨或分配教育资源不当，往往造成资源利用率低下，形成浪费。

(5)区域竞争力不强，没有形成规模效应

集中高等教育资源配置，有利于形成专业化、多样化办学模式，这能大大降低办学成本，提高教育资源的利用率。在集中配置过程中所形成的办学规模效应，能够增强区域的竞争力。但是，由于河南高等教育资源存在配置不合理、分布不均衡，资源利用分散、闲置、浪费等诸多问题，规模效应只集中在以省会郑州为中心的郑汴洛地区，无法向其他区域扩散。

另外，随着高等教育大众化，很多高等院校在扩张方面严重失调。不少高校不结合自身办学条件和办学理念，追求"大而全"的综合性办学模式，目标定位雷同，缺乏特色和优势，使得专业设置、人员配置不合理，造成教育资源越来越匮乏，越来越浪费。由于盲目的扩张，使得高校之间相互抵消竞争实力，阻碍了规模效应的扩散。

5.1.3　河南省高等教育资源配置评价

(一)基于改进信息熵的蚁群聚类的评价

1. 测试结果

依据算法主要思想及实现流程，开展 Matlab 编程，导入河南省高等教育配置评价指标数据，发现程序平均运行小于 50 000 次循环后，即可进行有效的分类。基于包含聚类的子空间的信息熵比不包含聚类的信息熵要小的事实，每次在进行有效操作(即拿起或者放下对象)的时候，都不依赖概率而是直接进行对应的操作，区分准备率也比较高。但由于对信息熵的依赖，在每次有效操作的时候拾起情况也频繁出现，由此产生的结果很可能是局部最优。

通过应用基于信息熵的蚁群聚类算法，将 38 个指标最终分为 21 类；其中每一类内指标具有相似的特征，类间的指标特征差别较显著。通过对以上不同指标特征进行分析，可以得出每类指标的所属类型。

2. 模型应用

因为数据较多，本书采用 2008 年至 2012 年的数据进行比较分析。建立分类模型，并运用 EAC(引入信息熵的 LF)算法循环 50 000 次，得出 38 项指标从 2008 年到 2012 年的特征变化，其各年分类结果如下。

3. 评价结果分析

为了处理及分析方便，本书对全体三级指标进行标号，从第一个三级指标"专任教师数"开始，到最后一个三级指标"参加国际学术会议论文数"，各个指标依次标记为 1 至 38。而同一模块每年的数据所获得的聚类结果不相同。该现象归结于河南省加大了在高等教育资源方面的投入且每年力度基本一致，而各指标性质存在明显差异导致了历年各指标间的聚类差异。为进一步挖掘各指标对高等教育资源配置效率的影响程度，我们对上表数据进行统计(出现次数作为三级指标的频数，三级指标的频数平均值作为相应二级指标的平均频数，同理可得一级指标平均频数)。

高等教育资源配置体系具有众多指标，既有关键指标，又有次要指标，因此首先需要对该体系的多指标进行逐级筛选，以确定关键性指标。以频数不小于 2.5 作为筛选基准，对照上表数据可知教师队伍、在校生创新能力、科研创新能力、实验室条件、教育经费支出、研究生教育、民办高校和科技成果 8 个二级指标的 5 年间平均出现频数分别为 3.25，2.8，3.5，3，2.5，3，3，3.8，说明上述 8 个二级指标是高等教育资源配置评价体系中的关键指标，对高等教育资源配置很重要。再以筛选出的二级指标为基础筛选出重要的三级指标，我们发现硕士以上教师人数、省重点学科开放实验室、普通高等学校生均教育经费支出、博士点数 4 个指标在高等教育资源配置起着至关重要的作用。

用基于改进的信息熵的蚁群聚类分析法，通过对 2008 年至 2012 年的数据分别进行聚类分析，从聚类的结果可以看出：

(1)教育经费支出中生均教育经费支出、教师队伍中硕士以上教师人数两个指标作为高等教育资源配置优化体系的核心环节，与其他教育资源联系最为紧密，是促进高等教育事业可持续发展、培养高层次的人才、促进公平、提高质量的基础。

(2)博士点数、省级重点开放实验室等对于高等教育资源配置的"质"的优化扮演相当重要的角色，对高等教育整体绩效水平的提高起到了积极的作用。

(二)基于 CRITIC 法的评价

将应用 CRITIC 法对教育资源的多项核心指标进行客观赋权，为教育资源的合理配置提供依据。

1. 数据的预处理

在多元统计分析中，各个指标之间由于计量单位和数量级不尽相同，从而使得各指标之间不具有综合性，不能直接进行综合分析，这时就必须采用某种方法对各指标数值进行无量纲化处理，解决各指标数值不可综合的问题。本书中由于三级指标存在计量单位和数量级的不同，所以，要对其进行无量纲化的处理，从而使得在下面进行权重的分析时更加合理。此次采用的无量纲的方法为极值法。

其公式为：

$$X_{ij} = \frac{X_{ij} - X_{j\min}}{X_{j\max} - X_{j\min}} \tag{5-1}$$

其中 X_{ij} 为第 i 年（$i=1$ 代表 2008 年，$i=2$ 代表 2009 年，……），第 j 个指标的取值，X_{ij} 为变换后的取值。

2. 评价结果分析

该方法的基本思路为确定指标的客观权数，是以两个基本概念为基础。一是评价指标的变异性。它表示同一指标内各个评价对象之间的差距大小，以标准差 σ_i 的形式来表现，即 σ_i 的大小反映了在同一指标内各对象取值差距的大小，σ_i 越大，各对象之间取值差距越大。二是评价指标之间的冲突性。一般是以指标间的相关性为基础的，以 $R_j = \sum\limits_{i=1}^{n}(1-rij)$ 的形式来表现，其中 rij 评价指标 i 与 j 之间的相关系数。如两个指标之间具有较强的正相关性，说明两个指标冲突性较低。各个指标的客观权重就是以指标内的变异性和指标间的冲突性来综合衡量的。

设 C_j 表示第 j 个评价指标所包含的信息量，则 C_j 可以表示为：

$$C_j = \sigma_j \sum(1-rij) = \sigma_j R_j, \quad j=1, 2, \cdots, 37, 38$$

C_j 越大，则第 j 个评价指标所包含的信息量越大，该指标的相对重要性也就越大。所以，第 j 个指标的客观权重 W_j 应为：

$$W_j = \frac{C_j}{\sum\limits_{i=1}^{n} C_i}, \quad j=1, 2, 3, \cdots, 37, 38$$

经计算可得信息量 C_j 以及权重 W_j。

5.2 高等教育资源配置约束机制

5.2.1 高等教育资源配置主客体研究

有效配置高等教育资源的核心问题，就是正确处理好高等教育资源的稀缺性和经济社会对其需求的无限性之间的关系。

高等教育资源配置系统是对高等教育资源进行分配的有机整体，分为主体系统和客体系统。马克思主义基本原理告诉我们，只有生产关系适应生产力发展的客观要求时，才会对生产力的发展起推动作用，反之则会阻碍生产力的发展。政府、高校和市场作为资源配置主体，应该主动发现市场需求，依据市场需求与配置客体之间的关系优化配置方式，从而对配置客体产生作用(图 5—1)。

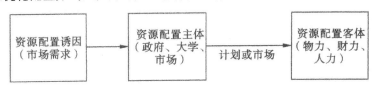

图 5—1 高等教育资源配置

(一)高等教育资源配置主体研究

高等教育资源的配置主体包括政府、高校和市场，各主体在资源配置中发挥着不同的作用，相互协调、相互影响和相互作用。政府可以保证教育资源配置公平公正，通过制度设计实现优化配置；高校是资源配置的主体，负责人力、物力、财力资源配置的具体运作；市场不仅能够拓宽高等院校资金筹措的渠道，而且也能通过竞争机制促使高等院校适应经济社会的发展。

1. 政府在高等教育资源配置中的作用

(1)政府是高等教育资源配置改革的主导者

从本质上讲，高等教育的提供与收益具有很大的"外部性"。教育投资为受教育者本身带来收入的增长、社会名誉的提升，也有利于社会文化整合、科技创新等。当私人对高等教育投资不足时，就需要政府财政拨款给予私人补贴，或者采取其他的补偿方式降低私人的边际成本，达到帕累托改善。因此，政府可以通过提供公共物品、维护教育公平和补充市场不足等方式，来实现高等教育资源配置的主导者地位。

(2)政府是高等教育资源配置制度的设计者

中国是世界上人口最多的国家，高等教育事业起步晚、基础薄弱，客观上存在着庞大的高等教育需求和有限的高等教育供给之间的深刻矛盾。这个矛盾的解决，需要依靠制度创新。按照制度学派的理解，政府是最主要的制度提供者之一，制度创新与政府行为密不可分，在制度演变中，政府行为改变程度意味着制度创新的程度。政府应站在长远和全局的高度，通过制度设计，进一步加大高等教育改革力度，让市场发挥决定性作用。作为高等教育资源配置最重要的主体，决定高等教育的发展方向，既可以通过立法、规划、政策和服务以及必要的行政手段对高等教育进行宏观引导，协调总体规模和区域高校布局，促进和激励整个高等教育系统致力于优化资源筹措与使用，提高高等教育质量，办出特色。

（3）政府是高等教育资源配置问题的协调者

目前，中国高等教育正在引入市场化体制和机制，教育不公平的问题亟待解决：一是造成不同区域、不同院校、不同生源地之间教育资源配置的不公平；二是在市场机制调控过程中，高等教育资源的公共教育体制受到了挑战；三是造成多元体制下的各办学主体的法律地位的不同。因此，政府要站在宏观调控的角度，协调区域间、院校间、学生之间以及政府和市场的矛盾，通过规范高等教育市场，最终建立起高等教育资源配置的有序竞争和良性循环的机制。

2. 高校在高等教育资源配置中的作用

（1）高校主动配置是高等教育资源的必然

克拉克·克尔在《大学的功用》中提出多元化巨型大学，认为现代大学是一种在若干种意义上的多元机构，有若干个目标和权力中心，它为若干种顾客服务，它代表着各种权力之争，代表着为多种市场、多种顾客服务。开放的社会使得高等院校更加多元化，多元化的社会价值也推动了大学制度的不断修订与发展。随着我国教育体制改革的不断深入，高校自主权不断扩大，高校在政府计划经济管制下的隶属关系不断弱化，高校主动参与教育资源配置的能力也逐步加强，并走上了主体地位。

（2）高校通过提供学术力量实现高等教育资源配置

美国教育家克拉克提出的"三角协调模式"，即高等教育配置是市场、政府和学术三种力量相互作用的结果。新增长理论认为，知识（技术进步）和人力资本是"经济增长的发动机"。学术力量内置于高等教育微观组织中，除大学组织能够提供人力资本的配置外，市场和政府都不能替代大学来配置这一"特殊资源"。如学术自治与学术自由能够保障教授在专业领域中的的权利地位，保障学科发展与科技创新的公平，保障学位、职级评价的公正。高等院校作为社会的一种功能独特的组织，其学术自由不应受到政治、经济的影响。即便是经济社会发生了重大的变革，也只能促进高等教育向开放化、多元化发展。

3. 市场在高等教育资源配置中的作用

(1)高等教育服务的需求者

高等教育服务有广义和狭义之分。广义的高等教育服务是指高等教育为社会提供的各类产出，狭义的高等教育服务则仅仅包括人才、科技成果和社会服务。

在市场经济下，高等教育作为市场主体之一，要通过自身的服务与社会进行交流。因此，市场经济下高等教育是一个开放的系统。在市场经济中，高等教育服务社会的领域不仅包括经济领域，还包括社会领域、政治领域等。可以说，市场经济下高等教育服务渗透到社会的每一个角落。

高等教育经济服务的功能是指高校培养出来的相当一部分专门人才及研究成果是针对直接的物质生产部门的，这些部门接受高校高级专门人才，采用高校科技成果，提高劳动生产率，促进经济增长。而高校的社会和政治功能则指高校毕业生可能成为政府机关、文化教育和科研机构的工作人员，为稳定社会政治、发展文化事业做出贡献。

(2)高等教育经费的补充者

目前高等教育投入绝大多数来自政府的公共财政，从经济学上讲这属于第二次分配。仅仅靠政府的投入，即便实现了4%的目标，相对于社会对教育的需求来说，这种投入依然是杯水车薪。这就必须重视"资源配置"问题，只有在有限的资源投入下，合理配置才能提高效率和效益。作为"第一次分配"的市场，应促使高校通过多种途径获取资金，比如说企业全额投资或者入股办学，共建实习实训中心，高校成立资产公司，盘活现有物力资源等。因此，市场作为高等教育资源配置的另一主体，既可以通过直接投资进行高等教育资源的微观配置，促进高等教育产业的有效竞争，又可以通过多元化的融资以及赠予等多种形式参与社会办学，并发挥激励和监管高校资源配置效益的功能。

(二)高等教育资源配置客体研究

1. 物力资源的优化配置

在计划经济时期，高等教育资源的配置都是由政府部门控制的。如高等教育的经费由政府财政拨款，高校办学规模、教学质量、招生人数都是由政府教育部门事先计划规定的，高校没有自主权，不能对高校内部资源进行优化配置和控制，因而教育资源利用率比较低下。再加上计划教育无法适应现实发展，政府监督管理滞后，使得高等教育资源浪费严重，阻碍了高等教育事业在新时期的进一步发展。因此，优化高等教育物力资源显得尤为重要。

(1)物力资源优化配置的含义

物力资源优化配置是指高校根据自身的办学特色、办学规模及教学质量、科研情况等方面的具体要求，结合自身发展的目标，将部分财力资源转为物力资源，购置或调配必备的教育物资，以确保该高校得到良性的发展。

(2)物力资源优化配置的内容

高等教育的物力资源主要包括高校拥有的固定资产，如图书馆、教室、食堂、学生宿舍等，以及高校在运营过程中所消费的一切物质材料及易损耗品，如照明设备、水、供暖、办公用品等。高等教育物力资源研究的主要内容体现在：如何实现各种教育物资的有效结合；如何确保高校在办学特色、教学质量、科研水平、就业等方面实现可持续发展；如何优化已有的教育资源配置；如何实现部分财力资源科学转化。这些内容也可以从以下三个方面表述：

提高现阶段必备物力资源的使用效率，使其达到收益最大化。一般而言，物力资源没有被充分的利用，意味着部分物力资源没有最大限度地使用，也就是说没有优化配置。这往往会对有限的高等教育资源造成严重的浪费，不利于高等教育事业的发展。因此，这就要求高校必须充分利用内部所拥有的物力资源，结合高校发展目标，最大限度地实现其效益的最大化。

根据高校的办学特色、发展目标及时调整或淘汰物力资源。各种物力资源发挥的作用不同，高校要根据各种物力资源的特殊属性，进行科学合理的调整、调配；对那些不能使用的物力资源，要及时清理、淘汰或报废，真正达到优化配置。

根据高校的中长期目标，及时购置或调配物力资源。随着高等教育大众化的改革步伐加快，高等教育不再是为少数人服务的"精英教育"。越来越多的人将享有高等教育的权利。高等院校必须在资源的积聚、扩充上做好准备。在高等教育快速发展的今天，绝大多数承办高等教育组织机构的规模也随之快速扩大，其内部学科专业结构也调整以适应经济的快速发展、社会的快速转型。在硬件建设方面，必然要求各高等院校及时添置或调配必备的物力资源，比如增建教室、图书馆、学生宿舍、食堂以及购买图书资料、仪器设备等，来满足高等教育不断增长的需求，推动社会经济的发展。

2. 财力资源的优化配置

高等教育对财力资源进行优化配置，是指将政府财政所拨的教育经费进行科学合理有效的分配，用于支付高校购置或调配教育物资、人才培养、科学研究等资源的费用，并根据这些具体资源所花费的费用来确定在该资源上投入的财力，从而对高校教育有限的财力资源进行有效的配置，实现高等教育收益达到最大化。

3．人力资源的优化配置

(1)人力资源优化配置的含义

人力资源优化配置是指根据高校办学特色、办学规模以及中长期发展目标，对从事高等教育事业的人员进行科学有效的组合，最大限度地发挥他们的潜力，使其在人才培养、科研产出等方面获得效益最大化。

(2)人力资源优化配置的目的

资源配置的目的在于提高资源配置的效率。由于人的成长背景不同，所以他所发挥的潜质、做出的贡献是不相同的。同样，在高等院校，从事高等教育事业的人员知识背景不同、经历不同，他们对高等教育带来的贡献也是不相同的。如果不根据他们的个性特点发掘潜力，他们就难以发挥主观能动性、创造性，导致工作效率的低下，造成有限的高等教育资源的浪费。优化高等教育人力资源的配置，其目的就是要结合高等教育从业人员的特点，采取不同的方式（如采取有效的激励机制、完善的高校管理运行机制等），使每一个从业人员的潜力得到充分的发挥，按照不同岗位的要求，对从业人员进行合理的调配或组合，实现在人才培养、科研产出、教学质量及内部管理等方面效益最大化，促进高等教育的可持续发展。

(3)人力资源优化配置的内容

从事高等教育事业的人员主要包括两种人：教学科研人员和教育管理人员。那么，高等教育人力资源进行优化配置的内容，无外乎跟教学科研人员和教育管理人员优化配置有关。对于教学科研人员来说，他们的工作性质偏向于教书育人、科学研究。调动他们的积极性、创新性，优化配置是重要的手段，主要通过激励的方式去优化。对于教育管理人员来说，他们的工作更加侧重于学校内部的管理。发挥他们的主观能动性，也是高等教育人力资源优化配置内容之一，其优化的方式主要是规范与竞争。

5.2.2 克拉克的"三角协调模式"

20世纪80年代，美国教育家克拉克(Clark，1983)利用社会分工与政治学理论方法研究高等教育系统运行规律及动力学机制时，提出了政府权力（政府）、学术权威（大学）和市场（社会）三因子作用的"三角协调模式"，这成为人们普遍接受的研究高等教育结构方法论的基础。他认为，高等教育系统从国家权力和市场两个方面可以重新调整为国家、市场和学术权威三个子系统组成，并且这三个子系统呈三角协调模式。其中，三角形的每个角代表一种模式的极端和另两种模式的最低限度，三角形内部的各个位置代表三种成分不同程度的结合。按照克拉克的"三角协调模式"分析框架（图5-2），高等教育资源配置中起到制衡作用的三种力量是市场、政府和学术。它们不仅影响高等教育资源配置结构，而且还影响资源的转化和产出效率。

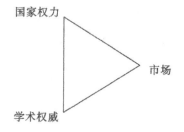

图 5—2 克拉克高等教育系统的协调三角

在这个"三角关系"中，政府力量是指政府在高等教育资源配置上的基本方式和表现形式，主要体现在公共管理和公共财政上，它通过法律、政策、拨款等形式对高等教育系统施加影响；学术力量是内置于高等教育微观组织中对人力资本投资具有特殊影响的方式，包括学术治理、学术结构和学术传统等，其影响力来自知识和专业的权威；市场力量是指与学术力量和政府力量相对应的、直接与大学组织内部结构发生关系的配置力量，如劳动力市场和法治市场，它是作为基础性作用的市场经济制度在大学组织层面上的直接体现，同时它作为无所不在的基础性力量对政府力量和学术力量起到广泛的制约作用。

英国教育学家加雷斯·威廉斯（Gareth Williams）通过对高等教育经费配置权力关系的相关研究，沿着克拉克的思路，以政府为主导因子，根据政府与大学、与市场的亲密度而划分类型，将"三角协调模式"进一步细化为：政府、市场与大学三者之间的权利是平衡的，政府作为监督者，政府作为促进者，政府作为供应者，政府支持消费者，政府作为消费者等六种模式。

5.2.3 高等教育资源配置三种力量变化与调适

长期以来，政府、市场、高校一直是高等教育资源配置的主体。然而，随着我国市场经济体制的不断完善，公共舆论评价在高等教育资源配置中的作用越来越明显。

（一）政府、市场、高校三者之间的关系

1. 内在关系

高等教育发展不均衡主要是高等教育资源配置的不均衡，而教育政策是影响教育资源配置格局的决定性因素。政府是教育政策制定和执行的主体，因而能够促进教育的公平的实现和效率的提高。按照社会经济发展对高等教育的需求，市场引导高等教育资源配置的流向，也涉及社会组织（或团体）、个人对高等教育的投入、捐赠等。但是，市场天生的逐利性、波动性、即时性，与人才培养的公益性、迟效性以及大学稳定性的特征相悖，会导致市场在高等教育资源配置上出现"市场失灵"，这时就必须发挥政府的宏观调控和补充职能。事实上，在高等教育的发展过程中，市场和政府都会有失灵的情况，二者应当是一种相互补充和交替发挥作用的关系。政府的监控是需要成本的，只有政府干预的成本小于自由市场交易的成本，并且也小于由干预所带来的社会收益时，政府的干预才是有效的。同时，高等教育产品的公益性和"准公共产品"特性，决定了"大学与市场"之间不可能完全遵循"利益最大化原则""等价交换原则"等市场准则。英国历史学家哈罗德·帕金曾经指出，大学的本质在于大学自治和学术自由，而高等教育历史发展的一个中心主题就是自由和控制的矛盾。联合国教科文组织在《关于高等教育的变革与发展的政策性文件》中明确指出，高等教育的开展与管理获得成功的前提之一，使其与国家和整个社会有良好的关系。

总而言之，目前高等教育资源配置是政府调控、市场调节、高校自治三支力量相互制衡与博弈的结果，三支力量之间此消彼长、彼此互动、有机联系，最终整合为一种系统合力。

2. 政府、市场、高校三者之间关系的变化

高等教育的市场化改变了大学、政府与市场之间的传统关系，政府不再像威廉姆斯所说的扮演中立角色，而是逐渐从促进者或供应者的角色，转向支持消费者或代理消费者的角色。随着政府行政管理体制改革的逐步推进，我国政府开始尝试放弃教育服务直接"提供者"的角色，强调"政府职能要转变，由对学校的直接行政管理，转变为运用立法、拨款、信息服务、政策指导和必要的行政手段，进行宏观管理"。按照适应中国国情和时代要求，建立依法办学、自主管理、民主监督、社会参与的现代学校制度，构建政府、学校、社会之间新型关系。有的学者在总结中国高等教育市场化发展趋势时，用"3D"和"3C"予以归纳，即权力下放（Decentralization）、非政治化（Depoliticization）、多样化（Diversification）和商品化（Commercialization）、竞争（Competition）、合作（Cooperation）。

(二)三种力量的调适——第四种力量的出现

伴随市场经济体制的确立和完善，高校教育资源配置主体系统不断地形成和完善。这个过程是社会与学校力量的不断回归，进而替代政府控制的资源配置的过程，也是各种配置力量不断调整与选择的过程。在这个过程中，原先由政府管制的资源在一定约束条件下让渡给其他配置主体，如被市场机制替代的资源、回归学术力量的资源、新规制下的政府对那些难以内部化的外部性因素进行干预的资源等。

康宁着重研究了我国高等教育资源配置转型程度的指标体系。她认为转型期我国高等教育发展与改革的主要推动力源于资源配置形式的转变；当市场经济的基本制度环境不断趋于成熟时，与之相适应的政府、市场、学术三种力量将会通过与制度创新相一致的方式，逐步使新资源配置方式替代旧有配置方式而成为基本主导模式。

那么，如何构建一个适合三种力量在不断的冲突、让渡、妥协中达到平衡的环境呢？于是，产生了与之相适应并游离于三种力量之间的第四种力量，即公共社会的舆论评价（简称公共评价），开始以一种积极和快速的方式推动资源在教育领域的流动与重组。

5.2.4　高等教育资源配置的"GMAE 约束分析模型"构建

(一)模型的构建

自有阶级和国家以来，世界上存在两种意义上的公共评价。一种是公众依照传统习惯、观念和方式，去评价各种事物和现象时表现的非意识形态化的评价；一种是权威机构凭借其政治权力，依靠它所制定的各种规范体系，通过它所控制的宣传媒介所表达出来的各种要求，这是一种意识形态化的评价。为了分析方便，本书将权威机构简单理解为国家权力，即政府。政府通过选择评价标准和整合价值信息，把主体能动性的发挥贯串在评价活动的全过程之中，同时还表现在推动权威机构评价活动向实践活动的转化之中。与之相适应，把公众按照传统习惯和观念所做出的评价称之为公共评价。随着以数字化为推手的信息革命的突飞猛进，社会公众表达诉求的渠道日益多样化，各类媒介与社会公众彼此助力，公共评价得以张扬，权威评价机构的话语权势从以往的"领导"向"引导"转型。公共评价因其突出的真实性和影响力，与来自国家权威机构的片面评价相互影响和渗透，成为重要的监督和补充力量。黑格尔把公共评价理解为群体以"无机"方式表达自己意志和意见的一般形式，"无论哪个时代，公共舆论总是一支巨大的力量，尤其在我们的时代"，公共舆论不仅包含着现实世界的真正需要和正确趋向，而且包含着永恒的实体性的正义原则，以及整个国家制度、立法和国家普遍情况的真实内容和结果。

在三种力量相互冲突、不断博弈和调适的进程中，公共评价作为"旁观者"发出客观的"声音"，理性而真实地约束平衡着三种力量。目前发展最快也是最受关注的网络媒体打破了传统话语特权的垄断，大众及时、便利、充分地表达自己的真实观点，能够与客体以平等的心态和批判的态度来行使宪法赋予的言论自由权力。面对当前我国高等教育资源配置的主体系统存在的问题，公共评价者的质疑性思维、叛逆性价值观和"解构性"行为，将对高等教育市场主体的缺位、高校在高等教育资源配置中的失位和政府在高等教育资源配置系统中的错位等，进行犀利的价值判断和评价。公共评价需要具有通畅的信息渠道，在不同社会价值观的道德规制和引导下，建立公正的评价机制，这样的评价结果才趋于客观和真实。

据此，本书构建了高等教育资源配置的"GMAE(即政府、市场、学术、公共评价)约束分析模型"，通过获取对称的信息，在传统的道德规制下，对教育资源的合理配置进行客观公正的公共评价，实现大学、政府与市场三种力量的相互制约与平衡(如图5－3所示)。

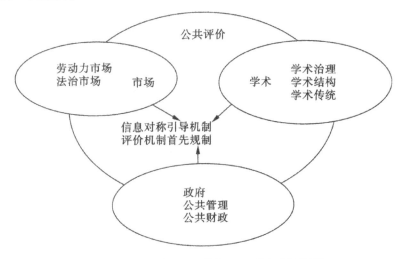

图5－3　高等教育资源配置的"GMAE 约束分析模型"

(二)模型构建的约束条件

1. 信息对称

对称的信息是保证公正评价的基础。信息经济学认为，信息不对称造成的市场交易双方的利益失衡，将影响社会的公平公正原则以及市场配置资源的效率。特别是在政府占据主导力量的时候，意识形态化的社会评价具有权威性和强制性，主要表现在政府通过调动所掌握的各种宣传工具，造成宣传声势，把一定的评价结论灌输给公众，使众多个体倾向形成比较一致的意见，利用特定的舆论来维护其权威性。不对称的信息和片面的舆论评价作为一种精神的强制，不利于正确评价资源配置效率和效果。

2. 道德规则

在本书构建的高等教育资源配置的"GMAE 约束分析模型"中，公共评价主要是在网络媒体场域内发生的。由于网络具有虚拟身份、行为自由和文化多元等特点，使得网络社会的道德价值呈现多元化的趋势，很难形成一种主流的价值判断。因此，价值判断的主导价值标准就显得尤为重要。明确主导价值标准可以使网络评价合乎理性和道德，还可以强化道德的控制协调作用，给予公共舆论的质疑性思维、叛逆性价值观和"解构性"行为以肥沃的土壤。

3. 引导机制

在缺乏有效监督的网络空间里，如何能保证公众参与的合理性、公正性？网络作为民间舆论的载体，其评价往往缺少完整性、条理性和深刻性。只有引导网民充分意识到话语权的强大力量，才能促使他们树立起对于自己言行的责任意识和法律意识。网络是了解民情、汇聚民智、客观评价、社会监督的一个重要渠道。在2014年8月18日中央全面深化改革领导小组第四次会议上，习近平总书记强调指出："推动传统媒体和新兴媒体融合发展，要遵循新闻传播规律和新兴媒体发展规律，强化互联网思维，坚持传统媒体和新兴媒体优势互补、一体发展，坚持先进技术为支撑、内容建设为根本，推动传统媒体和新兴媒体在内容、渠道、平台、经营、管理等方面的深度融合，着力打造一批形态多样、手段先进、具有竞争力的新型主流媒体，建成几家拥有强大实力和传播力、公信力、影响力的新型媒体集团，形成立体多样、融合发展的现代传播体系。要一手抓融合，一手抓管理，确保融合发展沿着正确方向推进。"政府在行使权力和制定政策的过程中，要减少"强制性的声音"，既要把握好官话"正音"，又要处理好网络"杂音"。

4. 评价机制

高等教育资源配置从计划体制到市场体制、从政府主导到市场调节的转型过程，是政府不断制定政策、宏观调控的过程，也是市场这只"无形的手"平衡供需关系的过程，亦是高校作为资源配置主体与市场力量和政府力量相互制衡，学术力量不断回归和保持持续生命力的过程。那么，这个过程对资源配置的促进程度怎样，效率、效果和效益究竟如何，公众是否满意等情形，却缺乏科学的评价机制，民主监督、媒体监督也时常处于缺位或信息不对称状态。要充分发挥公共评价的批判和监督作用，创造健康、自由的网络域场，就必须建立与之配套的评价机制；大学的功能是培养人才、科学研究和服务社会，这决定了开放性和兼容性。那么，劳动力市场内部的用人单位和高新技术企业、教育投资者、非政府组织、学生家长等权益相关者，都有资格来监督大学的运行以确保教育质量。具体措施有：定期通过网络向公众公布教育经费的来源与使用情况；高校师生进行问卷调查与访谈；委托有关专家或第三方定期对高校进行评估，及时公布评价结果与改进意见等。

通过政府提供的对称信息资源以及通畅的信息渠道，公众特别是高校师生群体在法律和道德规制的引导下，能够主动参与虚拟学术社区的调查与互动，采用模拟辩论等方式，进行观点的交锋、意见的碰撞，这将能够最大限度地发挥"第四种力量"在高等教育资源配置中的作用和影响。

5.2.5 高等教育资源配置力量的约束机制

约束机制是指为规范组织成员行为，便于组织有序运转，充分发挥其作用而制定的制度、手段的总称。它包括国家的法律法规、组织内部的规章制度，以及来自各方面、各种形式的监督等。

按照一般的约束形成机制，我们将高等教育资源配置的约束机制分为外生性和内生性两种：一种是外生性的约束机制，体现的是"人的意志"，即高校和政府；另一种是内生性的约束机制，体现的是"市场的逻辑"，即市场以及公共评价的制衡性作用。

从传统意义上来讲，资源配置力量就是政府和市场发挥着主导作用，而市场经济不完善的国家和地区，政府发挥着更大的作用。无论是政府主导型，还是市场主导型，都有自身的缺陷。政府主导型反映了政府既是投资者，又是管理者，统管一切，包揽一切，使大学缺乏生机和活力，难以适应科学技术快速发展和全球经济一体化的需要，也使得资源投入不足，没有有效的补充。市场主导型完全依靠市场的力量进行资源配置，会出现"市场不灵"的情况，造成配置的不经济。同时完全由市场配置，大学学术自由的精神将会受到冲击，进而动摇大学的文化守护者的根基。另外，学术力量在资源配置中发挥着重要作用，大学在经济社会中越来越体现出自身的价值。大学作为学术型组织，不同于一般社会组织，其自身的管理模式和运行规律都要求保持办学的自主性和独立性，大学的运作受到行政权力和学术权力的双重影响，而学术权力对大学的发展定位、培养模式、资源配置、学科发展等发挥着重要的作用。因此政府应依据教育行政法规管理大学，同时发挥大学学术力量的作用，优化教育资源的配置。随着社会的发展和进步，公众对于政府给予教育的投入既大力支持又高度关注：一方面，科教兴国的发展战略已经深入人心，公众都希望自己的孩子接受良好的教育，希望政府加大对各级各类学校的投入，拥有更加优质的教育资源，让下一代学有所成。另一方面，公众对大学的办学水平、办学质量、办学特色等较为重视，希望政府对大学的投入产生更好的效果，要求办成人们满意的高等教育。公众对大学的评价，通过参政议政、民主评议、社会舆论等方式充分表达，影响和制约政府、市场对大学的资源投入，也对大学内部的资源配置产生影响。特别是新媒体的出现，普通民众都有渠道发出自己的声音，使得公众评价的作用远远大于传统力量，必须引起高度重视。我国正处于转型发展的重要机遇期，应尽快建立符合中国国情的高等教育资源约束配置机制。

(一)外生性的约束机制——政府和学术

1. 政府力量的规制性作用

从我国的现实情况来看，政府在教育资源配置中的作用无疑是举足轻重的，但也处在转型发展的过程之中。政府的角色转换需要时间和过程，从过去的教育资源的唯一提供者、高等学校的行政领导者，逐渐向运用法律赋予权利的宏观管理者转变。它主要通过立法、拨款、信息服务、政策制定、质量监督等行政手段，对大学施加影响。

2. 大学力量的学术性作用

大学力量是内置于高等教育微观组织中对人力资本投资具有特殊影响的方式，包括学术治理、学术结构和学术传统等，其学术性作用来自知识和专业的权威。大学从政府的隶属者，转变为依法自主办学的学术性组织。大学在大学章程的框架内，对大学的发展定位、人才培养目标、学科建设、教学改革、科学研究、财务管理、师资队伍等进行统一的规划和管理，享有办学自主权。大学的学术权力日益发挥重要的作用，与行政权力分工负责、相互支持、相互监督，办出人们满意的高等教育。

(二)内生性的约束机制——市场和公共评价

1. 市场力量的基础性作用

充分发挥市场在高等教育资源配置中的基础性作用：市场逐渐占有从政府让渡的部分教育资源配置权力，市场引导社会资金流向高等教育，创办民办高校，扩大高等教育资源总量；社会组织、个人投资高等教育，捐赠、捐资助学等；大学通过科技服务，获得企事业单位的资金投入；社会参与大学的后勤服务，为大学提供资源等。由于高等教育产品的公益性和"准公共产品"的特性，市场与大学之间并不完全遵循市场利益最大化和等价交换的原则。政府应通过法律的形式，对投资教育的企业、个人给予减免税收等优惠措施，吸引更多的社会资金进入高等教育。

2. 公共评价力量的制衡性

在对政府、市场、大学的三种力量不断博弈、相互冲突和调试选择的过程中，公共评价作为独立的"第四方"发出客观的声音，真实而理性地约束制衡着这三种力量。公共评价反映出公众通过媒体、网络、交互平台等，对大学、政府、市场在高等教育资源中的配置状态，做出评价，发出声音，进一步影响到三种力量的消长变化，从而对配置力量进行有效的选择和调整。注重发挥第三方专业咨询服务机构的作用，对高等学校的人才培养质量进行评价，进而影响到政府、市场对大学资源的供给。注重发挥新媒体的作用，使普通的民众也能准确反映个人的意愿，根据民意加快教育体制机制的改革，优化高等教育资源的配置，让教育公平惠及千家万户，树立政府在人们心中的良好形象。

5.3　高等教育资源优化配置的制度设计

5.3.1　高等教育资源配置的制度创新

(一)公平公正

"大力促进教育公平，合理配置教育资源"，党的十八大报告对实现教育公平提出更高要求。教育公平就是要充分保障每一位公民受教育和参与平等竞争的权利，是实现社会公平的重要基础。因此，要坚定不移地把促进公平作为国家基本教育政策，将合理配置教育资源作为实现高等教育公平的根本措施，加快缩小省域、校际教育发展差距。

长期以来，我国不同省份之间经济发展水平的差距一直较大，高等教育发展极不均衡，导致不同区域人口接受高等教育机会的不平等，教育质量和教育水平差异也很大。人民网和《人民日报》进行的"2012 年你最关注的十大热点问题调查"结果显示，"教育公平"以 89 412 票位居关注度排行榜第四位。68.4％的网友认为，高考设置地域录取线、加分等多种附加规则，重点高校大多集中在东部地区(73 所教育部直属高校中三分之二——48 所在东部地区)都是教育资源配置的不公平的集中体现。同时，24.5％的人认为教育资源校际间分配存在明显差距。山东财经大学刘华军等利用分省数据，采用高校数、学生数、教育经费投入、师生比、生均经费等五种指标，对中国高等教育资源空间分布的非均衡与两极化进行了实证研究，结果显示：我国高等教育资源分布存在显著的空间非均衡特征，地区间差距是造成总体差距的主要来源，同时两极分化程度具有逐步加强的趋势。同时，不同高校之间教育资源的配置也不均衡。同样是本科生，经济发达地区优质高校学生的生均经费比落后地区普通高校能高出 10 倍。正是由于不同区域、不同校际的教育资源分配以及学生受教育机会的不平等，导致了学生在接受教育过程中获得的技能和劳动力资源方面的不均等，随之造成了学业成功和人生发展方面的不均等。

2014 年 6 月，在贵州大学举行的中西部发展论坛上，贵州大学校长郑强认为，在管理体制和中央财政投入方面，中西部 13 个省、自治区的高校长期被忽视，甚至被边缘化。自 1949 年至 2012 年的 63 年间，中央财政对贵州大学的累计投入为1.63 亿元，还比不上浙江大学两个月的投入。郑州大学校长、中国工程院院士刘炳天说，教育部门应该让地方高校能够充分享受部属高校的政策，配置同等的政策性资源。因此，为了最大限度地促进教育公平、改善目前高等教育资源配置的不均衡现象，最重要的是要从顶层设计和强化制度建设入手。国家要制定《教育公平促进法》，在法律上确立"教育公平"是社会的起点公平，保证教育资源首次分配的起点公平，明确公民接受平等教育的各种权利，尤其要保障弱势地区和群体接受教育的权利，对违背教育公平的行为进行科学界定并予以相应处罚。

(二)厘清政府、市场与高校的边界

1. 处理好政府与市场的彼此让渡

在资源配置过程中，政府和市场在相对独立的领域里发挥着各自的作用。在两者都发生作用的交叉情况下，政府与市场在配置资源过程中的边界就取决于成本与收益的比较。纯公共物品的义务教育，对全社会和公众具有较大的外部经济性，应该用"政府之手"加强教育资金投入和流向控制，实现教育的基础公平和效率。而高等教育不属于纯公共物品，具有较强的市场竞争性，个人受益率相比较超过了社会受益率，因此政府可以在保证人才培养质量的成本投入前提下，让渡给"市场之手"。建立并完善鼓励私人和企业教育投资的税收优惠制度和教育产权制度，鼓励社会组织(团体)及私人的投资、捐赠投向高等教育。

2. 调整政府和市场在高等教育资源配置中的位置和权限

高等教育资源作为具有正外部性的私人产品的属性，决定了可以将其进行市场化，由市场对教育资源做基础性配置，政府只起辅助性作用。《中共中央关于全面深化改革若干重大问题的决定》中59次提及"改革"一词，但首当其冲的就是"处理好政府与市场之间的关系，让市场真正在高等教育资源中起到决定性作用，而政府真正发挥它应有的作用"。言外之意，当政府这只有形的手决定放权，市场这只无形的手将更加有力。在逐步放权的过程中，政府应重新确定自己的角色，即"掌舵而不划桨"，政府应该确保高等教育组织和机构正常运行和可持续发展。由以前的直接干预微观经济主体，转变为注重宏观管理，制定教育市场规则、规范市场秩序以及营造公平的市场竞争环境等方面，确保市场力量在制度的规制下实现教育资源的最佳配置。

3. 建立政府和高校的新型合作关系

调整和完善政府与学校的关系，是深化高等教育行政体制改革，建立现代学校制度的必然要求，也是优化资源配置效率的有效途径，更是改革进入"深水区"之后的重点和难点。实现政府与学校关系的重塑，并不是简单的放权或者扩大学校自主权那么简单，这之间既有政府的简政放权，更涵盖了在市场原则、公共利益和合法

性认同基础上的深入合作。政府应"部分退出"，逐步向市场中相互竞争的机构或个人放权，通过各种政策杠杆来调控高等教育资源的配置。建立起"立法＋执法""拨款＋审计""规划＋督导"等综合的宏观管理模式，将更多的决策权下放给地方教育管理部门和高校，减少对学校在教育资金筹措、新专业设置、高层次人才引进、学术行为认定和拓展等环节的"越位"。这将有利于提高高校内部行政效率和质量，也有利于提高教育的质量和效益。

(三)建立增量创新与存量调整的机制

改革开放后，我国的高等教育政策在"效率优先，兼顾公平"的价值导向下，一方面，通过加强总体资源的扩张实现"增量"，包括持续加大财政投入、引入竞争机制。在教育资源和优质资源相对不足的情况下，通过制度创新，最大限度实现形式上的教育起点公平和入学机会均等，办人民满意的教育。截至 2012 年底，高等教育从 1998 年的 700 多万人的规模增至 3 325 万人，总规模居世界第一，毛入学率从 1998 年的不到 10％增至 30％,，进入国际公认的"大众化"阶段。我国科技人力资源总量 2012 年达到 7 000 多万人，年均增速接近 10％，居全球之首。这对于提高国民的总体素质、促进经济社会发展和建设"创新型国家"的贡献是巨大的。另一方面，高等教育规模增长与政府投入的相对速度不匹配，直接导致教育资源总量日益紧缺和匮乏，生均占有量明显下降，生师比严重超标，专业设置与社会需求脱节，造成人才培养质量的下降，使得大量毕业生对社会"无效供给"，形成了人才培养相对过剩和适岗劳动力严重短缺的局面，从而造成人力资源的严重浪费。如果简单地从控制规模、计划配置教育资源来发展高等教育，又势必会出现人才的"供给不足"，难以满足社会发展的"智能型增长"。

"不从对资产存盘的再配置人手，而着眼于在资产增量的配置上引进越来越多的市场机制的改革"的措施，统归为"增量"改革；反之，涉及现有资产再配置的改革则应归为"存量"措施。回顾 30 年来我国高等教育资源配置制度的演变轨迹，从80 年代初的公办院校扩大数量和规模的外延式扩展，到 90 年代的社会资金流向高等教育市场，促进民办院校、独立学院的蓬勃发展，以及公办院校大幅扩招快速发展，再到目前的控制规模、提高质量、分类指导、内涵发展的高等教育发展模式，无不体现出"以增量改革为主导，并逐步转为增量创新和存量调整"的政策调控过程。

1. 增量创新

增量改革是中国市场经济体制改革过程中的智慧总结，是让市场机制在资产增量的配置上发挥作用，扩大增量的同时缩小存量比重。由此看来，政府长期以来执行的"增量改革"，由于资源配置权力的垄断带来了部门分配的利益化，甚至出现了"寻租"。行政权力对资源配置起到了绝对的支配作用，而学术力量在这一过程中被边缘化，这是制约当前高等教育发展的关键因素。去行政化将是未来中国高等教育改革的核心和基本取向，但是在目前的教育体制下，要积极探索增量创新的路子。

（1）推进高等教育资源转移补偿制度

中国的高校布局是计划经济的产物，重点大学集中分布在少量几个大的城市，中西部十几个省（自治区）没有一所教育部属学校。从人口分布看，中部地区人口相对集中。2008年以后，中国的高考适龄人口处下降的态势，许多省的高考录取率达到90％以上，其优质高等教育资源出现空闲的迹象。应建立高等教育资源转移补偿制度，相对重点大学集中的省份，可以向人口多、高等教育资源匮乏的省份提供优质教育资源的转移，这些省份向转出资源的省进行一定的财政补偿，实现资源共享、良性互动，提高高等教育资源的利用效率、经济效益和社会效益。

（2）大力发展民办教育

美国的哈佛大学、耶鲁大学和斯坦福大学，日本的早稻田大学等，都是世界著名的私立大学。我国的民办大学起步虽晚但发展迅速，也开创了具有中国特色的教育体制和管理模式。截至2012年年底，全国有近700所民办高校，按照最低建设一所需要4亿元来算，企业和社会资金流向高等教育市场已经达到2 800多亿元，这有效地弥补了国家对高等教育投入的不足。另外，全国高校在校生有22％的学生在民办高校就读，为提高我国高等教育毛入学率提供了巨大支撑，已成为高等教育的重要增量。根据目前民办教育的发展状况和发展趋势，预计未来15至20年，中国民办高校数量可能会占到40％左右，逐步形成以公办高校为主体，民办高校、中外合作办学等多种办学体制并行的高等教育格局。因此，各级政府和教育行政部门需要运用创新的思维，认真分析和统筹规划民办教育的区域布局，积极在土地供给、招生计划、经费支持、质量保障等政策上予以大力扶持。

（3）大力推行国际合作办学

优质高等教育资源供给严重不足与人民大众强烈需求之间的矛盾，是当前中国高等教育存在的突出矛盾，并将长期存在。但是，如果不实现国内高等教育资源"增量"的合理配置，仅仅简单将有限资金倾斜投向优质教育机构，又会导致地方院校会落后地区的"资源配置不公平"。所以应在"以渐进性改革为主线"的基础上，鼓励引进国外优质教育资源和教育管理模式，让国内学生以相对较低的成本获取国外优质的高等教育服务，通过"增量创新"来缓解当前的供需矛盾。目前国际上已经有许多成功的范例。在短时期内建成具有国际高水平的大学，或者在某一个领域、学科处于世界领先水平，这是完全可能的。如2004年英国诺丁汉大学和浙江万里教育集团合作建立的诺丁汉大学宁波分校、西安交通大学与英国利物浦大学合作建立的西交利物浦大学、华东师范大学与美国纽约大学合作建立的上海纽约大学等，预计在不久，它们会成为优质高等教育资源的"增量"，得到快速的发展和成长。

2. 存量调整

存量调整，就是要将现有的人、财、物等高等教育资源充分利用好，达到科学配置、均衡发展、相互支撑，以实现办学效益的最大化。

(1) 公办民助的"置换式"改革

鼓励民间机构以一定的价格置换或者购买公立高校的一定数量资产，从而获得政府对于高校部分管理运营权力的让渡，建立以董事会为核心的内部治理结构和绩效评估机制，鼓励高校在人才引进、资金筹措、招生录取、专业设置等方面拥有更大的自主权，形成各具特色、适应经济发展和社会需要的人才培养模式。政府逐步从具体教育管理事务中退出，主要做好高等教育的发展规划和政策指导，建立和完善"主动服务，重在考核"的监督审计制度，杜绝出现资源闲置、资源浪费和资源流失等现象。

(2) 分类指导，办出特色

高等学校的规模过大或过小都会引起规模不经济，要么产生单位成本偏高的不经济，要么产生无效供给的不经济。目前高校普遍存在着办学目标趋同、相互盲目攀比、学校规模过大、专业重复设置、人才培养与社会严重脱节等许多问题。在高等教育资源严重短缺的情况下，这都进一步加剧了教育资源的无序竞争和低效利用，因此必须尽快出台政策加强教育资源的存量调整。教育部提出了一系列旨在提高高等教育水平和人才培养质量的政策和措施，积极鼓励协调创新，让一部分重点大学与企业、社会紧密合作，联手攻克重大科技攻关项目，培育发展成为世界一流大学。加强高等学校的分类指导，大力发展应用技术高等教育，凸显特色，发挥优势，培养企业和社会急需的各类应用型人才，满足经济和社会发展的需要。

5.3.2 建立高校教育资源的优化配置机制

(一) 人力资源优化配置

人力资源作为第一资源，是高等教育快速发展的关键。梅贻琦先生说，大学者，非有大楼之谓之，有大师之谓也。在大学校园里，大师是精神导师，是学术泰斗，是大学的领路人。无论是知识传授、科学研究、社会服务，还是文化传承，教学名师、学术权威、学科带头人都是学校培养人才、影响社会的特色和张力，是各个高校追逐的目标。不难看出，在数学模型对高等教育资源配置的评价中，教师队伍中硕士以上教师人数、生师比、正高级职称教师人数等成为影响资源配置的最核心指标。目前人力资源配置中存在的主要问题，一是结构性矛盾，二是体制性矛盾。因此，亟待建立择优聘用、科学评价、有效激励、合理流动的人力资源配置机制，以尽快解决人才短缺、人才浪费、人才低效等严重影响人才作用发挥的一系列问题。

1. 机制分析

（1）激励机制

激励是指激发人的动机，充分调动教职工的内在动力和积极性。激励可以调动教师的积极性、主动性和创造性，可以形成良好的职业道德和社会影响，还有利于教师素质的全面提高。

一般来讲，激励机制的内容主要包括物质激励和精神激励。

物质激励。主要指物质利益或物质报酬，包括短期物质利益和长期物质利益。短期物质利益主要有：基本工资，它通常是相对固定的；奖金，是对教职工努力工作的一种奖赏，它通常是变动的，具有较大的弹性；津贴和福利，是属于特殊的物质奖励。长期物质利益主要是期权和购买社会保险等，它鼓励教职工树立长远目标，关心组织的长远发展。

精神激励。根据美国著名心理学家马斯洛关于人的需要层次中尊敬和自我实现的需要的理论，每个人都有工作的需要和成就的需要。因此，分配到自己希望的岗位和充实的工作任务是对教职工的重视、信任的表现。因而能打消人们的低落情绪，激发起工作热情。人在一定时期、一定场合又表现出"自我实现人"的特征，运用精神力量、道德力量激发人的工作热情，也是教职工工作动力的重要来源。

所以，首先应强化物质利益激励。目前河南省高校教师工资同省内其他行业人员收入及其他省市高校教师工资相比都处于比较低的状态，为了使物质利益最大限度地发挥激励作用，必须精心设计激励指标和实施措施。学校应通过多种途径，想方设法提高教师收入，改善教师的生活条件。加快人事分配制度改革的步伐，按需设岗，打破传统的工资模式，形成能上能下、评聘分离、竞争上岗的机制，使工资待遇向教学和科研第一线倾斜。其次进行情感激励。情感是人与人之间交流、合作的重要纽带，情感激励也是用好现有各类人才的重要环节。校、院、系、室各级领导要以身作则、大公无私、言行一致和关怀、关心、支持教师工作，善于发现人才和使用人才，善于做到情理交融，掌握工作对象的心理特点。如果不注意根据教师的智力、技巧、能力、性格等不同情况以及具体的需要，"一刀切"式的下达工作任务，就不可能做到"人尽其才、事尽其功"。最后应通过各项制度的完善进行制度激励，稳定现有人才队伍并积极吸引外部人才资源。目前河南省高校的激励制度还比

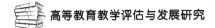

较欠缺，特别是新上的高职高专院校应对各项制度积极进行完善，并制定相应的制度以吸引外部人才，只有这样才可能更好地调动教职工的主动性、创造性和积极性，更有效地提高人力资源的利用效率。

（2）流动机制

合理的流动机制，即公平竞争、服务完善、运行有序、调控有力的运行机制，它有利于教职工选择最适合自我发展的岗位与机会，充分发挥才能，提高人力资源利用效率。

健全合理的流动机制，首先应明确产权，即教职工对自身的劳动力产权和高校拥有作为经济法人的法人财产权，使教职工真正享有自主择业权和高校拥有用人自主权，从而保证教职工的自由流动和合理流动。其次应完善制度建设。改革和破除束缚人力资源流动的传统体制和政策，加大改革人事及劳动用工制度，最大限度地释放人力资源的巨大潜力，缓解高素质人力资源缺乏与浪费并有的矛盾。最后应加强政府宏观调控。为了避免由于单纯市场调节所带来的短期性、微观性等缺陷，河南省各级政府应整体预测和规划人力资源开发、配置的目标和重点，科学而合理地指导人力资源的供求关系、就业规模、素质结构、专业结构、年龄结构及地区分布结构；健全相关的政策法规，规范人力资源市场秩序，维护人力资源市场的有序运行，最大限度地满足各地区、各类各级高校在不同发展阶段对人力资源的实际需求，确保人力资源在空间和时间上的有序化、合理化和高效率。

（3）竞争机制

高等学校引入竞争机制的目的是增强学校内部活力，调动广大教职工的积极性和创造性。竞争给予人们施展才能的机会，同时也给予人们以挑战。竞争使教职工自觉提高学识水平和工作能力，从而增强了教职工队伍的内在动力，竞争使教职工主动承担任务，追求更多的工作绩效，有利于学校的教学、科研和管理工作的开展，真正打破干多干少、干好干坏一个样的"铁饭碗"，竞争增强了人员的调配机制，从而加快了各类人员队伍结构建设的合理化进程，竞争使人才脱颖而出，大显其才，施展自己的聪明才智。利用竞争机制挖掘高校的人力资源，充分调动教职工的积极性、主动性和创造性，就会取得较好的办学效益。

加强编制管理是高校引入竞争机制的基础性工作。建立正常有序的人事管理工作，必须加强人事、机构、编制的宏观调控，做到总量控制，调整结构，保证重点。编制管理是人事管理工作中一项十分重要的工作，通过科学定编，合理设岗，逐步调整队伍结构，引进、培养和有意识地储备人才，做到人事部门总量控制编制，保持各类人员的合理结构比例，疏通人才流动渠道，实现任务和人员的科学结合，最大限度地发挥人的作用。

科学合理地设置岗位，明确岗位职责和上岗的素质标准，根据岗位素质标准择优上岗是引入竞争机制的中心工作。实行岗位责任制的出发点是通过对上岗人员的择优聘任，使各类人员明确职责，对照标准找差距，从而自觉、主动地提高自己的素质。这不仅保证了上岗人员的素质合格，更主要的是通过择优聘任，使教职工具备奋发、进取、向上的精神，从而促进教职工队伍总体素质的提高。

2. 制度分析

按照经济学的解释，教育领域中的制度是指规范、约束、协调教育领域中人们行为和关系的规则、习惯的信念或组织关系。它是国家、社会、教职工和受教育者经过多次博弈而达成的，用于约束教育领域中的组织或个人的行为和相互关系的契约关系。

制度概念具有一定的抽象性，与之相连的一个更加具体化、形式化的概念是制度安排。制度安排是管束特定行为模型和关系的一套行为规则，是制度的具体化。通常情况下，我们讲的制度实际上是指某种制度安排，本书所讲的制度就是指各种制度安排。管理制度对高校人力资源利用效率有着直接的影响，在此，我们对高校人力资源管理制度做如下分析。

(1)聘任考核制度

真正实行聘任制，是高校提高人力资源利用效率的必由之路。聘任制体现了新的用人观念，它制定了任期，改变了终身制；打破了"分配定终身"，建立了流动制；为发现人才，充分发挥人才的作用开辟了新的途径。针对河南省高职高专院校的实际情况，在具体实施时，可对专业技术人员采取以工作任务为中心的聘任制；对党政管理人员采取任期目标责任制；对后勤管理人员和工人试行承包责任制和校内合同制，并可逐步使后勤管理向社会化服务过渡。实行按岗位聘任，不仅可以保证上岗人员的素质合格，更主要的是通过择优聘任，使教职工具备奋发、进取、向上的精神，从而促进教职工队伍总体素质的提高。

聘任、考核是相辅相成、相互起作用的两种制度，没有聘任制的考核起不到激励作用，同时，没有考核制度的聘任也很难激发人的竞争意识。择优聘任、按劳分配均以科学的考核为依据。目前，河南省高校对考核制度的建立已日渐重视，已有部分高校出台了一系列行之有效的考核制度，在全省范围内也建立一套科学合理的分类、分级考核指标和办法，以激发全省高教职工的竞争意识及工作积极性。

对教师的考核不仅要考核他们的业务技术水平和能力，也要考核他们的政治思想、道德表现、工作态度等方面的情况；对行政人员的考核要注重工作实绩；为提高后勤人员的素质，考核除强调他们完成任务的数量和质量外，还要把文化知识、技术水平列为考核的内容。高校教职工多是以脑力劳动为主体的，考核不能简单地靠数量标准反映工作实绩和水平。

（2）分配制度

如何调动起教职工的积极性，如何进行制度创新，通过分配制度改革调动教职工的积极性，对于提高整个高等学校资源利用效率有着十分重要的意义。

高校的分配制度不适于采用类似计件工资的形式。由于高校教师的工作是一项复杂的系统工程，教师的努力水平和工作表现是难以仅仅用"件"——课时来衡量的，对其质的衡量更是缺乏客观标准。一名优秀的大学教师对其教学水平和教学艺术的追求是无止境的，高的教学质量和完美的教学艺术对大学生的影响是巨大的，会使其终身受益。如果对教师教学工作的报酬过分重视"件"的多少，而忽视质的提高导致教学质量的下降，最终受害的是教学的对象——学生，受损的是学校的声誉。

分析高校教师的工作特点，我们会发现教师从事的教学科研工作具有较高的相关性，尤其是同一学科的教师。如果管理者可以采用类似锦标制度的形式实行竞争性的岗位工资津贴，即通过设定不同重要程度的工作岗位，每一岗位给予不同工资津贴待遇，然后通过对同一性质岗位的教师进行排序的方式来进行，这样就能客观公正地评价教师的工作。

对于高校教师而言，教师的工作特点决定了对其工作实施有效监督是非常困难的，监督成本也是很高的。因此实行效率工资，提高教师的工资水平，对于防止或减少教师"本性偷懒"和"故意偷懒"是非常必要的。另外，提高高等学校教职工工资，使其高于市场平均水平工资，也是充分调动其积极性的有效选择。

（3）组织管理制度

当前河南省高校的规模逐渐扩大，组织机构日益健全，但是管理制度仍然沿袭着传统的两级管理模式，即校、系两级管理。近年来，尽管相当一部分高校改为校、院、系三级管理模式，但实质上学校在学科建设、专业发展、人员配置、招生等问题上还实行集权管理，一统到底。

在规模较大的高校实施这种集权的管理制度，势必衍生出行政僵化的弊端，造成沟通不畅、协调不顺、指挥不灵，容易出现决策失误、失控现象，由此而造成人力资源的浪费。在高校中应进一步建立、健全组织管理制度，切实实行三级管理模式，使高校稀缺的人力资源得到充分的利用，从而保证河南省高校能以有限的人力资源承担起高等教育大众化的使命。

3．人力资源配置举措

（1）择优聘用

我国高等院校目前人才聘用存在着体制机制僵化、人际关系因素影响等诸多方面的问题，使得进入的渠道不畅，导致优秀的人才进不来，名不副实的人员被聘用，严重阻碍了高等院校的创新与发展。首先政府要扩大高等院校用人自主权。大学有权决定人才聘用的标准和条件，有权设计录用人才的程序和方法，有权决定最终聘用人员。政府人事管理部门应树立服务意识，摈弃"官本位"思想，把教师录用和聘用权交给大学自身。其次要打破区域界线。大学根据学科发展的需要，可以在全球范围内遴选人才，破除国家、地区和行业的人才壁垒，能够便捷地办理录用手续。再次要打破人员身份界限。不拘一格降人才，无论人员的职业、学历、职称等情况，只要是大学急需的就是必要的。我们现在是非博士不能进入，滥竽充数的现象比比皆是。要建立人才资源规划，按需设岗，按岗设定聘用人员的标准，然后进行公开招聘，挑选合适的人才。最后要以制度规范代替庸俗的人际关系。很多大学担心人才聘用受到政府、社会、亲朋好友等多方面的影响，干扰正常的工作秩序，干脆把进人的标准制定得高一些，麻烦是减少了，可又造成人才的浪费。应建立人力资源的遴选制度，明确用人选人的标准，公开录用聘用的过程，建立人员选聘委员会，用学术权力代替行政权力。

（2）科学评价

人才评价的核心是实现人尽其才，才尽其用，人岗匹配，岗效挂钩。人才评价是提高人力资源使用效率、减少浪费现象的重要制度。人尽其才，就是要发挥各种人才的作用，用其所长，避其所短。要充分尊重教师的个性，虽然上课、科研、服务都是教师的天职，但也要因人而异：让教学名师多走上讲台，让科研大师多承担科技创新项目，让擅长服务社会的人员多做产学研合作。才尽其用，就是要发挥人的最大效益，制度、岗位、环境对人的才能发挥起着至关重要的作用。科学的制度设计、明晰的岗位职能、宽松的人际关系环境，都有助于调动教职工的工作潜能，让每个人都能全神贯注、心情愉快地投入工作，有效地避免矛盾和内耗，形成富有活力和效率的团队。人岗匹配，就是人员能够很好契合岗位职责的要求，教师所具备的知识、能力、素质，能够很好地完成所承担的工作。教师爱岗敬业，教书育人、科研服务成绩斐然，每个教师都是大学的一张名片，每个教师都是闪光点，每个教师都是引路人，从而培育出优秀的人才。只要做到人岗匹配，才能充分发挥人力资源的最大效益。绩效挂钩，就是工作成效与收入紧密结合，根据个人的贡献大小进行收入的分配，所以对工作业绩的评价显得尤其重要。在大学与教师签订的聘书中，明确权利与义务，量化各种工作量，确定教师的薪酬以及超额工作奖励，尊重每一份工作和劳动，按劳取酬，多劳多得，调动每位教职工的积极性和主动性。

（3）有效激励

美国心理学家马斯洛于 1943 年在《人类激励理论》中提出了著名的"马斯洛层次

需要理论"，他认为每个人都渴望得到尊重，渴望成功，然后实现人生价值的超越。激励机制是充分调动人的积极性、激发人的内在潜能的十分有效的制度设计，是推优去劣、奖勤罚懒的有效措施。如何设计分类、分级、公平、科学的激励制度，是制度设计的核心。其一是激励目标的设计。根据每人的考核评价指标，确定具体的工作量，完成基本工作量和超额工作量，奖励超额工作量。激励是引导教职工追求工作的质量和效果。有些工作是显性的，很好量化和评价。还有些工作量是隐性的，不好量化或暂时无法评价，如教学效果，既要看学生的反响和评价，还要看人才培养在社会中的反馈情况，是一个渐进的过程。其二是激励目标与工作目标的吻合度。完成基本工作目标，得到基本的薪酬和福利。激励主要针对超额的工作量进行奖励，教学科研质量越高，奖励力度也就越大，但并不是工作量越多越好。要很好地把握超额工作量的界线，重点引导和激励教师具备高水平教学和高质量科研的能力和素质，从而培养出高水平的毕业生。其三是有效的激励措施。激励要对教职工进行分类，可以分为教学、教辅、科研、管理、工勤等类别，在各类人员中都有相应的激励措施和目标，类别之间要公平合理，不能有歧视现象，各类人员都有机会得到较高的奖励。激励还要分级进行，每类人员都可以分出高中低的待遇标准，但可以高职低聘，也可以低职高聘。比如，一位讲师根据贡献可以拿到教授的待遇，教授也可能享受讲师的待遇。这样才能打破僵化的人事管理体制，激励优秀人才脱颖而出。

(4)合理流动

研究表明，如果一个人长期从事同一项工作，会缺乏激情和挑战，降低对组织和团队的归属感和愿景。因此，在公平竞争的基础上，在一定的周期内、调控有力的人才流动，可以极大地提高人力资源的使用效率，有利于教职工选择最适合自我发展的岗位与机会，充分发挥自身才能。健全合理的流动机制，首先应明确产权，现代大学制度的构建，基础就是明晰大学产权，成为有独立产权的非企业法人，高校拥有用人自主权，教职工真正享有自主择岗权，从而确保教职工的自由流动和合理流动。其次应加强制度建设，除旧立新，加大改革人事及劳动用工制度，最大限度地释放人力资源的巨大潜力，缓解高素质人力资源缺乏与浪费并存的矛盾。最后应加强政府宏观调控，各级政府应整体预测和规划人力资源开发、配置的目标和重点，科学而合理地指导人力资源的供求关系、就业规模、素质结构、专业结构、年龄结构及地区分布结构，健全相关的政策法规，规范人力资源市场秩序，维护人力资源市场的有序运行，最大限度地满足各地区、各高校在不同发展阶段对人力资源的实际需求，避免由于单纯市场调节所带来的短期性、微观性等缺陷，确保人力资源在空间和时间上的有序化、合理化和高效化。

（二）财力资源优化配置

经费短缺、财力不足是目前高校普遍存在的现象，是制约高等教育工作的最重要因素。目前，由于财力资源配置主要存在着市场机制作用发挥不足的问题，导致高校生均经费不足、投入不够与管理不善、浪费严重等现象同时存在。因此，既要探讨建立科学合理、分类拨付、公平公正的拨款机制，又要开辟多元的筹资渠道，给学校发展注入有力的财力支持。

1. 地方政府进一步加大对高等教育的投入

高等教育资金主要来自于国家、社会、家庭个人等方面。众所周知，高等教育的外部性十分明显，创造的收益的一部分以间接的渠道渗透到整个区域或社会。基于我国政府对教育投入的总量偏少这一现状，要切实加大政府对地方高校的投入力度，加强地方政府在高等教育发展中的主导作用，才能促使财政体制真正完全履行公共财政的职能。

不能过多地强调把提高学费作为解决高校经费不足的主要途径，各级政府必须保证对公办高等学校的投入。应逐步建立以政府办学为主体、社会广泛参与办学、公办高校和民办高校共同发展的新格局，推动高等教育投资多元化，充分发挥地方高校在服务地方经济和区域经济中的主力军作用。因此，加大政府在地方高校教育投入的主导作用，是高等教育和地区经济和谐发展的重要工作。

2. 确立本地区高校之间合理的教育投资结构

地方普通高校承担着促进地方小康社会的全面建设，为地方或区域的经济建设和社会发展服务，并为之提供充足的人才资源的重任。主要体现在：根据地方经济、产业和技术结构的特征和特殊的文化资源筹划学科建设，确定专业设置；以培养生产或社会活动一线的实用型人才为重点任务；在学科建设和人才培养方面集中有限资源，瞄准地方的特殊需求；在人才的知识结构和能力体系的某些方面有所突破，形成特色和创造品牌。

有些高等学校学生数量迅猛增加，占地面积很大，基本建设资金投入很大，银行的贷款很多，教职工的待遇上不去，人才外流现象严重，学科建设上不去，教学质量低下。其结果是财务负债使学校喘不过气来，负债由学校自身难以解决。为解决此问题，必须明确定位地方院校发展的规模、档次和目标。

基于更好地服务地方经济，国家应加大对西部地区和经济实力较弱的省（自治区）地方高校的财政支持，充分利用各地现有的教育资源，以高等地方学校、高等师范学校及成人高等院校等为主进行统筹规划、调整，发挥区域教育的优势和潜力，尝试建立新型的社区学院或二年制大学。这不仅可以减轻国内现有大学的招生

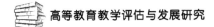

压力，提高大学入学率提供物质保证，同时，"适销对路"的地方高校的毕业生也将在地方经济建设上发挥重要的作用。

3. 高校学费制度进一步的完善与创新

对于地方院校的学费应由现行的"一刀切"定价转向多元化的学费价格体系，要充分考虑学校所在地和学生生源所在地经济发展状况，考虑到学校的层次、学科、专业，考虑到就业的经济回报率等。当然，学生家庭的经济状况也是考虑的重要因素。另外，可以采取灵活多样的收费方式：入学时一次性付清全部学费、每学年初一次付清全年学费和每学年内分多次付清全年学费，不同方式体现出一定的价格差异。通过充分注意以上差别，可以形成多元化的学费价格体系，以满足不同层次、不同地区、不同专业的受教育者的需求。当然，这种多样化的学费价格体系的形成，也需要政府的参与。对有良好预期的学校和专业实行高额学费标准，用经济手段调节需求，达到供需基本平衡。而根据社会整体利益需要设置的一些专业如基础学科、国防工程、地质采矿等，个人收益低于社会收益，政府应承担较多的教育成本，相应地收费水平应低一些，甚至免费。这样，地方院校的学费价格体系的形成能够真正达到效率优先、兼顾公平的目标。

4. 改革高校内部财务管理和监督机制

(1)教育经费在内部管理中的优化配置

教育经费在学校内部优化分配的原则：保证学校的管理正常运转。主要包括4个方面：用于各教学科研的公务费、业务费等，以维持教学科研正常进行；用于学校共同管理的经费，如学校行政管理系统中的人财物、教学科研管理机构的管理费用；用于教学科研管理及教职工学生生活服务的经费，如水、电、气的消耗等；用于学校共用的基础设施(道路、建筑物、线路、网络、环境及绿化等)的维护费、维修费等。这部分经费分配的模式基本上是"基数＋增长"。

满足各学院及科学研究机构教学科学研究的基本需要。例如，教学科研用的各类办公用品支出，校外兼职教授的教学报酬，学生实习、参观、访问等支出。这部分经费分配的基本依据是各教学科研单位的规模(如各类学生数量)，分配的原则也是"基数＋增长"。

支持学校的发展。各高校根据校园发展规划、师资发展规划和学科发展规划的要求，统一预算和分配学校的资金，把钱花在最急需的地方，提高利用效率。

教师的激励。各大学都有权将自筹收入用于激励教师。激励对象包括教学、科研、管理中的教职员工。激励手段是津贴、奖金等。激励幅度取决于学校自筹收入中用于教职工奖励的数量。激励制度安排完全由学校自己制定，学校间存在差异。

分配的程序和财务管理。

用于维持学校公共管理、公共服务、各单位教学研究正常运行的经费。由于采取"基数＋增长"的模式，在无重大政策调整的条件下，由学校主管财务的副校长、财务处长，在各管理、服务、教学科研单位中进行分配。

发展的经费和用于教职工奖励的经费。先是通过"上下结合"和"专家论证"的方式，制定学校发展规划、规则、项目和预算，然后以"教代会"等方式，广泛听取教职工意见，最后由校长办公会决定（其成员包括校级负责人，扩大时还包括公共管理各部门负责人和学院、研究机构负责人）。

学校内各单位自筹收入规定留成比例。由各单位自己支配，主要用于事业发展和教职工福利及奖励支出。

财务管理。按照中国现行的高等学校财务制度规定，除作为学校营利组织的校办企业等单位可以在银行设立独立账户外，管理、服务、教学、科研各单位都被禁止在银行设立账户，而要由学校财务部门在银行设立统一账户，也就是说学校经费收入和支出，由财务部门统一集中管理和办理，"小金库"是违规的，将受惩处。

教师个人通过竞标或委托方式所得的科研经费，虽由教师支配，但也必须存入财务处在银行的账户，其收支也由财务处统一管理。其支出范围和数额，按照项目申报时承诺的预算执行，并遵守财务制度，项目结束时的节余部分，也只能留作以后的科研使用。

经费分配中的矛盾和问题。

公平问题。对于学校各管理部门和教学研究各单位维持正常运转的经费分配，较普遍的反映是分配不公平，有的多有的少。这是由于缺乏合理的分配标准，基数加增长的模式是历史的延伸，原有的分配并无严格的合理标准，分配结果不尽合理。如综合大学中历来存在重理轻文的现象，理科分配的资源大大高于人文社会科学。对于发展经费的分配，实际上是各教学科研单位争夺校内可支配资源的问题。各专业、各学科出于自身利益都认为自己重要应优先发展。从学校角度考虑，要区分重点和一般，尤其在资源有限的条件下，不可能对各专业、各学科平均分配经费。这同样会引发经费分配不均的问题。对于发展经费的分配，虽然引入竞争、评估和集体决策等机制，但人为因素仍然存在。学校最高决策者不同的专业和学科背景甚至不同的个人偏好，都会不可避免地影响经费分配的合理和公平。

效率问题。公平是一个稀缺的教育资源在学校内部如何合理配置的问题，效率则是一个稀缺的教育资源如何有效使用的问题。目前，在经费分配中，当事人，包括校内各级管理者和教师所关注的焦点是不断地争项目、争投资，获得项目和投资后，如何使效率最大化并没有受到同等的关注。同时，缺乏客观的、严格的评估和监督机制，这使得经费的使用效率不尽如人意，遭到非议。如贵重教学科研仪器设备重复购置及其使用效率低，更有甚者，某些设备被闲置；再如项目和经费使用后达不到预期目的和目标。

制度问题。经费分配中的公平与效率问题的背景是分配管理中的制度规范问题。目前，学校内部分配经费缺乏制度规范，需要建立一套体现经费分配公平与效率的分配制度和程序。应注意以下几个问题：首先，确定分配的原则。在学校可支配的经费中，应依据什么原则或准则进行分配。其次，经费分配中的决策权配置。如何处理行政权力与学术权力的关系，如何处理行政系统中公共管理与公共服务各部门的关系，如何处理各学院、学科、专业问的关系，应在制度中明确规定。最后，客观的评价制度与严格的监督制度，以及其他相关的问题。学校经费分配最终的目标，应是稀缺资源合理有效的配置，以保证学校发展目标的实现。

(2)建立健全高校内部审计制度，提高资金使用效益

主要目的是评价组织控制，以确保指出组织潜在的风险和保证组织目标的实现。地方院校由于财力资源极为有限，因此，建立健全高校内部审计制度，提高有限资金的使用效益显得尤为重要。我们要充分发挥内部审计在资金的有效使用、降低办学成本等方面的监督和规范作用，要针对教育经济管理活动的特点，进一步加强内部财务管理，规范内部经济秩序，保障资产安全，保证教育资金合理、有效地使用，避免和减少损失浪费，提高国家和地方政府对高等教育投入资金的使用效益。

5.发展区域教育，实现财力资源的隐性增长

地方院校由于长年经费投入不足，所以，在地区间进行教育资源的共享，做好区域性教育对提高有限的财力利用效率尤为重要。

区域教育发展规划是区域规划的重要组成部分，也是一种"以跨行政区的特定经济区域为对象编制的规划"。编制区域教育规划的目的是适应"特定经济区域"的发展需求，为这些经济区域的社会经济发展和教育发展服务。长期以来，不同区域在追求各自目标的过程中，经常发生利益矛盾或教育冲突。比如，区域间争夺经费、师资和生源；区域间禁止学术交流、限制教师外流、封锁业务等。区域教育资源的结构性短缺还带来了各种弊端，例如，重复建设"小而全"或"大而全"的教育类型或层次，粗放式、外延式发展，加大了区域教育的总成本。因此，要努力消除区域教育的体制障碍，破除条块分割和地方保护，形成灵活的运行机制。要发挥政策的导向功能，促进跨区域联合开发教育市场，实现教育资源的合理配置。教育资源始终是区域教育发展的物质基础。调整和重组现有教育资源，提高优质教育资源的使用效率，最大限度地满足人民对高质量教育的要求，这是区域教育发展规划必须

关注的首要内容。在市场经济条件下，区域内部利益共享的基础是"有偿共享"。有偿不仅包括有形资产，也包括无形资产的使用。在区域教育规划中，要充分考虑到如何让资源使用者成为资源提供者，每个资源提供者的利益都能够通过共享得到补偿。把资源使用者从共享中获得的利益通过利益补偿机制反馈给资源提供者，以调动各方进行区域协调的积极性。要通过规划的协调，使资源提供者和使用者在利益上趋向平等，形成资源利用的良性循环。

当前，有计划地依托地方院校的师资、科研优势加快发展社区学院和二年制大学是非常必要的。从国内高等教育大众化的需要出发，有利于降低入学费用、使中低收入家庭子女能就近上学；有利于为地方(中等及中等以下的城市)培养为本地服务的人才；有利于提高各地区中心城镇科研、教育、文化水平和公民的素质，推动地方经济、社会的快速发展；有利于不同层次高等院校之间的教育资源衔接与共享，实现学制体系的立交连接；从地方院校的角度出发，社区学院办学目标比较集中、课程种类较少、教学及实验设施较易解决，有利于降低办学成本，提高有限教育财力投入的增值。

我国应建立政府拨款为主、学校自筹为辅、学生个人分担、社会积极参与的高等教育成本补偿体制。

(1)政府依法拨款。1993年中共中央、国务院在《中国教育改革和发展纲要》中提出，国家财政性教育经费支出占GDP的比例要达到4%。2012年，时任国务院总理的温家宝在第十一届全国人大第五次会议所做的政府工作报告中提出，2012年中央财政已按全国财政性教育经费支出占国内生产总值的4%编制预算，地方财政也要相应安排，以确保这一目标的实现。2012年、2013年教育经费的投入有了很大的提高，高等院校的政府拨款基本可以达到生均12 000元，这对于高校来说简直就是"久旱逢甘霖"。但是高校的待遇也是各不相同。北京、东部地区的高校早已超过了生均12 000元的拨款，而中西部地区由于经济发展、财政状况等原因，经费落实的情况有所不同。例如，河南省高校基本拨款是按照生均12 000元的70%来安排，其他的30%是根据重点学科、重点实验室、博士点、硕士点等进行二次分配的，好的大学拨款能达到生均17 000元左右，新建本科院校在9 000元左右，实际上并没有实现政府承诺的教育经费目标。应实施"基本拨款＋竞争性拨款"的政府财政拨款制度，要保障基本拨款按照生均12 000元的标准核拨到每所大学，另外根据财力安排一定数量的竞争性拨款，制定相应的条件，可依照高校人才培养的贡献率、科技成果的转化率、服务社会的满意度等指标，再进行二次分配。这就既实现了教育公平，又达到了鼓励先进的目的。

(2)高校积极自筹。争取增量，高校通过自身人才培养、科学研究和社会服务，

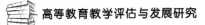

去市场争取更多更好的教育资源，存量调整，即对现有教育资源进行不断优化配置，不断提高资源利用率，不断提高服务社会的能力和水平。首先，高校要积极争取国家或地区高水平的科技攻关项目，组织科技攻关团队，调动科技资源，申报重大科技项目，争取纵向科技经费，攻占科技高地，跻身科技发展的前沿，服务国家与民族。其次，大学要积极开展产学研合作项目。大学的科技成果只有转化成生产力，才能产生巨大的经济和社会效益。高校依靠人才的优势、先进实验室的优势、位居科技前沿的优势，大力推进政产学研一体化服务，为政府决策提供有偿的咨询服务和信息服务，为企业提供科技咨询服务也可共同开发高科技产品，为国家的经济发展战略服务，推进企业产品的转型升级，为提高民族企业国际竞争力提供智力支持和科技支撑。最后，高校通过科技服务社会，培养应用型高水平人才。大学的科技活动培养了大批优秀的师资队伍，教师担当教书育人、科技服务，成为师德高尚、业务精湛的双师型教学骨干，保证了人才培养的质量。同时学生通过基础理论学习、实践实训锻炼，积极参与老师的科研活动，参加各类学术科技大赛，大大提高动手能力和创新能力，成为受社会欢迎的合格人才。毕业生通过努力成为各行各业的骨干力量，又反过来支持和帮助母校的建设和发展。

(3)学生个人分担。美国著名的经济学家西奥多·舒尔茨提出了人力资本理论，迄今仍对高等教育产生很大的影响。他认为，一个人所获得的经济与社会收益取决于他所受教育的程度，受教育的程度越高，那么收益就越大。成本分担就是根据人力资本理论提出了谁受益谁分担的原则，学生按照自身发展的需要，自费上大学，学生及家庭承担一定的学习成本；大学毕业参加工作，通过经济报酬回馈家庭。目前交费上大学是国际通行的做法，我国从 1997 年开始在全国实行大学收费制度，由学生及家庭承担部分培养成本，并对困难家庭进行困难补助和助学贷款，帮助困难学生完成学业。从十几年运行的情况来看，大学生的学费收入有效缓解了大学教育经费短缺的困难，大大丰富和扩大了教育资源，同时也使得高校扩招成为可能，从而使我国的高等教育由精英教育跨入了大众化教育的新时代。

(4)校友捐资助学。校友是学校最宝贵的资源，既反映了人才培养的成果，又是反哺母校的巨大财富。在西方国家，大学的经费来源有很大一部分来自校友对母校的捐赠。我国政府需要制定政策和制度鼓励企业家捐资助学，对相关的企业和个人给予免税等一系列优惠政策，促进企业和高校建立战略合作伙伴关系，加大资金、技术和各种资源在高校的投入，促进高校资源的优化配置。高校通过研发先进的技术和培养优秀的人才，进一步支持企业的发展，形成产教融合、校企合作的良性循环。

(三)物力资源优化配置

物力资源配置优化的主要问题是物力资源的利用率,亦即有限的物力资源投入与最大的人才培养产出。从高等学校的现状来看,物力资源配置的主要问题是实验室开放度不够和利用率低、后勤管理水平不高、教学资源的闲置和浪费等。

1. 运用现代化的管理模式扩充教学资源

从国内高校目前的情况看,由于各高校的合并、共建,国家重点大学和省属重点高校在校生规模均已稳定在 2 万至 3 万人,而一般的高校也在 2 万人左右。学校应想方设法增加教室、教学设备、实验设备、生活设施和活动场所的周转率,对课程安排、教室管理也随之进行调整。在教室的使用方面,建立学院或系部两级系统,由学校安排公共类和基础类课程的理论和实践教学,由院系安排专业基础课程和专业课程的理论教学、实验与实习。各高校在制定建设规划时,必须从长远角度出发,根据市场需要和学科发展趋势,预测和调整并控制下设学院与系部的建设规模,从而实现校舍的充分合理利用。对图书馆、实验室的开放和服务进行调整,提供全天候支持。加快教学管理信息化建设,充分运用现代化的校园网络教育资源,实施校园网络工程,适当引进面授与网络教学相结合的方式。在现阶段,我国的高校实行的均是每周 5 天上课制。纵观一些发达国家和地区,比如日本、中国香港等的有些大学星期六还一直排课至下午 6 时。它们充分利用教育资源方面的做法,值得我们借鉴。从提高教育资源使用效率角度,对于文体类场馆除满足师生需要的各类教学与文体活动之外应充分利用其功能,对外开放,提高其利用率,制定具体的管理制度和管理细则,使其发挥效益。当然要处理好对外开放和学校教学的关系,不能只顾眼前利益而损害长远利益,避免短期行为。

2. 加强实验室建设,提高教学仪器设备使用效率

在实验室建设方面,高校应采取统筹规划和论证的方法,避免出现结构性浪费和规模性浪费。同时应成立大型的开放性实验中心,将大型的高精尖设备集中于此,一方面可以避免重复购置造成的浪费,另一方面可以最大限度地提高利用率。对于实验设备的采购,学校的主管部门应建立相应的档案,有指导、有目的地进行采购,而不是单纯地按照院系要求进行招标购买,以实现有限资金的优化配置。在实验室的开放方面,高校可参照国外高校的经验,将可以利用的时间分段列出,实行提前预约制度,全天候对师生开放,做到充分利用。而实验员的工作时间安排,由于受编制所限,在不增加人手的情况下,可以按照实际工作量计算实验员的薪酬,避免由于超时间工作打击他们的工作积极性。或聘请有经验的研究生作为兼职实验人员,负责仪器设备的监护和使用指导。同时要提高广大教师和学生的素质,

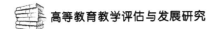

做到人人爱护、学会使用，降低仪器设备在维护方面的人力成本，最根本的是要做到物尽其用。

3. 加强和创新内部管理，全面提高资源利用效率

高校要改变各自为政、互相封闭的资源格局，变分散为集中。重视资源的开发利用，深入挖掘潜力，提高现有的仪器设备利用率，实行真正意义上的后勤社会化管理，解决人满为患造成的人力、物力、财力的浪费。高校可以和生产、经营或服务业等业务部门联合起来，优势互补。企业可以借助高校的智力资源为单位发展进行技术革新活动，还可以借助高校的教育资源为企业培训人才。学校还可以走联合办学之路，加强横向联合，走普通高等教育和成人高等教育等多种办学形式结合的路子，发挥各自的资源优势，扬长补短，各取所长，资源共享，发挥资源的最大潜力，追求办学的规模效益。

4. 加强物力资源建设的计划性和管理的科学性

为了充分发挥高校教学科研设备的作用，减少重复购置，打破在仪器设备占用上的狭隘意识，改变"重买不重用，重有不重管"的局面，必须建立和完善适应教育改革和市场经济条件的设备投资和管理机制，在设备申购、使用和管理等方面，要利用市场经济的杠杆，建立起一种自我约束机制，从传统的行政管理方式逐渐过渡到运用经济管理的方式，扩大对外开放和服务。在物质资源的建设上要进行调查研究，应从经济状况和教育发展的实际需要出发，选择最能发挥使用效益的物质资源配备方案。还要建立整套科学的物质资源管理规章制度，严格按制度办事。

5. 树立节约理念，增强生态意识

我国目前强调要树立科学发展观，构建和谐社会，其中重要的内容是要积极建设节约型社会。节约对国家来说，它是一种理念，一种导向；对政府来说，它是一种举措，一种示范；对于社会学家来说，它是一项社会实验；对于民众来讲，它更多的是一种习惯。在构建节约型校园过程中，必须重视以生态意识为基础的新的节约理念和节约行为，要把教育系统看成一个整体，保证各个子系统各因子之间的相互联系、相互作用及功能上的统一。高校要将自己放在一个合适的生态位上、站在高等教育生态大系统高度，树立以大局为重、以整体利益为重的节约观。处理好学校发展和生态节约的关系，要贯穿于学生学习生活，将节约的理念融入校园文化中，教师教学科研、校园行政与后勤服务等各个领域，要大力加强大学生节俭美德的培养。教师在课堂上不仅要传授专业知识，还应加强对学生节约资源保护环境意识的引导，以建设节约型校园为契机，养成节约习惯，形成节约风尚，推动大学师生思想道德建设工作，推动师德建设及职业道德建设。要加强对水、电、暖的管

理，合理利用资源，养成良好的节约习惯，杜绝浪费，把有限的资金用在改善教学条件上。

我国应建立项目配置、市场竞争、资源共享、效益评价的物力资源配置机制。

项目配置。高校通过申报政府的项目来配置物力资源，这是物力资源配置的重要渠道。高校通过申报建设国家、省重点实验室以及示范性工程实验中心和工程实训中心等争取国家、省、市的财政支持。根据区域经济社会发展的需要，建立适应经济、社会、科技发展需要的校内实训实习基地，指导学生进行实践环节的训练。教师带领学生参加科技创新活动，培养应用型人才。项目配置时，一要突出特色性，即体现学校的办学特色，避免重复设置、千校一面；二要突出准确性，即准确反映学校人才培养定位，分类培养，在各层次都办出水平；三要突出实用性，即教学科研急需的仪器设备、图书资料等；四要突出先进性，即物力资源代表了科技、社会发展的前沿和趋势。

市场竞争。高校往往通过参与政府、企事业单位的合作，争取可观的物力资源。大学已不是传统意义上的象牙塔，而是融入经济社会发展的科技孵化器和经济助推器，必须与社会发展、社会进步相生相伴。高校争取与政府、企业联合创办科技开发基地，学校提供土地和人员，企业提供技术和资金，共同研发科技产品，改进生产工艺，降低能耗、提高效益。大学通过合作，丰富了物力资源，提高了科技研发能力，锻炼了师生，推动了人才培养质量的提高。同时，企业在合作中，获得了先进的技术和科技产品，大大提高了生产效率，节约了成本，提高了市场竞争力。在西方国家，许多大学都与一些知名国际企业有密切的合作关系，如菲亚特汽车的研发基地就设在意大利都灵理工大学。

资源共享。资源共享是提高资源利用率的最有效方法。一要开放高校实验室。高校的实验室投入了数以亿计的资金，拥有许多十分先进的科研仪器设备。实验室要制定管理办法，全天候向校内和社会开放，为教师、学生从事科学研究服务，为社会各界从事科研和科技产品开发服务，充分发挥实验室的资源效能。二要建立教学资源共享机制。同一城市的高校可以建立大学联盟，实现高校之间相互选课、学分互认、图书资料共享等，这样可以大大提高资源的使用效率。特别是目前高校都实行了学分制，学生都在网上选课，很多高校还开设了公开课，在校园网上也有许多优秀的课程资源，为学习资源共享带来了极大的便利。如美国大学的教育服务模式，学区之间资源共享，大学之间学分互认。三要加快后勤社会化改革步伐。高校的后勤系统在物力资源上占有很大的比重，学校食堂、公寓、物业、绿化、水电暖等既消耗了学校大量的财力物力，又耗费了学校管理层大量的精力。可以采取渐进的市场化过程，在保证学生利益、安全可靠的原则下，引进市场力量参与大学的后勤服务，要扬长避短、发挥各自的长处，让高校集中精力开展教学、科研和社会服务，要让社会的餐饮、公寓、物业等专业化公司从事学校的后勤管理，同时也鼓励高校的后勤公司参与后勤服务，通过校内资源与校外资源的竞争，提高服务水平和效益。

效益评价。物力资源的使用效率，主要来自物力资源的效益评价。我们常说企业管理出生产力，大学管理出效益。从目前高校管理的现状看，形势是不容乐观的，一方面是物力资源的匮乏，另一方面是物力资源的浪费。高校的管理者，往往重视学科建设、教学科研，而对于物力资源疏于管理，浪费了有限的教育资源。应建立科学、明晰的物力资源效益评价体系，对于教学、科研、管理、后勤占用的资源进行合理的评估，计算并细化各教学单位、科研单位的各项物力资源指标，依此作为效益评估的依据。每年度大学组织专门部门对教学、科研的产出情况，对照资源占用情况进行综合评价，测算出每个教学单位、科研单位人均人才培养及人均科研等方面的物力消耗量。关注的重点是占用的住房面积、占用的图书信息资源、水电暖消耗、实验室利用率等指标，让有限的物力资源发挥较大的经济效益。

5.4　高等教育资源配置的对策研究

5.4.1　建立具有河南特色的高等教育资源配置机制

(一)建立与区域经济发展相适应的高等教育资源配置机制

要在充分利用河南地缘优势和社会经济发展优势的基础上，充分利用和吸纳区域高等教育资源优势，将高等教育作为一种智力资源纳入社会发展规划之中，加强与高等教育的对接和联动，实现高等教育与河南社会经济发展的双赢。

1. 政府、社会共建高等教育，打造河南高等教育的品牌，要把高等教育当成品牌来经营

进一步加大教育的共建力度，实现办学模式的多样化，充分调动社会参与办学的积极性，实行跨系统、跨地区、国内与国外、政府与民营多种形式的共建。进一步开放教育市场，采取多种措施鼓励国内外教育机构来河南发展高等教育事业，使高等教育的层次与多样性得到提升。依靠优势学科和新兴学科，培养高层次拔尖创新人才。发扬中原文化传统，融合现代人文精神，培养具有较高综合素质和全面发展的人。针对河南省情，打造现代高等职业教育品牌，大力培养技能型高级专门人才，加快河南省由人口资源大省向人才资源强省的转变。

2. 加强企业与高校的"联姻"和对接

适应河南产业发展的需要，充分发挥高校在人才和科技方面的优势，企业在资金和设备上的优势，使资源得到最佳的互补和配置，将科学研究的成果尽快转化为技术、产品进入市场。河南的企业要形成合作理念，积极介入高校的科研和技术开发，使企业真正成为科技开发和成果转化的主体，增强企业自身的综合竞争力。

3. 形成政府引导、企业为主、高等院校与企业合作等多形式多类型的科技创新服务体系

加强政府职能部门的组织和领导作用，做好高新技术成果申报、资金申请、成果奖励等方面的工作。利用高等院校的科技资源优势，加大对科技创新重点技术项目的扶持力度，鼓励和支持企业建立高新技术研发中心。充分利用生产力促进中心、专利事务所、知识产权服务中心、高科技风险投资公司等一大批科技评估、技术产权交易、创业投融资服务的中介机构，积极为高等院校和创业者提供信息交流、合作共赢的平台。

4. 最大限度地满足中原崛起对高层次人才的需要

高等教育必须紧贴经济社会发展实际，主动适应全省经济结构战略性调整，适时调整学科专业结构。社会需要什么专业，就应创造条件设置什么专业，压缩和改造社会需求少、就业率低、办学效益差的学科专业，努力形成与全省经济、科技和社会发展要求相适应的学科专业和人才培养结构。当前，应优先发展应用性的学科专业，重点发展食品、医药、冶金、建材、化工、机械、轻纺等与全省支柱产业密切相关的学科专业，大力发展高新技术产业急需的电子信息、生物工程、新材料、农学等领域的学科专业，积极发展外经、外贸、金融、法律等学科专业，加快设置一批前沿学科、交叉学科和新兴学科。

(二)建立和完善适应市场经济需要的现代高等教育制度

1. 进一步转变政府管理高等教育的职能

建立和完善高等教育法律、法规体系，大力推进依法行政、依法治教，改革政府管理高校的方式，强化政府以及教育行政部门和其他部门在政策制定、宏观调控、监督指导和提供服务等方面的职能，逐步减少对高校的直接行政管理。积极培育社会参与和市场导向机制，培植教育评估、信息服务等中介组织。建立重大教育政策决策的调查研究、咨询论证、社会听证、社会公示及监督问责制度，推进教育决策的科学化与民主化。

2. 进一步确立高校的法人和市场主体地位

认真落实《高等教育法》和《民办教育促进法》，依法落实高校的办学自主权，使

其成为真正的独立法人和市场主体，增强高校自我发展、自我约束和自我完善的能力。高校逐步建立与政府和市场的良性互动关系，树立经营学校的理念，面向社会和市场，寻求自身的发展。高校根据社会经济发展的需要，调整办学思路，根据国家的宏观发展规划，制定学校的发展战略规划、学科和教师队伍建设规划、校园建设规划，并自主决定学校的学科建设、专业设置、学位授予和教师聘任等事务。

3. 进一步引导高校正确定位、突出特色、分类分层次办学

各级政府以及教育行政部门加强对高等教育发展定位的宏观指导。高校正确把握在全国、全省及当地经济、社会发展和高等教育中的位置和角色，合理定位，避免贪大求全、千校一面。郑州大学、河南大学按照高水平一流大学的建设目标，稳定本科规模，重点发展研究生教育，集中力量培养高层次人才。重点建设一批特色骨干大学，河南农业大学、河南师范大学、河南科技大学、河南理工大学等本科院校，在发展本科教育的同时，积极发展研究生教育，尽快停办专科层次教育。建设一批示范性应用技术大学，2016 年河南省教育厅已经遴选了 10 所本科院校作为河南省示范性应用技术大学在"十三五"期间重点建设，坚强校企合作、产教融合，努力提高本科教育质量，培养应用性技术人才。建设一大批高等职业技术学院，面向生产一线、面向实际，与企业、社会紧密结合，树立大国"工匠"精神，培养满足经济社会发展急需的高级技能性人才。

(三)建立以绩效评估为导向的高等院校资源配置制度

以绩效为导向的资源配置，是一种以绩效评价结果作为经费依据或参考的资源配置方式，其目的是实现资源配置机制对提升资金使用效益的引导和促进作用。目前，河南省高等院校财政性经费的使用存在某些不规范行为，导致了一定程度的产出低效现象。而以绩效导向的高等院校资源配置，正是解决高等院校资金使用不规范行为的制度手段。因此，建立以绩效评估为导向的高等院校资源配置制度是河南省高等院校紧迫的现实需求。

1. 提高基本运行经费在高等院校财政性教育经费结构中的比重

要调整目前高等院校经费结构，首先需要进一步明确基本运行经费和专项经费各自的功能定位。基本运行经费主要应用于建设人才培养和科学研究的基本条件，专项经费则应体现国家对部分学校、学科和事项的战略支持和发展导向。由此，经费配置结构调整应做到：第一，提高效益。提高资金使用效益是调整经费结构的根本目的，整合零散的经费，可以增强不同项目经费针对学校整体发展目标的合力，提升教育经费绩效的整体水平。第二，促进公平。强调经费投入上的结果是公平的，即就读于不同层次和类型学校的学生都应当获得基本的学习和生活条件，或至

少不能存在过大的差异。第三，自主办学。增加基本运行经费有助于扩大高校自主权，促进高校分类发展。《教育规划纲要》提出，要发挥政策指导和资源配置的作用，引导高校合理定位，克服同质化发展。减少专项后，高校扩大了经费使用自主权，就有可能根据自身定位和自主发展的规划来配置资源。

2. 加强和完善对高等院校财政性经费的绩效评价

建立绩效导向型高校资源配置机制的总体思路，是将绩效因素纳入经费配置机制，使绩效评价结果成为拨款的重要参考和依据，形成绩效评价与经费配置之间的良性互动关系。

3. 以绩效为导向，完善专项经费的宏观配置机制

规范拨款标准和评审程序，营造公平的竞争环境。针对专项经费计划过强、灵活性不足的问题，扩大高校的项目经费使用中的部分自主权，在一定范围内增加专项经费的使用弹性。

4. 以加强宏观监管为保障，进一步下放经费使用自主权

首先，高校要积极推进以绩效为导向的财务管理和自我约束。根据学校发展战略思路来制定合理科学的预算方案，有针对性地确定项目申报重点，避免预算的随意性和重复申报。建立旨在促进经费有效使用的绩效指标体系，引导和督促各部门和教师注意提高经费的使用效益，避免不必要的浪费。建立完善重大资金使用决策程序，严格财经纪律要求，加强民主监督，从源头上防范不恰当、不规范甚至是违法犯罪行为法的发生，避免造成腐败或重大决策失误的可能性。其次，政府应加强宏观指导和依法监管。主要体现在重大项目经费的绩效考评机制建设、监督落实财务信息公开制度、指导制定涉及重大经费使用决策规则的大学章程等方面。最后，政府要鼓励和支持社会第三方参与高校财务管理的外部考评和监管工作中，以形成学校、政府和社会等多元化的财务监管体系。

(四)形成统筹兼顾、协同发展的高等教育资源发展新格局

优化高等教育结构，就是要处理好高等教育与区域经济的关系，使高等教育适应区域经济社会发展的需求，在省域范围内如何科学设置和布局高等教育。同时，处理高等教育各个层次之间的关系，合理调整高水平大学、特色骨干大学、应用性技术大学及高等职业技术学院的比例，更好地发挥高等教育在培养人才、科技研发和服务社会等方面的职能和作用。

1. 因地制宜，统筹兼顾，构建合理的高等教育布局结构

河南省高等教育布局结构的调整，既要因地制宜，迅速构建具有河南特色的高

等教育体系，又要统筹发展，充分发挥高等教育在各地区经济社会发展中的促进作用，缩小地区之间的差距。为适应中原城市群经济隆起带发展的需要，统筹区域发展，逐步形成以省会郑州高校为中心，以洛阳、新乡、开封等省辖市高校为依托，其他省辖市高校合理分布，具有地域特色的高校区域布局。以省属高校为依托，辐射至各地、市，建立本科二级学院，增加全省本科生的数量，满足本省经济建设对本科生的需求。此外，因地制宜，结合各省辖市的经济发展、文化特色和环境优势，重点布局一批高等职业技术学院或短期（两年制）的社区学院。一方面可以为地方经济社会发展培养一大批技能性人才，从而加快地方经济的特色发展；另一方面又可以为该地区民众提供更多接受高等教育的机会，促进区域间高等教育的平衡发展，缩小地区间的差别，加速河南高等教育大众化进程。

2. 准确定位，强化特色，建立职责分明的高等教育层次结构

准确定位，办出特色，办出水平，是高等教育办学的根本宗旨。不同层次的高校有不同的办学目标和办学定位，应在各自的层次上办出特色，办出水平，满足河南经济建设对不同层次人才的需求。对河南省高水平大学郑州大学、河南大学来说，应面向基础理论研究和创新发展战略研究，以"高、精、尖"人才为主要培养方向，为河南省经济建设和社会发展输送各类高素质、研究性人才。而特色骨干大学如河南农业大学、河南师范大学等，学科门类齐全，师资水平、办学水平较高，科研能力较强。因此，应兼顾学术性和应用性，以研发水平高、动手能力强为主要培养方向，为我省的建设和发展输送高素质、复合型人才。2000 年以后升本的地方普通本科院校，主要以应用型本科教育为主，面向地方、行业和生产一线，为当地经济建设输送大量高素质、应用型人才。对于高职院校来说，主要是针对地方经济发展设置专业，面向社会、面向企业，开展职业教育，为地方经济建设培养人数众多的高素质、技能型人才。

3. 合理整合，优化配置，构建合理的学科（专业）结构

高等教育的学科专业结构只有与社会发展的步伐相一致，与经济发展相协调，才能推动社会不断向前发展。为此，应以河南目前的产业结构调整为主线，以社会需求为导向，重新进行学科专业布点，合理构建适合河南经济发展的高等教育学科（专业）体系。建立与我省产业结构相适应，结构合理、特色鲜明的学科专业体系。加强国家重点实验室、教育部重点实验室和工程技术研究中心的建设。建设一批国家和省级实习实训基地，逐步形成适应我省经济社会发展的实践教学平台和科技孵化平台。

4. 协调发展，优势互补，构建立交桥式的高等教育体系

信息技术的广泛应用，人类知识体系呈几何级的迅猛增长，传统的教育模式已

不能适应经济社会发展的需求，必须顺应时代的潮流，构建高等教育立交桥，打通普通高等教育、职业高等教育、继续高等教育、民办高等教育之间的联系，成为能够满足不同类型、不同层次高等教育需要互联互通的教育体系。

(1)构建完善的学术型高等教育体系

学术型高等教育旨在进行基础理论研究、原创科技研发、创新人才培养和重大科技攻关等，是国家创新驱动和综合国力竞争的主要标志，是国家战略的重中之重。必须建立完善的学术型高等教育体系，学位从学士、硕士到博士，通过系统的训练，成为各个领域的创新型人才。

(2)构建系统的职业型高等教育体系

职业型高等教育旨在进行应用技术研究、生产技术革新、技术和技能型人才培养等，是国家经济和社会发展的基石，是国家创新发展、转型发展取得成功的关键。应依法建立系统的职业高等教育体系，重视职业高等教育的地位和作用，建立职业高中、职业技术学院和应用技术大学教育体系，为国家经济和社会发展培养数以亿计的技术技能型人才。

(3)构建统一的成人高等教育体系

成人高等教育旨在为职业人提供高等教育机会和开展职业技能培训等，是提高在职人员专业技术和科技开发水平的重要途径，是完善高等教育体系、实现终身教育的关键。我们目前的成人高等教育分布在各个大学，虽然过去几十年为普及高等教育做出了巨大贡献，但目前也暴露出许多弊端，亟待进行大刀阔斧的改革。主要是成人教育的学历与普通高等教育存在区别，用人单位不能一视同仁，对成人教育有歧视现象。追其根源在于，高等院校举办成人教育过于追求经济效益，放松了对质量的管控，造成社会对成人教育的认可度降低。还有一个重要原因就是社会普遍存在着重学历轻能力的现象，学历是敲门砖，进门之后再让其出门可就困难了。改革的思路是破除普通高等教育与成人高等教育的界限，采取宽进严出的教学管理体制，每个公民在任何时候都有接受高等教育的权利和机会，不再单独设立成人高等教育体系，直接纳入普通高等教育体系中来。

(4)构建规范的民办高等教育系统

民办高等教育是公办高等教育的有效补充，经过几十年的发展，已经取得了可喜的成绩，在中国的高等教育中占据了重要的位置。国家应进一步加大对民办高等教育的扶持力度，用立法的方式支持民办高等教育的发展，并规范民办高等教育的办学行为，加强办学方向的指导，以服务经济社会发展为目的，作为非营利机构，不能单纯追求经济效益，遵循国家教育方针，培养社会主义建设者和可靠接班人。

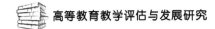

(5)建立互联互通的高等教育体系

根据终身教育理念和大教育的系统思想，使各种形式的高等教育从条块分割、各自为政变成纵向衔接、横向沟通、互相交叉、互相联系、丰富多彩的开放式的高等教育体系。理顺各类高等教育的管理体制，建立一个与大教育系统相适应的领导管理体制，制定和统筹全省各类高等教育发展战略与发展规划。建立一个开放式的学制系统，各种形式、各种层次的高等教育可以互联互通，成为相互贯通的教育网络。建立各类高等教育的质量保障体系以及学分相互承认和换算的机制，以保证各类高等教育相互衔接、贯通时的基本质量要求。加强不同层次高等教育的衔接与沟通，构建人才成长的立交桥。

5.4.2 建立高等院校内部资源配置机制

(一)建立高等院校内部分权管理的制度设计

建立高等院校内部分权管理的制度，实际上是对资源配置决策权力的重新设计与划分，其核心理念就是追求责权利的统筹协调，实现组织活动绩效的最大化。分权管理主要包括事务管理分权、人事管理分权和财务收支分权等方面。

1. 以学校财务管理为核心，在高校财务管理方面实行校院两级分权

首先，必须进行全面慎重的顶层设计，根据学校的整体发展目标和各学院的发展实际，真正将人、物、财和事统筹考虑，对学校的组织结构与职能体系进行重新设计，特别是划分明确合理的二级实体单位结构。其次，要将有关办学经费根据人、物和事的统筹原则进行划分，确定有关二级单位的收入和支出的项目。最后，二级单位必须获得比较独立完整的管理权限。

2. 校级两级人事分权管理主要围绕师资队伍的建设与管理展开

主要体现在围绕教师职称晋升、教职工年度考核及分配、岗位设置、聘期考核及聘任、人才引进、内设机构负责人的任用等职责权力划分。校院两级人事管理可以分两种形式，一种是学校主导型，即由学校确定各学院的编制，同时学校还直接统筹决定关键岗位，包括中层机构负责人和教授的设岗和聘任事宜，学院下设机构工作人员、副教授及以下教学岗位的设置聘任事宜由学院自主决定。另一种是学院主导型，即学校只确定各学院的编制数和岗位类型，而学院自主对岗位设置、聘任和绩效评价进行统筹的安排。

3. 划分校院两级管理权，赋予学院自主权

学校教学、学生、科研等方面诸多具体事务管理权在校院两级管理之间进行重新划分，赋予学院更多的自主权。

(二)建立多渠道增加高等教育收入机制

1. 进一步强化财政主渠道作用，提高政府投入比例

建立完善以政府投入为主体、多渠道筹措高等教育经费的保障制度。认真落实《教育法》规定的教育经费的"三个增长"。调整、优化教育经费支出的比例结构，合理确定财政性高等教育经费占整个教育经费的比例。同时，在财政收入一定的情况下，通过各种办法，千方百计增加对教育的经费投入。由于中国的具体国情，各级财政部门在每年的预算执行过程中，都有大量的超额收入和预算外收入。各级财政每年的超额收入和预算外收入，应按不低于年初确定的教育经费预算占财政支出的比例，切块划出用于教育。

2. 改革政府财政对高等学校的预算拨款方式

高等教育投资主渠道是财政拨款(包括中央政府、地方政府和各部委)，然而，由于现行拨款方式存在的政府投资行为不规范、经费下拨存在着财权与事权的分离、经费确定参数过于简单且不科学、经费过于分散等问题，使得有限的资金并没有发挥其应有的作用。

(1)要改革教育经费管理体制，实行教育经费预算单列，使事业发展与经费的供给相协调统一，真正做到事权与财权相统一。教育经费预算的编制由财政部门改为教育部门，统一管理分配，列入当年政府预算，经同级人民代表大会审查批准后执行，财政和计划部门按照教育部门的用款计划及时核拨经费。任何组织和个人不得挪用克扣、截留国家财政下拨的教育经费。

(2)要设立高等教育基金制。所谓"基金"，是指为兴办、维持或发展某种事业而储备的资金或专门拨款，它必须用于指定的用途，并单独进行核算。高等教育基金制是全方位行使国家发展高等教育事业的财权、事权的一项根本制度，其主要内容是建立中央和省一级的高等教育基金。1994 年开始，国家对教委所属院校首先实行基金式拨款。目前已经启动的专项基金有：理科和文科的基础科学基金、师范专项基金、211 工程基金、勤工俭学专项基金等。设立教育基金是改革开放以来的新生事物，教育基金能在短时间内把社会闲散资金聚集起来，通过专门机构，在基金增值的前提下，弥补教育投入的不足。在取得一定经验的基础上，可以使政府的高等学校拨款、科研项目合同拨款和学生资助拨款逐步向基金制过渡。

(3)要建立科学的指标体系作为拨款的依据。目前，我国高校大多实行的是综合定额加专项补助的拨款方式，综合定额是根据上年度生均成本费和本年度的在校学生规模(包括本年度的招生数)核定的，专项补助则根据学校的特殊需要，经学校申请，教育主管部门批准后拨给。这一模式考虑的相关因素不多，加上所依据的生

均成本指标是前一年的决算数而非符合本年实际的成本额，因此，既反映不出当年的物价波动对生均培养费的影响，又反映不出其他因素对资源利用效率的影响，还可能造成不讲效益、平均主义和浪费现象。

改革的思路是将现行的拨款方式改为多重目标合理组合的拨款模式，即根据公平目标、效率目标、效益目标和政策目标建立新的合理的拨款模式。注重公平目标，要求教育主管部门在核拨款高等教育经费时，应考虑各校各专业生均成本的差异和当量在校学生数进行换算（一般以本科生为标准当量），以体现学校之间在占有政府资源上的公平性。注重效益目标，要求教育主管部门在全面考察各类高校办学的内部经济效益和社会经济效益的基础上进行拨款，内部经济效益可从生均成本、经费使用效率以及规模效益等方面来考虑。社会经济效益可按照人才培养对经济社会发展的贡献率和科技成果转化率等情况，以此建立科学合理的拨款依据。注重效率目标，综合评估各学校人力、物力、财力资源利用效率等情况进行拨款，以促进学校资源利用效率的提高。注重政策目标，制定并不断调整高等教育的发展政策，充分考虑数量、质量、结构、效益之间的关系，科学制定拨款政策，引导学校办成特色、办出水平，不断适应经济社会发展的需要，从而量化各项评价指标，构建财政拨款目标模型，建立可操作的综合拨款公式，作为拨款的基本依据。

3. 积极扶持民办高等学校的发展，促进办学体制多样化

1996 年，美国私立高等教育机构总数为 2 084 所，占全美高等教育机构总数的 57%；尤其在四年制大学和学院类的 2 162 所中，私立为 1 560 所，占 72%。《美国新闻与世界报道》周刊对最好的国家级大学前 25 名的排序中，23 所为私立，已成为国际高等教育的典型经验。江苏是中国改革开放以来民办大学得到较早较好发展的省份之一，作为一项新生事物，江苏民办大学的发展得到了社会各界，尤其是省政府的大力扶持。浙江省 1999 年 7 月也出台政策，允许企业用税后利润在本地投资办学，允许民办学校按生均培养成本确立学费和住宿费收费标准等，这无疑为民办大学的发展创造了十分有利的条件，值得我省学习和借鉴。

基于河南省目前的财力所限，政府在资助民办高校时，可以采取"抓大放小"的方式，抓住一批教育管理规范，社会影响较好，生源质量有保障的民办高校重点支持，利用税收优惠、财政贴息等经济杠杆，发挥国家财政资助的作用，提高资金使用效率。

另外，我们还应充分运用财政、金融、信贷等手段提高教育融资能力，通过利用政府债券资金、争取更多的国际金融组织和外国政府、民间的外资贷款和赠款以及合理利用国内银行贷款等措施，加快高校基本建设步伐。引导征地建设新校区的高校，制定合理利用新老校区的规划，通过明确界定新老校区的功能或置换老校区

等方式，盘活现有高等教育资源，提高教育经费的使用效益。鼓励和引导高校内部、高校之间以及高校与科研院所之间建立资源共享机制，实行开放办学，优化整合教育资源，提高教育资源使用效益。坚持勤俭办学的方针，加强经费管理，优化财力资源配置，提高经费使用效益，建立健全教育经费评价与监督机制。

（三）建立高等院校内部资源利用效率的评价制度

高等教育资源利用效率是指在一定社会条件下，为取得同样的教育成果，教育资源占用和消耗的程度。，其本质就是高校中的投入与产出之比。建立高等院校资源利用效率的评价制度有利于提高高校教学质量和科学管理水平。首先有利于教育行政主管部门宏观管理的科学化。通过建立评价制度，主管部门可以深入了解有关学校资源利用效率的高低，为正确进行投资决策提供依据。其次有利于学校加强内部管理，提高办学效率。通过建立评价制度，各高校可以了解各自所处的位置，找出不足和差距，明确今后工作努力的方向。

建立完善的高等教育资源利用效率评价制度，需要从考评主体、考评指标、考评时限、考评成果利用等方面予以考虑。

1. 考评主体

高等教育资源利用效率评价是一项事关高等教育事业健康发展、有利于高等教育资源有效配置的重要工作，因此考评主体应该是政府部门、高等学校和非营利第三方组织的有机结合，三方各自发挥自己的作用，保证考评的公正高效。对政府来说，可以全面、深入地把握高等教育发展的态势，形成科学、宏观的决策，将考评结果与拨款机制紧密联系起来，促进高校合理配置和利用资源。对高校来说，要更加注重其内部管理的水平和实效，对各二级单位的管理绩效进行考评，与二级资源分配机制有机结合，提高资源利用效率和节能增效。第三方机构，应该是资源配置考评的重要主体，是非利益攸关方，不仅可以扩展考评视角，促进考评的专业化进程，而且也是专业评估组织深入研究高等教育、拓展事业空间和提升其社会影响力的重要方式。

2. 考评指标

建立科学的考评指标体系，是形成高等教育资源利用效率考评机制的基础和关键。应组织有关专家对考评指标设计的一般原则、方法等进行专门研究，通过试点来做进一步的完善和修订。

3. 考评时限

合理制定高等教育资源利用效率的考评时限，既能客观、准确地把握高校教育资源的使用情况，又能被高校愉快接受，不至于劳民伤财，加重学校的负担。高校自身的评价可以每年进行一次，政府和第三方评估可以考虑 2 至 3 年进行一次考评。

4. 考评结果利用

考评结果的最终目的是改进现实的工作，促进高校在未来发展中提升管理水平和办学效益。首先，通过高等教育资源利用效率的评价，评估高校管理水平和人才培养质量的状况，从而作为政府部门高等教育资源配置的重要指标。其次，高等教育资源使用情况的信息向社会公开，让政府部门、社会机构、学生及家长和社会人士真正了解学校办学效益的情况，以此作为学生报考学校的重要因素。再次，将高校考评结果进行纵向与横向比较，对高校教育资源利用效率存在严重问题，如出现经费使用不当、设备长期闲置、资源浪费严重等情况进行问责。对教育资源利用效率很低的高校提出警告，并限期整改。最后，对考评数据与结果进行国际比较，促进高等教育的国际交流与合作，提升河南省高等教育的国际化水平。

第6章 高等教育评估存在的问题及原因分析

自 1985 年以来我国高等教育评估工作经过不断发展，取得了一系列比较有意义的成果，在一定程度上推动了我国高等教育事业的发展。但随着高等教育大众化进程的加快，高校教育规模的扩大，高等教育评估工作中仍然存在一些不足之处。

6.1 高等教育评估存在的问题

6.1.1 高等教育评估中行政干预偏重

我国高等教育评估呈现出明显的行政化特征，政府是评估的单一主体，政府通过颁布一系列的规章制度参与评估活动的整个过程。"一般来讲，政府主体（制度制定的代理人）对信息、时局的把握及其特殊的权力身份，以其为主导而推行的教育制度变迁效率高，能有效推进教育发展。"这样的评估虽然有助于评估活动的统一性和评估结论的权威性，但随着高等教育大众化的发展进程中，这样的评估出现了很多问题，单一的依靠政府组织来评估，体现不出市场经济体制下政府对高等教育评估的宏观调控，高等教育评估的评价功能不能得到很好的发挥，不能充分调动社会和学校等评估主体的积极性，评估标准单一化，其有效性也受到了质疑，不利于高校多样化发展。

我国目前开展的教育教学评估是由政府组织、由政府领导实施的活动，其发起和实施、标准制定、结果审核具有明显的外部行政刚性要求。可以说，评估工作的每一个环节都渗透着政府的意志和价值取向。这也是由于我国真正开展高等学校教育评估的理论研究和实践的时间较短，评估理论相对滞后，系统的高等教育评估管理理论尚没有完全建立造成的。认识上和理论上的偏差使得国家对高等教育的行政干预显得普遍被接受，绝对的服从而没有异议。由于缺少必要的理论支撑，评估工作难以深入。没有科学理论指导的评估实践，其水平自然也不会太高，影响了教育评估工作开展的有效性，在一定程度上也影响到教育评估的社会信誉。

首先，政府拥有对高等学校的管理权，不可避免的带有很强的政治色彩，评估过程表现出政府行为，约束和限制了其他社会力量的参与，影响了评估的公正性。政府部门直接控制着高等教育评估的各个环节，是高校的举办者及办学经费的主要来源，手握高校的生杀大权，不利于高校的自主办学权。由于缺乏对政府行为有效的监督，政府部门既是"运动员"，又是"裁判员"，即使管理者，又是实施者。政府在高等教育评估内部事务中的越位，直接导致了政府在评估外部公共领域的缺位。

其次，政府是评估的单一主体，是管理权的实际操作者，带有明显的权威性，社会和学校的积极性难以得到充分的发挥。高校作为被评估和监督的对象，没有权力参与评估小组成员的确定、评估方案的审核、评估结论的处理等评估工作的每一环节，只能被动接受同一标准的评估，被动的接受政府自上而下的评估结果，院校的主体地位没有能够得到体现。为了迎合政府的标准来查漏补缺，在短时间内做好表面工作，评估工作结束后，一切回复原来的面貌，这从出发点上就违背了国家对高等教育评估的本质意愿，这样看起来整齐划一的评估背后，是对教育资源的巨大浪费，是对高等教育活力和个性的扼杀，为了评估而评估，这是国家和社会都不愿意看到的。对改进高校的教学质量和教学水平起不到真正的作用。这些在客观上妨碍了高教评估工作的健康发展，降低了评估的科学民主性和客观公开性。高校教育的培养目标是为社会培养各种类型的专业人才，这就需要有多种力量来参与评估工作，单一的评估主体是不可取的。

再者，我国高等教育评估无论在评估过程中还是评估结果上，都存在着弊端。在评估过程中，评估所采用的数据来源、指标体系和评估方法都缺乏透明度；在评估结果上，评估结果往往不向社会上公布，只有本校的领导知道结果，评估工作形成一个"政府－学校－政府"的封闭模式，这不利于高校的准确信息传播给社会，也不利于社会的各种就业需求信息流向高校，高校和社会的分离和脱节，势必加大高校对政府的依附关系和政府对高校缺乏可观的数据，这从长远看是非常不利于我国高等教育事业的发展的。

6.1.2　社会中介机构发展空间小

高等教育评估中介机构，也被有些学者成为"第三方"评估机构，是一种具有专业评估知识和专业评估队伍的独立性权威性机构。通过中介机构的评估比起政府部门的评估更具有专业性、客观性。我国从 20 世纪 80 年代后期随着政府职能的转变和学校自主权的扩大，开始出现一些官方性质、半官方性质和民间性质的高等教育评估中介机构。1993 年我国建立了第一家高等教育评估机构——北京高等学校教育质量评估中心。随后，1994 年的高等学校教育质量评议中心，1996 年上海市高等教育评估事务所（2000 年更名为上海市教育评估院），1997 年的江苏省教育评估院，2000 年出现的广东省教育发展研究与评估中心，2003 年的教育部学位与研究生教育发展中心等十余家中介机构相继成立。这些机构在我国近些年的高等教育评估过程中，做出了卓越的贡献，并取得了一定的实践成果。作为高等教育质量评估过程中的"减压阀"和"缓冲组织"，这些机构为国家教育决策、教育行政部门执行教育工作提供服务，为高等教育的质量的改善有着重要的参与作用。

在国外，美国的高教评估一直是由中介机构来完成的，英国高校引入社会参与评估机制，日本也实行第三方评估。我国也提出来"要建立健全中介组织，包括教育评估机构、考试认证机构、资格认证机构等"，但是在实际的评估工作中，教育行政部门权力的强势存在使得社会中介机构未受到应有的重视，影响力和权威性都比较微弱，社会中介机构的参与和监督作用也很容易被忽视。高校对政府主导的评估雷厉风行，认真准备，积极配合评估，对民间的评估则不重视甚至还有排斥倾向，认为非官方评估机构进行的评估活动起不到对学校质量改进的作用，本身也不能为学校带来直接的拨款投入。隶属于教育行政部门的评估中介机构，其人事行政调配和经费来源直接受制于政府，很容易以政府代言人的形象出现，独立自主性必然被弱化。在这种体制下，教育行政部门的过度干预只会影响高等教育评估的公正性，高等教育评估机构只能在政府的扶持下缓慢发展。

社会中介机构作为专门的评估机构，必须要有充足的评估工作业务额才能生存，但在现实中政府职能部门不会那么重要的任务交给评估机构来做。由于教育评估业务渠道狭窄，很难自给自足，没有足够的资金保证，社会资助也很少，评估机构就要不断的寻找资金来源，也就难免会为了获得运营资金而影响评估过程和评估结果，影响评估的可信性和有效性。除了教育部学位与研究生教育发展中心、江苏省教育评估院等有官方背景的事业性中介评估机构外，其他中介评估机构尤其是民间评估机构很难接受到政府委托的高等教育评估项目，也未曾有机会参与到教育部组织的评估工作中去。这样单一主体下的教育评估中介机构对政府的需求反应灵敏，对社会的需求则反应比较迟钝，沟通社会和学校联系的桥梁作用未能得到充分发挥，更谈不上促进高等教育评估工作的顺利开展。在诸多关系中生存和发展，社会中介机构的发展的空间可想而知是受到限制的。因此，在某种程度上，社会中介机构面临着生存困难，诸如接受委托问题、与行政部门的关系问题、评估市场开发问题以及公平竞争的环境问题等，很难起到"缓冲器"的作用。当前教育行政部门组织开展的工作性评估和决策性评估已经满足不了社会公众对高等教育评估的信息需求，由此所产生的市场化需求必然要政府做出回应。我们现在正面临这样的缺乏有权威有影响有水平的中介机构评估困境。可以说我国的高等教育中介机构发展尚不完善，能够扮演的角色有限，能够拓展的空间很小，应当逐渐摆脱对政府的依附性，壮大自己的评估力量，逐步走向独立。

6.1.3 评估标准单一化

我国新一轮的高等教育评估执行的是《普通高等学校本科教学工作水平评估方案》中评估标准，评估结论得出四种评估结果：优秀、良好、合格、不合格。一级指标设定后，根据二级指标来进行等级评估，二级指标共 19 项，其中又分为 11 项重要指标和 8 项一般指标。评估标准给出 A、B、C、D 四个等级。用统一的评估指标体系一定程度上体现了评估公平，推进我国的高等教育评估工作顺利展开。但各地区和不同层次的高等学校都用一个标准去评判，尤其是以一个标准评估所有不同类型的高等学校，整齐划一的统一标准，容易造成高等学校功能雷同。评估标准的确立取决于高等教育质量标准的定位，应各具特色，加强指标的针对性。质量标准的多元化必然要求评估标准的多元化。高等教育评估标准的单一化与我国高等教育的多元化和特色化发展构成了矛盾。不同类型高校的特点和分类指导的原则有所体现。《中国教育改革和发展纲要》的实施意见指出："不同类型不同层次的高等学校应该有各自的发展目标和重点，办出自己的特色。"评估的目的是促进高校能够在参照一定基本质量标准的前提下帮助其实现其自身确定的标准，以开展其教育教学活动，针对各高校的目标对其取得成就进行评估。"分类评估"是任何教育评估必须遵循的一个基本原则，这也是由高校的多样性、层次性、复杂性决定的。

美国各州都有相应的评估机构，因地制宜地制定各地区的评估标准，这本身就是一个优势。我国是由中央教育行政部门主导下的评估，主要标准也是由国家制定，所以导致现行的评估方案和标准的"一刀切"模式。整齐划一的评估标准导致了高校办学趋同化。有的高等学校办学特点十分鲜明，但为了迎合评估体系，办起综合性大学，失去了原有的特色。政府应当放权给各地区政府、各高校，制定具体符合本地区本高校的评估标准，这样才能体现评估的公正性。

评估标准的单一化会将我国的高等教育导向一个单一的模式和价值体系，培养出来的学生缺乏新意，长此以往我国的高校就会没有办学特色，没有专长领域的优秀人才。实践证明，在教育评估工作中，只有建立了标准，而且这个标准是一个系统，是分层次、分科类的，才能给不同层次和科类的人才培养和学校办学指明方向。2004 年 3 月，第二届普通高校本科教学工作评估专家委员会成立，指出了分类评估的必要性，认为针对各个高校的层次应该有多个评估方案，如对"211 工程"、"985 工程"高校的评估方案，对有"研究生院的高等学校"的评估方案，对有"国家重点学科的高校"评估方案"，以及针对地方高校的评估方案，一般普通高校的方案和民办高等学校的评估方案。应该看到，区分高校的不同类型和不同层次，制定多元化标准，是完善评估工作的必然选择。

6.1.4　评估经费分配不公平与不足

从我国高校现行高等教育资源配置模式来看，政府是高等教育的主要投资者，是高等教育评估的管理者和执行者，通过财政政策和相关措施对高等教育评估进行干预，其重要目的是为了促进高等教育评估的顺利开展。只是某些财政政策或措施产生了意料之外的负面效果，不仅使高等教育经费使用的公平状况未得到改善，反而加剧了高等教育的投入在区域之间、高校之间存在着明显的差距，进一步导致高等教育教育资源分布不均等。对重点大学和中央直属的大学的评估，投入的经费和财政补贴就多于非重点大学，东部地区的大学就多于西部地区的大学。

由于政治体制和经济文化的制约，我国的高等教育评估属于政府主导型评估，政府承担大部分评估机构的运行经费，有利于政府对评估工作和评估机构的统一管理，避免了评估的繁琐和重复，减少了资源浪费。但这种评估模式也有其不足之处。长期存在的官僚主义和官本位的思想影响，政府容易偏离高等教育所应代表的利益重心，作为理性"经济人"的政府官员在评估过程中的道德风险——"设租"和"寻租"行为。"委托—代理"理论认为在政府与高校的代理关系中存在着两类问题：逆向选择与道德风险。由于缺乏有效的监督机制和法律约束，官员们控制不住自己的"出轨行为"，在各种利益面前，挥霍国家的经费和赚取中间人利益，在评估中不合理配置国家财政资源，导致鉴定结论的失真。

在公益性的评估机构方面，公益机构本身是不以盈利为目的的，但足够的经费也是是评估活动能够顺利运行和发展壮大的必要条件。评估机构的经费支出可分为两部分：一部分是评估专职人员的工资及组织评估活动、进行相关调研的费用、日常办公开支等。这一部分经费应由国家财政拨款，以保障机构的正常运作；另一部分费用包括兼职人员的酬金、现场评估的开销和评估报告的出版费等，应向评估委托方收取。开展评估的机构，大多需要政府的认可，且属于非营利性社会组织，其经费来源包括政府资助、社会各界捐赠、高校支付。无论是政府扶持、社会的捐赠，还是自身的盈利经费都很紧张，这样的情况下，一是公益机构成为政府的附属品，靠国家财政拨款，成为政府拨款的一个怪圈，或者是不可避免的走向倒闭的命运，再者是成为高等评估的摆设，为了维持运转而迎合高校，迎合评估指标。

6.1.5　评估方法不尽科学

在具体的评估方法上，存在着所获得的信息不完全、不对称和信息失真情况。评估人员通过简单询问相关人员和查阅有关文件，难以挖掘复杂资料背后的真相。由于政府垄断信息，许多信息不公开，造成了高校、学生之间某些信息存在截留现象。目前国内总结的一套高等教育评估的指标体系在运用于实践的过程中，出现评估信息传输链条太长的弊端，在从政府到高校、到机构、到院系到师生之间的传输环节中，参杂了个别环节的主观参与的成分，信息难免会出现失真的现象，评估结论的客观也受到影响。依据现行指标体系的评估对高校采用定量和定性分析的方法，但所有的审查程序都高度一致，评估员很难在一个组织中表现中新意，评估活动缺乏必要的灵活性和弹性。

一位大学的助理教务长说："要评阅这么多的准备材料需要有个系统的方法，但在有限的时间内评估人员不可能查阅那么的多的资料文件。事实上，这是一项有一大堆工作、要花费诸多精力制造大量文件的活动，评估人员到达高校之后，他们未必在短时间内完全了解和吸收这些资料并作为评估依据。因此我们在考虑依赖什么办法，才能完成大量的评估工作⋯⋯如何高效地考查这些资料并依据材料做出评估，这是大家所普遍关注的。"在短时间内，无法对材料的真实性逐一验证，评估资料的优劣往往成为学校优劣的信息来源，高校为了评优，大量的造假资料就会浮出水面。信息渠道来源的单一性导致评估结论的公正性缺失。

通过对各个院系的总体评估和学科评估，管理者认为不同评估小组之间缺乏评估的连续性，因为各院校的质量是不一样的或者跨越学科边界的。许多东西取决于你接受的是哪个评估小组，他们对高校了解多少，他们专业知识的水平。有时高校在某领域该校是值得批评的，在另一领域则不会。就如煤矿事业，发生事故的概率很高，也有政府知道它是违法生产的，但为了高额的税款，仍然在评议各企业是个经济上领头的大哥。TINA 效应（别无选择）是一种强有力的权利。人们感到无权和受约束时，就会降低期望。最明显的问题就是给定的评估方法和评估工具是否学校院系所期望和定义的成果相匹配。给定先前所述的多种模型，显然将一种工具移植到另一所学校，可能是既不可行也不令人满意的。质量评估从发方法论上是有缺陷的，这是对时间逻辑的不合理逻辑猜测。

6.2 高等教育评估出现问题的原因分析

6.2.1 高等教育评估理论落后

正如潘懋元教授所指出的：当前我国高等学校的评估正在全国大张旗鼓地进行。然而教育评估的指导思想，还停留在早期的评估理念上。我国开展高等教育评估理论的研究时间比较短，存在着明显的理论研究滞后于实践的现象。这不利于形成正确的评估理念和评估文化，影响教育界对高等教育评估的正确认识，以及社会对评估的接受程度。当前我国高等教育评估领域存在的理论研究明显落后于实践水平的现象，不利于正确评估文化和评估理念的形成，也影响到社会界和高等教育界对评估的正确认识。

高等教育评估是工作是一项复杂的系统工程，它需要保持评估理论和方法的前瞻性和科学性。我过从 20 世纪 80 年代开展高等教育评估活动，理论研究也大部分从此开始。发展到现阶段的评估工作，到现在也只有几十年的历史，所以关于系统研究评估的理论著作尚少。理论方面的知识的了解和研究开展高等教育评估的基础。由于高等教育评估有它自身的特殊规律，这些规律对指导高教评估的实际工作有着十分重要的意义。由于我国高等教育资源的稀缺性，教育经费的不足，应用型研究比较多，而基于概念体系的基础性理论研究比较少。

就目前的高等教育评估理论来看，它们多是翻译、介绍、借用或者加以改良国外教育评估的理论、方法和研究成果，评估研究在理论的原创性不足。尤其是社会中介评估机构的评估技术研究落后，没有形成中国特色的高等教育评估理论体系，更谈不上高教评估理论研究的超前性。虽然我国已经有如《中美高等教育评估比较》《高等教育评估理论与方法》《高等教育质量保证模式研究》等著作和一些专家学者撰写的博士硕士论文，大都是在分析外国经验的基础上，简单介绍了高等教育评估的理论基础。总之，我国的高教评估工作缺乏足够的理论指导。我国高教评估理论的滞后性在一定程度上影响力高教评估工作开展的科学有效性，也在一定程度上影响到我国高教评估的信度和效度，不利于我国高等教育评估制度的建设。因此，加强我国高等教育理论研究，逐步适应我国社会主义市场经济的中国特色高教评估理论，是我国学术界面临的一项艰巨任务。

6.2.2　社会中介力量较弱

由于受我国传统文化和经济体制的影响，对中介机构的管理体制一直都是双重管理体制。即中介机构要受到登记管理机关和业务主管单位，也即上级主管单位的双重管理。在高等教育评估活动中，政府的决策权过分集中、行政管理模式使得中介机构缺乏应有的活力，缺乏前进的动力。导致现行的中介评估机构只是零星的机构，尚未形成结构合理的评估力量。中介机构作为专业性的机构参与了评估活动也只是作为象征性的补充，对评估起不了多大的作用，成为进一步深化教育评估改革的一个障碍。

由于由于高等教育教育中介机构尚属"新生事物"，各级行政管理部门对它的认识还不到位，还没有一部完整的专业性的法律法规对其监督调控。在《中国教育改革和发展纲要》中，十分强调政府建立有教育界和社会各界专家参加的咨询评估机构的必要性，而且在《普通高等学校教育评估暂行规定》出台后，教育部也有意放权，将我国的高等教育评估工作放手给评估团体，但由于我国计划经济体制的惯性，特别是《暂行规定》的一些条款规定的评估主体仍然是"各级任命政府及其教育行政部门"，而对"学术机构和社会团体"仅仅只是提出鼓励性的意见。这无无疑是强化了教育行政部门的力量，对社会中介这一评估主体多有忽略。虽然在 1999 年《中共中央国务院关于深化教育改革全面推进素质教育的决定》做出了明确规定，鼓励"发展社会评估"，之后建立一系列的终结性评估机构，有全国性评估机构、专业性评估机构，如高等学校与科研院所学位与研究生教育评估所、上海高等教育评估事务所、江苏省教育评估院等一些官方和半官方性质的评估机构，其中以官方性质的评估较多。民间中介评估机构很难接到政府委托的教育评估机构，也很少有机会参与到教育部组织的评估工作中来。这些机构的负责人很多也要受政府部门的领导，独立性的开展活动很少。如中国高等教育评估研究会是一个专门性的评估协会，但从未自主独立开展过高等教育评估活动。应该说我的中介评估机构还不够成熟，力量较为薄弱。

6.2.3 各方利益博弈的弊端

利益的差异性和主体价值取向的局限性说明协调多元主体之间价值冲突的必要性。利益的多样性和差异性导致在高等教育评估实践中明显或者隐藏着存在着大量利益冲突，从而直接影响着评估的客观公正性。各种利益博弈群体在一定的制度框架内，相互之间发生着各种利益关系，相互影响、相互制约达到暂时的制衡，同时伴随着时代的变迁又处于变化之中。

从博弈论看，形成博弈关系的前提是：一方面，各方都有自己独立的利益和目标，拥有独立做出决策的自主权；另一方面，各方的利益又是相互联系和相互依赖的，一方的行为会直接影响对方的行为和目标实现。往大的方面说，评估主体有政府、高校、社会中介机构、大众媒介等各种利益主体，往小的方面说利益主体有校长、学院、院内各专业、学生等等。在高等教育评估这项复杂的系统工程中，存在着多方相关利益主体，他们之间相互独立，拥有自护决策权，追求利益的最大化；同时在自上而上的评估中也存在这下下级关系，在评估的各个环节中充满了博弈行为。各利益主体追求的利益目标不同、权利大小不同、掌握的资源不同，必然在利益达不到均衡时发生冲突。

这里我们从两个主要的方面来阐述利益博弈主体之间的博弈：一是政府权利寻租。我国高等教育评估由政府控制，缺乏有效的监督，不可避免的存在政府权力寻租现象。这里的"政府"是在宽泛意义上来使用的，它既可以指狭义上的各级人民政府，也可以是各级教育行政部门及其有关部门。寻租活动简单地说就是通过行政手段来维护或攫取额外利益的行为，是造成政府失灵的重要原因。有限的政府评估人员利用自己所处的垄断地位掌握着关于评估的重要信息，这些信息可以不公开不透明，无论在评估过程中还是评估结束后，都有很强的封闭性。评估过程中除了评估资料的证明之外，评估人员的主观判断也成为一个不明示的标准。由于缺乏有效的监督，他们手中的权利无限扩大。既然主观判断也成为一个评估标准的一个特定因素，而评估结果又直接与政府对高校的资金投入直接挂钩。评估人员就利用了这个漏洞为自己"寻租"创造了有利条件。制度经济学中"经济人的假设"可以充分解释评估人员的寻租行为，人是现实的复杂的，有内心需要引起的社会行为必然是利用手中的权利、地位、声望变量来获得利益最大化。利益链条下的政府评估结果就值得商榷。

二是高校弄虚作假迎合行为。J. 菲福(J. Pfeffer)和 G. 萨拉内克(G. Salancik)(1974)认为，"政治的"模型尤其适用于在资源匮乏的环境中展开的组织中经费分配的决策，经费的分配决策触及到一个确定的、稳定的员工团体的利益，在这个过程中，经常会发生为了自身利益而争吵的局面。高校为了从政府和社会获得更多的教育经费、科研经费、办学设备以及设施等办学资源，在面对政府实施的高等教育评估时，往往迎合政府需要，热衷于做表面文章或短期性建设。为获得对自身有力的评估结果，不惜"上有政策，下有对策"。采取伪饰、拉关系、造假、送礼等手段，评估小组走后一切如旧。这样的自评结果既不客观也不符合实际，评估结果是失真的，根本达不到鉴定与监督、诊断和反馈、自省和导向的目的。如此缺乏内部动力的评估模式无法从根本上解决高等教育的质量保证问题。

6.2.4　高等教育评估法规体系不完备

立法是政府规范、管理高等教育活动的最有力的调节手段。通过制定政策法规将高等教育活动置于法治框架之内，是现在高等教育评估发展的共同趋势。世界各国均是通过立法来构建高等教育评估体系，使评估工作有法可依，有章可循。从已经颁布的法律来看，我国关于教育评估方面的法律仍然采取行政渠道为基础的"红头文件"，而不是完备的法律体系。

一方面在高等教育评估相关法律法规覆盖面不完整。尽管我国《教育法》中明确提出国家对教育实行评估制度，但是在教育评估系统性法制建设方面，至今除了1990 年颁布的《普通高等学校教育评估暂行规定》这一部行政法规对我国高等教育评估工作做出了政府对高等学校评估和监督的规定外，其余的只是在其他法规中零星出现的评估条款，尚未形成专门化的制度。《暂行规定》由于其制定的时代背景局限，其中关于评估的目的、评估主体、评估机构、基本任务等有关规定，不符合当前提倡学校面向社会自主办学的要求，也不利于"进一步发挥非政府行业协会组织和社会中介机构的作用"的要求。在市场经济条件下，政府、社会和高校之间在高等教育评估中的职责和权限迫切需要通过立法加以界定和规范。

另一方面，评估方面的法律法规用语比价空泛，可操作性不强。一般而言，高层次的法律较为原则，而低层次的文件必须详细，才能够解决法律执行过程可能遇到的问题。在具体实施评估的过程中没有具体的法律限定各评估主体的职责、评估检查的内容和标准，评估工作的展开带有很大的主观理解性。我国的教育评估法律中的用语原则性表述比较多，这样必然影响法律的效力。法律术语中以"暂行规定""决议""细则""方案"等政策形式来取代法律加以规制。如果这些规定长期"试用"，不作为正式的法律颁布，必然使法律缺乏可操作性，降低教育法的效力和权威，不符合市场经济体制下高等教育发展和改革的需要。

第7章　完善高等教育评估的对策思考

7.1　转变政府职能，加强宏观调控

我国高等教育评估工作一直以来被视为一项行政工作来进行的，属于典型的"行政性评估"。这主要体现在政府控制着高等教育资源分配权和高等教育质量标准。行政性评估虽然对教育政策具有推动力，但存在不少弊端。市场经济的政治逻辑是"有限"政府，不是"万能政府"。"有限政府"强调，政府是掌舵人而不是划桨人。尼夫（G. Neave）在评论评估型政府（the evaluative state）的概念时指出，政府应该"通过少而精的政策杠杆保持全面的策略性控制权限。"政府应该"从没完没了的琐碎小事所淹没的黑暗平原上撤退，进而在明朗、可策略性'总揽全局'的至高点上避难"。政府要正确定位自己在高等教育评估中的角色，把握好宏观调控和尊重高校自身办学自主权的关系。

在有限政府理念的指导下，政府的明智选择是在高等教育评估中转变职能。对此，我们主要从以下三个方面来理解。第一个转变：转变行政干预为政府调控。政府主要监管的是市场秩序，建立一套完善的游戏规则，而不是监管市场主体，事事亲力而为。政府应通过宏观调控，下放权力，用间接控制的方式来对待高等教育评估。这样既减轻了政府部门人员的工作负担，也使其具有清醒的头脑来控制大局，而不是陷入琐事的深渊中。政府通过高等教育立法、财政拨款、文件批示、对评估结果的利用等方式保留了自己对评估的宏观调控管理能力，对评估活动施加影响。这样的方式有利于高等教育评估的公正性和透明度，体现了政府对高等教育较为温和的控制。政府利用宏观调控的杠杆，促进高等教育评估走向制度化、法制化、规范化。

第二个转变：转变单一的评估总体，丰富高等教育评估主体。政府关系到整个社会系会系统的顺利运行和全部社会资源的分配，稳定的政治生活是经济、教育协调发展的前提。政府作为高等教育评估的主体地位是无可撼动的，仍然发挥着它的重要作用。随着我国社会主义市场经济体制的建立和完善，市场主体的多元化直接导致了高等教育投资多元化和利益主体多元化。这样的背景下，单一的政府评估已经难以满足多元主体的价值需求，各种利益主体参与高校投入产出的评估是市场主

体对投资回报利益诉求的理性体现。广泛的利益主体的需要使得利益主体应共同参与管理，以和谐共处与利益均衡、权力适当。因此，政府应当适当下放权力，给予高校、教育评估中介机构、民间团体组织、广大师生、大众媒介一定的参与的机会和权利，并加以法律保障，给予他们参与的权利和具体实施规则。政府与多方参与的评估能使得政府达到间接管理的目标，也使得高教评估更具有公信力和透明度。

第三个转变：控制性政府向服务型政府转变。建立在法律基础上的政府行政权力相当强学校的自主权很有限。可以说，"政府试图控制高等教育系统的动力的一切方面：入学机会、课程学位要求、考试制度、教学人员的聘任和报酬等等"。在高等教育管理中，政府总是制定出各种规则来管制高校，在管理方式上也习惯于发布命令。体现在高等教育评估中，政府与高校之间就是命令与服从、控制与被控制的关系，而没有服务高校的意识。政府的控制性职能如果不转变，就很难调动高校的积极性。大多数高校对教育评估工作存在着防卫心理，在一方面期望评估带来的服务提升，另一方面也因评估带来华而不实的结果，而排斥、厌恶评估的到来。在迎合上级检查时只能疲于应付，不仅浪费了大量的资金、时间和精力，也达不到应有的结果，还影响了政府评估的声誉。可见，政府职能必须向服务型政府转变。评估只是一种工具而不是目的，政府应从国家利益、高校利益出发，利用评估这种方式来诊断出高校高等教育质量中存在的问题，及时向学校反馈，从而达到改进和提升高等教育质量的目的。

7.2 加快高等教育评估法制化进程

高等教育评估法制化是指通过立法形式，对评估的主体、内容、方式、程序、结果运用等进行法律规范，使高等教育评估工作有法可依，依法进行。作为高等教育发展的一个重要组成部分的高教评估，兼有对高校的质量管理、监督和反馈的职责，必须要有一定的制度保证和法律依据作为保障，加快高等教育评估法律法规建设，完善相关的法律规范。因为评估从本质上讲是一种价值判断活动，它本身带有强烈的主观因素，如果目的不明确，依据不充分，那么评估活动必然走向主观臆断。事实上任何高等教育评估项目都是在一定的目的支配下，一定的法律依据基础上进行的。国家政府和社会中介评估皆是如此。因此确立高教评估的法律性权威，从政策体系的角度审视，就需要提升立法政策的权威性，依法确定评估人员的性质、任务、职权以及任职职格。通过立法，为高等教育评估政策体系走向法制化奠定基础、创造有利条件。高等教育评估法制化的前提条件是迅速出台和颁布一些能规范高校评估的基本政策法规，并注重政策配套，优化高等教育评估体系，提高评估政策的质量，保证评估工作有法可依，有章可循。

根据我国现在的关于高等教育评估的法律数量少，和配套法律不足的情况来分析，加快高等教育评估法律建设应从两方面入手。一个方面是：要从我国现实情况出发，执行我国现行的高等教育评估政策，提升我国基本法（《暂行规定》）的法律位阶，使其充分发挥基本法的规范作用；同时遵循高等教育评估的客观规律，从大局着手，逐步增加质量评估单项政策的数量，不断调整和完善政策，扩大质量评估政策体系中基本政策的涵盖范围，实现高教评估政策和其他教育政策之间相互配合、相互补充、相互协调。在具体的政策包括：高等教育评估目的方面的政策、高等教育评估依据方面的政策、高等教育评估主体方面的政策、评估标准方面的政策、评估程序方面的政策、评估结果利用方式方面的政策以及在评估中所涉及的政府人员的职责、高校部门的责任、奖惩制度等等各方面具体的政策。教育政策担负着最大限度地合理配置和优化使用教育资源的重要任务。实现高等教育评估的法制化，赋予高等教育评估主体法律的权利和义务，实现高等教育评估的有法可依、有章可循，将高等教育评估工作纳入法制化的轨道。

另一个方面是加强各层次的高等教育评估政策的建设。针对不同类型、不同层次的高校制定具体的质量评估法律，完善地方的评估体系。在制定各层次的具体政策时，要注意上下级之间的政策配合，对各层次的法律政策细化。地方教育评估法律和国家级别的高等教育评估法律相互配合协调，保证个政策之间的连贯性和密切相关性，建立好配套的法律规章制度。适当的增加配套法律，并对国家层面的评估法律进一步解读和细化，而细则明确和灵活运用可以使评估工作得以顺利进行。只有注重配套法律的建设才能形成高等教育评估体系的优良结构，最终形成以《高等教育法》为核心，各级评估政策有机结合的高等教育评估法律体系，实现高等教育政策的正面效应，从根本上完善我国高等教育评估法律体系。

7.3　不断改进高等教育评估方法和评估技术

首先要加强高等教育评估理论基础研究。为了使评估工作能够健康持续地发展，必须要有科学的理论指导，才能更好指导评估实践。由于我国高等教育评估起步晚，虽然在高教评估理论研究方面取得了一些成果，但还没有真正形成中国特色社会主义的高等教育评估体系。高等教育评估理论与实践涉及教育学、管理学、经济学、社会学、计算机科学、系统科学、心理学等多种学科，是一项专业性很强的工作。我国应继续加强评估理论和技术方面的研究，使其顺应社会主义高等教育发展的需要，推动中国高等教育的提升。

高等教育评估理论的研究应该致力于以下五个方面：一是针对我国高等教育评估理论人员不足水平不高的情况，开展培训、研讨会、讲习等活动，扩大理论研究队伍，更快地提高评估理论的研究水平；二是从相关学科的多种视角研究高等教育评估的属性功能和过程效果，探索高等教育评估的基本原理和规律。三是建立科学合理符合我国现在国情的分类评估体系和质量标准，不断完善评估指标体系，加强分类指导；四是在分析政府、高校、社会和学生群体相互关系的基础上，探索社会主义市场经济条件下的政府宏观调控、高校自评过程和社会媒介功能的相互关系；五是在吸收先进的现代评估理论与技术的基础上，结合地域差异和城乡差异、企业多高校的要求，构建具有中国特色的高等教育评估理论基础。

其次要充分利用现代科学信息技术进行评估。教育评估最基本、也是最繁琐的工作是信息的收集和分析。大型数据库、网络和通讯等现代信息技术的应用，使信息来源渠道越来越广泛，获得的信息量越来越大，而信息的分析却更加容易，使以往在评估中几乎无法做到的事成为可能。高等教育评估是建立在大量收集材料和信息的基础上的，大量的评估实践表明，教育评估的科学性和有效性与评估信息的搜集和整合有着密切的联系。评估资料准备得越充分，处理信息的技术越科学，得出的教育评估结果就越科学可信。加强现代化信息技术在高等教育评估中的作用，利用各种分析软件、统计软件如 SPSS 等，自动形成评估报告，这种方法方便快捷，能以节约了大量的时间和精力。现代化信息技术的充分体现评估机构对学校的动态监控、扩大了社会多评估的参与程度、缩短了专家评估的时间、信息的分析、文件资料的保存变得简单易行。高等教育评估的信息化，有利于建立高等教育评估信息化管理系统，从最初的评估信息统计、到分析、处理、汇总、发布再到复评，整个过程都呈现透明化，是行之有效的现代化评估方法与技术。如江苏省教育评估院2004 年 9 月开始组建评估软件开发课题组，于 2005 年 4 月系统开发工作初步完成，通过江苏畜牧兽医职业技术学院等三所高职院校进行的初步试验，不仅提高了评估工作效率，也提高了评估结果的科学性和透明化。

三是定性评估和定量评估相结合。我国在建立评估指标体系时，采用的是建立指标权重系数以及加权求和的方法。这样来量化的标准是一个客观、系统、规范的数量分析方法，得出的结果较为直观，有着较高的可信度。但是影响高等教育质量的因素多种多样，它们并不能完全量化，过于简单化的和表面化的量化标准无法对评估内容做深层次的分析，如大学生的创业精神、教师的敬业精神、高校的办学特色、办学目的等都不能用简单的一级指标或者二级指标来量化评估。为此，在评估方法的使用和评估指标的制定上，能量化的指标力求量化，不能量化的指标用概括性问题代替。定性评估可以对评估对象进行深入、全面的分析，从多种视角考察评估质量。将定性评估和定量评估二者有机结合起来，既能发挥定性方法全面、深入的优势，也能发挥定量方法系统、客观、科学的优势，从而达到综合完整地评估高等教育质量的目的。

7.4 积极培育独立的中介评估机构

世界各国的先进评估经验无不表明，在高等教育评估中越来越重视教育评估中介机构在评估中的作用，无不趋向于利用法律法规手段，对中介机构的组成及其活动细则加以规定、监控和调节，把具体的操作过程交给独立性质的中介机构来完成。使得评估结果更加具有客观性和科学性。独立的中介机构，可以是官方机构，也可能是民间机构，甚至还可能是高校自己的机构，但他们应相对独立的开展活动，而不是现行体制的附属物品。作为独立的第三方处于政府和学校之间的缓冲部分，能够将双方发生冲突的可能性降到最低，从而使整个评估系统保持良好运转。社会中介机构在高等教育评估总发挥着重要的作用，世界各国都在积极培育专业性强独立的中介机构，如美国的美国高等教育鉴定委员会(COPA)，英国的高等教育质量保证署(QAA)，荷兰的大学合作委员会(VSNU)等等。

我国的高等教育评估从外国引进也只有三十年的历史，相应的评估中介机构起步也较晚，基本上是经历了从无到有，逐步成长的过程，其影响力仍然有限，需要政府的鼓励和培育，也需要社会的支持和信任，而评估机构自身也要逐步实现专业化、独立化。政府应该引导与扶持、管理与监督并重，为高等教育评估中介机构提供良好的发展空间，使其在促进我国高等教育健康发展方面发挥积极的作用。

首先，改变观念，充分认识到中介结构在高等教育评估中的重要作用。高等教育评估机构作为一个新生事物，政府、高校、社会各界力量应改变传统的惯性，以包容和积极采纳的态度来接受它。认识到中介评估机构是职能专一、具有专业化素养的团队和组织体系，他们在政府扶持下专门从事高等教育评估能以有效提高高等教育质量。所以，政府应逐渐放权给中介机构，并大力培养中介机构为高教评估服务的能力。我国政府通过出台各项政策法规保护评估中介机构的权益，以提升中介机构的法律地位，这一做法无疑为高等教育改革提供了法律保障，同时，高校方面也应该充分认识到中介机构是学校质量的促进者和监督者，所以要主动配合中介评估机构的工作，以促进自身办学质量的提高和改进。社会各界与政府和高校的联系逐渐成多，越来越涉及到一些项目需要中介机构来完成，因此，社会也应关注总结机构的发展和未来走向。

其次，通过立法确认评估中介性机构的权威性和独立性是评估的根本保证和基本条件。"法制社会要求人们的任何行为都要符合法律法规的规定,中介性高等教育评估构也不例外。经过法律确定后,权利界限比较明确,评估工作能够顺利进行,出现问题,有法律保障和法律问责,扭转了过去只把中介机构当作政府附属单位来管理的传统模式,真正的将中介评估纳入法制化轨道上来。"通过立法确认评估中介组织的权威性与独立性,是高等教育评估活动健康发展的根本保证,是高等教育评估及其结果得到广泛认可的基本条件,也是高等教育与国际接轨的先决条件。"通过立法来具体规定高等教育评估中介机构的法人地位、机构性质、作用地位、行为规范、活动范围和领域、评估人员的职责权限,能够有效的提升中介机构的法律地位、评估工作的顺利运行和评估人员的道德约束。

同时,评估机构内部要建立专业化的评估队伍,提升评估专家和行政人员的整体素质。评估工作是一项专业性、系统性很强的工作,需要具有较高专业水平和职业素养的评估专业人才来完成,因此在评估中评估者的基本业务素质和职业操守至关重要。为此,我国很多行业都实行了资格认证制度,如注册会计师、工程造价师、律师、教师等都持证上岗。但对教育价值做出评估的人员却没有资格认证制度。专家组成员都是政府官员或者机构领导,人人都是专家,这种做法无疑混淆了专家的概念。政府部门应对从事评估的人员实行严格的行业准入制度,"通过制定科学合理的考核标准和程序,实行定期审查制度,对从业人员的培训应贯穿在整个高等教育中介组织的实践活动过程中。"

7.5 对不同层次的高校实行分类评估

对高校进行分类管理是我国教育政策的导向,在《中国教育改革和发展纲要》、《国家中长期教育改革与发展规划纲要(2010-2020年)》两份文件中都提到要对高校实行分类管理。分类是进行评估的前提条件和主要依据。没有科学、合理、可行的高校分类标准,政府就不可能准确地把握高等教育及其机构的发展状况,民间组织进行的高等教育评估也就会因缺乏科学依据而失去信度和效度。在高等教育领域,在政府力量和市场力量的混合影响下,不同层次的高校具有不同的政策和市场环境,造成中央部属高校和地方高校发展环境的巨大差异。固守任何一种单一的质量标准都会使得高等教育评估陷入困惑的两难境地。

根据《教育规划纲要》关于"建立高校分类体系,实行分类管理。发挥高等教育政策导向和高等教育资源配置的作用,引导高校合理定位,克服同质化倾向,形成各具特色的办学理念和办学风格。根据"不同层次、不同领域办出特色,争创一流"的要求,建立分类标准,对高等学校实行分类管理。按高校不同属性、功能、服务面向、规模等，建立不同评估标准和拨款原则，从而保证各个高校适应社会发展和市场需求，根据自身优势办出学校特色。分类管理的核心是分类评估、分类支持。鼓励多元的、发展性的标准评估，建立科学、有效的评估标准，完善高校的质量评估体系。

按照权属和规格等级，我国的高校可分为重点、非重点高校、中央部委所属和地方院校、"985"、"211"院校以及其他高校；按照高考录取的等级可分为本一、本二、本三院校。另一种模式是按学科和功能分为本科、专科、高职三类以及公办、民办、独立学院等。在政策环境方面，政府投入的重点化政策，对于政府重视的或者基础较好的高校的资金投入、教育研究项目方面有优先的机会和较多的经费数额，形成了良性循环。地方高校相对来说只能获得地方政府的经费投入，只有少数高校获得中央的专项经费支持，办学成本的不同，所获得效益也会有差别，不同对所有的高校采取简单划一的方式进行评估是不公平的。以图表为例，来看出政府对中央和地方高校的支出成本差异。

按学校的学术水平、学科综合程度以及社会人才需求结构的匹配程度的不同来划分，高校可分为学术型大学、应用型大学、职业技术型大学三类。学术型大学以学习基础知识和应用型基础理论为主，重在培养具有高深学问的学术型人才。应用型大学以学习各行业的专门知识为主，将理论知识转化成科学技术应用到实践当中，如航空院校、理工院校的专业应用人才。职业技术型的大学是一般的专科院校，培养具有生产第一线的生产、服务、管理技能型人才。三种不同类型的高校并无高低之别，只是为社会培养的人才不同，在对不同类型不同层次的高等学校进行评估时，应当有所侧重，是以学术为主还是以应用型为主，或者以技能人才的产出为主。

对高校进行分类评估是高校自身的需求和社会的需求。对不同高校来说，每个学校承担的社会职能层级不同，所培养的人才类型、学术水平也存在不同。分类管理能够使高校的发展层次、类型分明，国家根据上交的评估报告按照一定原则和标准来配置高等教育资源，使不同各类型和不同层次的高校能够拥有平等的资源获取权。高等学校将评估标准与自身的发展目标和战略规划联系到一起有利于形成合理有序的竞争机制，认清自己的特色和实力，增强高校自身的生存和发展机能，赢得足够的生存空间，增加竞争力。不同类型的学校一方面根据自身的标准定位，在自己的特色领域内出类拔萃；另一方面，分类评估作为新的调节手段对促进各级各类高等院校内部质量提高起到了积极的推动作用，促进高校内部各级系统的进一步优化。对于社会来说，社会对人才的需求是多层次的，社会不仅需要学术型人才，也需要大量的技能型人才，举例来说，现代化技能人才、服务人才的培养尤为迫切，高度发达的社会分工和高速发展的现代化需要不同类型的人才。对各个高校定位和任务不同，在共同性评估指标体系下，不同类型的学校评估指标所占的权重应当适当调整，满足现实标准的需要。同时进行高校分类评估能够帮助社会各界及时了解我国高校的发展情况，吸引社会资金和民间资金对高校的资金注入，引导社会企业对不同社会分工的高校人才的重视和培养。

7.6　将评估结果与财政拨款挂钩

将评估结果与财政拨款挂钩是现实的需要，是时代的要求。高等教育是公益性的，但是这并不代表高等教育就不用考虑投资收益的问题。高等教育是一项需要高投入的事业，高校的生存和发展必须依靠外部的资源投入，必须要有充足的经费。基于成本分担理论的高等教育成本补偿机制，强调高等学校经费来源多元化，在政府、企业单位和个人这三类投资中，政府拨款是教育投资的主要来源。高等教育评估是一个协助高校持续提高质量目标的过程，在这个过程中不仅要注重对高等教育的投入管理，更要注重产出结果和高校的改进水平，使得评估成为一个可持续发展的途径，为高校的长期发展和国家的高等教育事业的发展的打下基础。从世界范围看，各国政府也是通过对高等教育的投资介入到高等教育的绩效管理。各国普遍采用公式法常常通过合同或者绩效评估进行资金分配。以法国的合同拨款最为明显，美国的田纳西州也是实施高等教育绩效拨款的典范。我国学者马陆亭指出，我国高等教育要加强多元化投入，更要发挥政府拨款的主渠道作用，加强对财政拨款的绩效管理。国际上主要有以下几种拨款方式：零基预算拨款法、公式拨款法、计划程序拨款法、增量拨款法、绩效拨款法、综合定额十专项拨款。我国自 1985 年以来对高等教育的经费投入实行的都是"综合定额加专项拨款"的模式，这种模式根据的是"生均成本指标"。"综合定额"是根据管理学原理中定员定额的原理制定的，用政策参数，即在校生数乘以生均拨款额得出，"专项补助"是由财政部和教育部考虑到学校的特殊需要专门安排给高校使用的专项经费，如 211 工程的建设等。在这种拨款模式下，我国的高等教育基本上是财政拨款与学校办学绩效相脱钩。拨款只根据学生参数，而不考虑学校的办学绩效和投入产出比例，这样的拨款模式不能反映各个高校的实际教育教学水平和教育经费使用的效率，使得高校为了获得更多的财政拨款而盲目扩招，而不是努力提高自己的教学质量和办学水平。

我国高等教育是以政府为主、多渠道筹资的投资方式和有公办高等学校公共生产的提供方式。三种经费来源渠道（财政拨款、学生学费、各种经营的计划外收益）中，国家财政拨款是主要的经费来源。据统计数据显示，我国财政性教育经费占

GNP 的比例从 1990 年的 3.10％下降到 1995 年的 2.45％，从 2002 年以来，国家财政性教育经费所占 GDP 比例分别是 3.41％、3.28％、2.79％、2.82％、3.01％，始终没有根本性突破，2007 年教育经费投入 858.54 亿元，占 GNP 的比例仍在 3.01％左右，低于发展中国家的平均值 4.1％。到 2008 年，高等教育的财政性经费占总收入的 52％，非财政性经费占 48％。国家多教育的总体投入只占国内生产总值的 4％，在本来及不充足的高教经费下，如何降低成本，合理利用教育资源以满足社会主义市场经济需要是高校必须正视的问题，将对投资收益的观察结果列入高等教育评估内容之中是必须的。完善高等教育拨款制度成为改善高等教育投资机制的重要措施之一。英国的高校双重科研拨款制度非常具有特色值得我国借鉴。英国政府将科研拨款分为经常性科研拨款、项目性科研拨款两大部分，分别由高等教育基金委员会和研究基金委员会两个不同的机构拨付，做到各有分工、点面兼顾。为了进一步提高拨款的使用效益，我国的高等教育评估事业应当按照"目标明确、分类考核、先易后难、稳步实施"的政策导向，建立和公共财政相适应的科学的高等教育评估体系，引入以绩效评估为导向的公共资源配置方式。2008 年，中央高校预算拨款制度进行了进一步的改革（教财司函〔2008〕254 号），改革的总体思路是：完善支持体系。突出高校职能；细化综合定额，体现办学差异；稳定专项投入，明确支持重点；增加绩效拨款，构建激励机制。这种通过评估来拨款额方式符合高等教育大众化趋势，在由高等教育精英教育向大众化过渡的重要时期，政府的这种拨款政策很好地处理了高等教大众化和高等教育需求的矛盾。理想的绩效拨款在一定程度上将竞争机制引入到高等教育，借助市场竞争的手段进行有效的高等教育资源重组，在高校之间形成竞争态势，以达到优化资源配置、提高高等教育整体质量水平的目的。

参考文献

[1]陈广桐等. 高等学校教育教学评估[M]. 济南：山东大学出版社，2005.

[2]张晶. 评估视域下高校教学建设与发展[J]. 安徽：安徽大学出版社，2017.

[3]陈岩. 高等教育资源配置现状评价与约束机制研究——以河南省为例[J]. 郑州：郑州大学出版社，2017.

[4]夏天阳. 各国高等教育评估[M]. 上海：上海科学技术文献出版社，1997.

[5]李延保. 中国高校本科教学评估报告[M]. 北京：高等教育出版社，2009.

[6]胡学实. 我国高校教师队伍学缘结构研究[D]. 华中师范大学硕士学位论文，2014.